FICHA CATALOGRÁFICA

(Preparada na Editora)

Frungilo Júnior, Wilson, 1949-

F963d   *O Dono do Amanhã* / Wilson Frungilo Júnior. Araras, SP, IDE, 1ª edição, 2013.

416 p.

ISBN 978-85-7341-592-6

1. Romance 2. Espiritismo. I. Título.

CDD-869.935

-133.9

Índices para catálogo sistemático:

1. Romance: Século 21: Literatura brasileira 869.935
2. Espiritismo 133.9

O DONO DO
AMANHÃ

ISBN 978-85-7341-592-6

1ª edição - julho/2013
2ª reimpressão - março/2014
3.000 exemplares
(20.001 ao 23.000)

Copyright © 2013,
Instituto de Difusão Espírita - IDE

Conselho Editorial:
Hércio Marcos Cintra Arantes
Doralice Scanavini Volk
Wilson Frungilo Júnior

Projeto Editorial:
Jairo Lorenzetti

Revisão de texto:
Mariana Frungilo

Capa:
César França de Oliveira

Diagramação:
Maria Isabel Estéfano Rissi

INSTITUTO DE DIFUSÃO ESPÍRITA - IDE
Av. Otto Barreto, 1067 - Cx. Postal 110
CEP 13600-970 - Araras/SP - Brasil
Fone (19) 3543-2400
CNPJ 44.220.101/0001-43
Inscrição Estadual 182.010.405.118
www.ideeditora.com.br
editorial@ideeditora.com.br

Todos os direitos reservados. Nenhuma parte desta publicação pode ser reproduzida, armazenada ou transmitida, total ou parcialmente, por quaisquer métodos ou processos, sem autorização do detentor do copyright.

WILSON FRUNGILO JR.

O DONO DO
AMANHÃ

Do mesmo autor de "Luar Peregrino"

ide

Sumário

Um 9

Dois 23

Três 24

Quatro 39

Cinco 55

Seis 66

Sete 83

Oito 91

Nove 111

Dez 122

Onze 133

Doze 145

Treze 161

Quatorze 181

Quinze 197

Dezesseis 206

Dezessete 213

Dezoito 229

Dezenove 244

Vinte.. 267

Vinte e um.. 286

Vinte e dois.. 303

Vinte e três.. 314

Vinte e quatro..................................... 330

Vinte e cinco...................................... 341

Vinte e seis.. 357

Vinte e sete.. 364

Vinte e oito.. 373

Vinte e nove....................................... 383

Trinta... 393

Trinta e um.. 397

Trinta e dois....................................... 402

Um

A KOMBI ERA UM ANTIGO SONHO DE JORGE, MAS ISADORA sempre o desestimulara a ser proprietário de uma condução dessas; na verdade, sempre fora categórica em não aceitar, nem de longe, essa sua ideia maluca. Afinal de contas, dizia, nem por brincadeira queria ver o marido dirigindo uma, principalmente, pelo fato de ele desejar um modelo antigo, restaurado, com pintura e acessórios originais, como a de um colecionador.

Acostumada com carros de luxo, fazia questão de que Jorge somente utilizasse carros do ano, mais condizentes com a posição social que ocupavam.

Mas, naquele momento, o veículo, ano 1975, nas cores vinho e branco, encontrava-se estacionado no jardim da mansão de rico bairro da grande capital. No interior dessa Kombi, Jorge acondicionava algumas malas, com roupas e seus pertences pessoais, limitando-se apenas ao que achava conveniente para seu uso, sem preocupar-se com o que considerava supérfluo. Enfim, tudo bem embalado para enfrentar uma viagem, talvez, só de ida.

Algumas modificações haviam sido efetuadas no veículo,

tais como a instalação de uma cama, de um pequeno armário e entrada de força para poder alimentar um pequeno *freezer* e um forno elétrico, caso houvesse necessidade e se, porventura, encontrasse alguém que lhe fornecesse um pouco de energia elétrica. Talvez, uma área de *camping*, havia imaginado.

Com as portas laterais ainda abertas, Jorge se dirigiu a Thor, um cão da raça labrador, que aguardava impacientemente uma ordem de seu dono e grande amigo.

– Thor...!

O cão aguçou os ouvidos, levantando as orelhas, fitando-o.

– "Mamãe" ou "papai"?

A essa pergunta, o animal iniciou alegre e saltitante corrida, indo e voltando, até aproximar-se de Jorge, deitando-se com a barriga para cima, aguardando um carinho e emitindo curtos e altos ganidos, os quais foram facilmente interpretados como a única resposta plausível e já esperada: Thor queria ir com "papai", que era como Jorge se referia a si próprio quando falava com o animal.

Afagando-o, deu-lhe a ordem tão esperada:

– Então... Suba, Thor!

Com um salto, o cão entrou na Kombi, acomodando-se no banco afixado de costas para o do condutor, já preparando-se para o grande passeio, e Jorge, como sempre fazia com os outros veículos, prendeu-o a uma coleira de segurança, atando a outra extremidade na pequena haste de pressão do cinto do veículo.

– Já sabe, Thor. Se quiser parar, tem que latir. Entendeu? Xixi ou cocô, latir... e esperar. Ok?

E o cão, amestrado e muito inteligente, latiu uma única vez, como fazia sempre que compreendia uma ordem.

Jorge ficou, então, por alguns momentos, a olhar para a casa onde havia vivido por longos dezessete anos. Tratava-se de uma construção moderna com muitos vidros na parte externa, assobradada, dezoito cômodos, e ricamente decorada por Isadora, sua ex-esposa, com os mais modernos e caros móveis, além de apropriados objetos de decoração, todos a combinarem com o estilo por ela escolhido.

Na verdade, uma residência que parecia ter vida própria de tão funcional e majestosa e que, com certeza, deveria ter custado muito dinheiro ao seu sogro, riquíssimo e bem-sucedido empresário, que dera a casa à filha como presente de casamento, exatamente dez meses antes da cerimônia matrimonial, tempo suficiente para que ela a decorasse a seu gosto.

Havia também considerável jardim à frente da casa, recuada que era por, pelo menos, uns vinte e tantos metros, com diversos arbustos, algumas palmeiras imperiais e fileiras de diversas plantas floríferas, dos mais variados matizes, à época da floração. Também pesadas pedras enterradas no solo com um dos lados rente ao piso gramado, serviam como sustentação às rodas dos veículos, demarcando, dessa maneira, os caminhos em que se podia trafegar sem risco à vegetação.

E, à entrada principal da casa, generoso alpendre com poltronas apropriadas e pequenas mesas davam um toque de leveza e de descontração à imponente morada do casal. Ao fundo, continuava o jardim, com churrasqueira, forno e bem projetada piscina, a terminar em alta parede de pedras, com refrescante cascata artificial.

"Vou sentir saudade desta casa", pensou Jorge, olhando para o alpendre, lembrando-se das noites quentes em que se permitia, perdido em suas lembranças, ali permanecer por um bom tempo, com o pensamento alimentado pela esperança de melhores dias.

Não tinha do que reclamar da vida que levava, pois gostava de seu trabalho e também, de alguma forma, de sua esposa Isadora, dos colegas da empresa, das facilidades que o dinheiro lhe trazia, apesar de não ser exigente e nem desejoso de possuir além do que considerava como básico para viver. Possuía o que possuía, simplesmente porque possuía e nem tanto porque desejasse. Aliás, isso era o que sempre sua esposa lhe dizia e até considerava essa sua maneira como a um defeito: o de tão pouco desejar possuir.

Essa, inclusive, foi apenas uma das razões que os levaram a se separar judicialmente há exatos vinte e dois dias.

Jorge não se sentia frustrado com o divórcio, após um casamento que começara bem e que, no decorrer dos dezessete anos, fora se extinguindo, como as chamas de uma lareira transformam a madeira em cinzas.

Nenhuma esperança restara, principalmente pelo fato de não virem a gerar filhos, causa esta, após apurados diagnósticos, por incapacidade orgânica de Isadora. Mas não foi esse o fato desencadeador da separação, até porque chegaram a cogitar sobre a possibilidade de adotarem uma criança, apesar de uma certa resistência por parte dela. O maior e contundente motivo foi que, de família riquíssima, proprietária de grandes negócios, Isadora foi aos poucos transformando-se. De singela, carinhosa e apaixonada mulher, tornara-se, com o passar dos anos, profundamente envolvida pelos hábitos da alta sociedade, contrastando com Jorge que, apesar de ter se tornado um dos mais importantes e, até mesmo, quase que insubstituível braço direito de seu pai e tios, na condução das empresas, não conseguia se enquadrar nos constantes eventos das altas rodas sociais.

HÁ POUCO MAIS DE DOIS MESES, Jorge perguntara à esposa após prolongada e calma conversação:

– Você acha mesmo, que essa é a melhor solução para nós, Isadora?

– Insisto que esse será o melhor caminho, principalmente para você. Já não nos amamos com a mesma intensidade, quer dizer, como nos bons tempos de namoro e nos primeiros anos de nosso casamento. É certo que nos respeitamos muito, mas não podemos negar que o nosso relacionamento perdeu todo o encanto que possuía. Você, com a sua natural bondade, até faz o possível para agradar-me, mas sei que lhe é difícil. E se estou tomando essa decisão, não é tanto por mim, mas por você. Ainda é jovem e merece viver à sua maneira e, com certeza, encontrará alguém com quem possa dividir uma vida mais plena de satisfações pessoais. Não estou a lhe dizer que suas preferências não sejam as mais corretas. Até penso que sejam. Na verdade, e você sabe disso, sempre pertenceu a um sistema de vida mais simples e não consegue se acostumar com todos esses compromissos sociais. Sei que até os reconhece necessários para o fortalecimento dos negócios da família, você mesmo já disse isso, mas lhe são de muito sacrifício.

Jorge permaneceu alguns segundos em silêncio, visivelmente entristecido com o rumo que a vida em comum com sua esposa havia tomado e ainda insistiu:

– Isadora, você não acha que deveríamos tentar mais um pouco?

– Você ainda me ama, Jorge?

E o marido, como sempre, polido e caridoso, respondeu-lhe com muita simplicidade:

– Penso que nós dois já não nos amamos como antigamente, mas... Uma separação? Penso ser uma atitude um pouco precipitada.

– É porque já não nos amamos mais que penso que cada um deva tomar o seu próprio caminho, suas próprias preferências. E lhe peço que me perdoe por isso. De qualquer maneira, ainda insisto para que continue a trabalhar nas empresas que, como diz, tanto gosta. Além do que, papai o ama como a um filho e irá sentir muito a sua falta.

– Gosto do meu trabalho, adoro fazer o que faço e agradeço sua preocupação, Isadora, porém, penso que se for para nos separarmos, será melhor que eu me desligue totalmente. Também tenho grande amor por seu pai, por sua mãe e por todos os seus familiares que, sem exceção, acolheram-me com tanto carinho, mas insisto em afastar-me das empresas e seguir outros passos. Tenho apenas quarenta e dois anos, sinto-me disposto a começar uma nova fase e sei que trabalho não me faltará.

– Sei disso, Jorge, e farei de tudo para que receba uma boa soma em dinheiro por seus serviços e conquistas para as empresas.

– Não será necessário, Isadora. Gostaria apenas que dividíssemos os bens imóveis que conseguimos adquirir ao longo desses dezessete anos de casados e que penso devam pertencer-me também.

A mulher sorriu, levantou-se da poltrona onde estivera sentada e, aproximando-se do marido, deu-lhe um carinhoso beijo na face, dizendo-lhe:

– Você é um homem honesto, Jorge, e tenho certeza de que vencerá todos os obstáculos de sua vida, mas, por favor, permita que eu decida o que realmente merece, pois, com certeza, é muito mais do que imagina. E papai também saberá ser justo com você.

– A esse respeito, conversarei com ele.

– Bem, Jorge, hoje falarei com a minha família, e, se concordar, cuidarei de toda a documentação com um dos advogados de papai a fim de providenciar todo o necessário.

– Tudo bem – concordou Jorge.

– Bem, poderemos fazer o seguinte: você irá morar em um de nossos "flats" até que se formalize o divórcio. Depois, conversaremos a respeito. Está bem assim?

– Para mim está ótimo. Apenas levarei o que me for mais necessário e depois virei apanhar o resto de minhas coisas.

E Isadora, apesar de ter decidido que a separação seria o melhor caminho para os dois, não conseguiu segurar a emoção e nem conter algumas lágrimas, pois admirava o homem bom com quem se casara, chegando mesmo, nesse momento, a ser invadida por repentina dúvida: será que iria se arrepender? Será que, realmente, não o amava mais, como antes? E súbita tristeza lhe invadiu o coração. Afinal de contas, foram anos de convivência. Será...?

Jorge também precisou conter a emoção, procurando ser firme na decisão tomada pelos dois nessa derradeira conversa, já que Isadora vinha tocando nesse assunto há algum tempo.

DOUTOR HAROLDO, SEU SOGRO, admirava-o e o amava como a um filho, na verdade, o filho homem que não havia tido a felicidade de possuir, tendo apenas Isadora e Marcela como herdeiras de seu enorme patrimônio, além de Tavares, o outro genro.

E quando Isadora e Jorge, de maneira pacífica e amigável, resolveram se separar, o doutor Haroldo foi o primeiro em concordar com a filha para que o genro recebesse uma boa soma em dinheiro, realmente justa e honesta por tudo o que havia proporcionado em termos de lucros e bons negócios para as empresas. Até mesmo os demais familiares se colocaram a favor dessa decisão, apesar de muito tentarem demover Isadora de tão drástica resolução.

De qualquer maneira, Jorge não concordou em receber o que inicialmente lhe fora oferecido, dizendo-se merecedor de apenas parte, fato que mais ainda veio a entristecer o sogro e sua esposa Mariluce, pois não criam que a filha viesse a ter, algum dia, um outro esposo tão honesto e dedicado ao trabalho, característica marcante de sua boa índole, a qual, por muitas vezes, fora fator decisivo na consecução de grandes parcerias junto a outras empresas.

Mas, infelizmente, nada foi possível fazer para que o divórcio não fosse levado a termo. E qual teria sido a causa dessa separação, se não fora pelo fato de não terem podido gerar filhos? Uma infidelidade? Alguma outra paixão por parte de Jorge ou Isadora? Não. Realmente, a causa primordial havia sido, como costuma se dizer, uma incompatibilidade de gênios, expressão muito utilizada para mascarar outras causas e que, no caso em questão, foi o fator que, dia a dia, acabou por vencer o equilíbrio e a harmonia do relacionamento.

Uma simples incompatibilidade que nem mesmo brigas chegou a provocar, haja vista, ter se implantado silenciosamente ao longo dos últimos anos. Na verdade, respeitavam-se mutuamente e eram sinceros e leais parceiros na vida em comum.

O que ocorria era que, enquanto Isadora sempre se encontrava disposta às festas e acontecimentos sociais, Jorge se via constantemente envolvido com o trabalho. Ela, sempre alegre e efusiva no decorrer dos encontros festivos, e ele, apenas solícito, mas com pouco entusiasmo para esses acontecimentos, sendo a maioria gerados por força de um necessário intercâmbio empresarial dos que os frequentavam, sendo que, poucos dos presentes conseguiam despertar-lhe um diálogo mais interessante.

Não costumava julgar o gosto e a necessidade de cada um, mas o que preferia mesmo era ficar em casa, mais à vontade, assistindo a um bom filme com a esposa na companhia do amigo e fiel Thor, descansando do árduo trabalho que desenvolvia nas empresas.

Também não julgava os procedimentos de Isadora quanto a essas tertúlias festivas, pois tinha a plena compreensão de que cada ser humano possuía as suas predileções e que, talvez, o errado fosse ele. De qualquer maneira, entristecia-o perceber que ela se encontrava bastante diferente da Isadora que conhecera nos tempos de namoro e primeiros anos de casado.

– Oi, Jorge! – cumprimentou Isadora, estacionando seu belo carro a alguns metros dele que, surpreso, pois não havia percebido a entrada da ex-esposa no jardim da mansão, respondeu-lhe:

– Oi, Isadora. Ainda não parti, mas estou de saída. Você pode ficar à vontade, pois já retirei meus últimos pertences como havíamos combinado. E deixei todas as chaves e o controle do portão automático com a dona Gertrudes.

Gertrudes era a governanta da casa.

Sem dizer nada, Isadora saiu do veículo, dirigiu-se vagarosamente até ele, meneando a cabeça negativamente, mas, ao mesmo tempo, abrindo um largo sorriso matreiro, e lhe perguntou, demonstrando mais satisfação do que reprovação:

– Bonita perua, Jorge. Uma Kombi, não é?

– Sim.

– Aquela que você tanto queria comprar...

– Essa mesma, e toda restaurada. Veja aqui no seu interior: tem cama, *freezer* e forno elétrico.

Nesse momento, Thor deu mostras de querer ser solto para fazer festas à dona, no que foi rapidamente satisfeito por Jorge, que lhe retirou a coleira de segurança.

– Você vai viajar com seu "papai", Thor? Com "papai"?!

E o cão saltitava em torno dos dois, parecendo bastante animado com as suas palavras.

– E estou vendo que tem até uma coleira de segurança para você, Thor.

– Um item muito necessário.

– Fico muito contente por ter satisfeito o seu desejo, Jorge. E estou sendo sincera. Você sempre quis comprar um carro destes, e nunca fui favorável a isso.

– Mas você tinha razão, pois não ficava bem eu aparecer dirigindo um carro tão antigo em uma reunião de negócios ou a uma daquelas festas, não é?

A mulher se limitou a sorrir.

– E onde estão suas coisas, Jorge?

– Bem aqui nestas duas malas e nesta mochila.

– Não posso acreditar. Tudo o que você possui está nessas duas malas?

– É do que preciso.

– Mas e seus ternos? Seus sapatos? Suas gravatas e todas as suas camisas?

– Se não se importa, deixei-os no guarda-roupa. Penso que, por algum tempo, não irei precisar deles. Isso, porque pretendo descansar por alguns meses ou até que arrume algum trabalho. Não sei ainda o que irei fazer. Talvez, até monte algum negócio. Seu pai foi muito bondoso comigo.

– Pois poderia ter sido mais se o tivesse permitido. De qualquer forma, suas roupas ficarão aos cuidados de Gertrudes, e poderá vir buscá-las quando necessitar.

– E eu lhe agradeço por isso, mas se começar a atrapalhar, dê-as a alguém que necessite.

– Estamos combinados. Agora, diga-me uma coisa: para onde está indo hoje?

– Pretendo passar uns dias na casa de minha tia Ema. Você a conheceu no dia de nosso casamento.

– Lembro-me, sim. Ela é irmã de sua mãe, não?

– Isso mesmo.

– Bem, não pretendo segurá-lo por mais tempo. Uma boa viagem, Jorge, e, por favor, cuide-se.

– Cuide-se você também.

Dizendo isso, o homem convidou novamente o cão para entrar no veículo e o prendeu à coleira, fechando as portas. Estendeu, então, a mão direita para despedir-se, mas Isadora não correspondeu a esse seu movimento e o abraçou carinhosamente, dizendo-lhe ao ouvido:

– Seja feliz, Jorge. Você merece. E, por favor, venha visitar-me, tá? Gosto de sua presença e de conversar com você.

– Virei, sim, Isadora. Não sei quando, mas virei.

– Mais uma vez, boa sorte. E meu pai me pediu para dizer-lhe que as portas das empresas estarão sempre abertas para você e que ele estará sempre à sua disposição.

– Agradeça a ele, por favor. Na verdade, ele já me disse isso várias vezes.

– Eu imagino.

Jorge permaneceu por alguns segundos em silêncio, até, finalmente, pronunciar-se de maneira calma e humilde:

– Isadora, sinceramente, eu gostaria de que tudo tivesse sido diferente e sinto muito por tê-la feito perder todo esse tempo de sua vida.

– Não diga isso, Jorge. Durante todos esses anos, não perdi nenhum minuto quando estive junto a você. Talvez, sim, tenha perdido a oportunidade de ter sido melhor, como você sempre foi, e continua sendo.

– Você é uma mulher maravilhosa, Isa, e, de qualquer forma, sinto muitíssimo. Não desejava que tudo terminasse assim.

– Não quero que se culpe por nada, Jorge. Nunca. A ideia da separação foi minha e sei que continuaria comigo pelo resto da vida, mesmo com meus defeitos.

– Não vejo nada como defeito, Isa. Apenas somos diferentes.

– Você é muito bondoso e gostaria muito que continuássemos amigos.

Jorge se limitou a sorrir e, beijando-lhe as mãos, num gesto de extremo carinho, despediu-se:

– Até qualquer dia, Isadora.

– Até qualquer dia, Jorge.

Então, subiu à direção da perua e, pondo o motor a funcionar, partiu devagar, deixando a ex-esposa a acenar-lhe, com algumas lágrimas nos olhos.

"Seria tão bom se tudo tivesse dado certo entre nós. Com certeza, esse será o melhor homem entre os que vier a conhecer nesta minha vida. Ele e meu pai".

DOIS

No MESMO LOCAL, MAS NA DIMENSÃO ESPIRITUAL...

– Será que nosso filho conseguirá realizar a contento a sua tarefa, Elisa?

– Tenho fé que conseguirá, Jamil.

Elisa e Jamil, Espíritos já libertos do corpo, através da desencarnação, habitavam uma colônia de auxílio à crosta e, atualmente, junto a outras criaturas desse Plano Espiritual, trabalhavam para a realização de uma grande obra e, por consequência, o aprimoramento moral e caridoso de muitos outros Espíritos, ora encarnados.

– Não será fácil, mas sinto que ele possui a vontade e a perseverança necessárias para atingir seus objetivos, que agora estão mais assimilados em sua maneira de pensar e de agir – comentou ainda Elisa.

– E terá que influenciar, pelo seu exemplo, a maioria dos envolvidos naquele fatídico acontecimento do passado.

Três

E A KOMBI, APÓS VENCER A MOVIMENTADA E ENGARRAFADA avenida que margeava a cidade, alcançou a autoestrada, o que fez Jorge se sentir mais à vontade no volante do veículo que, a todo o instante, chamava a atenção de outros motoristas e acompanhantes ao verem uma perua daquele ano na estrada, além do lindo cão que, vez ou outra, levantava-se e ficava a olhá-los pela janela.

Jorge estava muito tranquilo quanto à sua condução, pois sabia que tudo estava em ordem, desde o motor, pneus, e os necessários itens de segurança.

Mas sua mente divagava naquela nova e desconhecida perspectiva de vida, recordando-se de como tudo começara: da mudança para a capital com seus pais, quando ingressara numa Universidade onde veio a formar-se em Administração de Empresas, e do primeiro encontro com Isadora, ocasião em que ambos se tornaram grandes colegas universitários.

Do convite, da ainda apenas amiga, para ele fazer um teste, após formado, numa das empresas de sua família, onde ela iria exercer uma importante função em um dos departamentos.

Do início do namoro, da morte de seus pais, com menos de um ano de intervalo entre os passamentos, de sua mais que satisfatória trajetória nos negócios da família dela, dos momentos enamorados e felizes que viveram juntos, e do final sem traumas.

Nesse instante, Jorge passou, sem saber o porquê, a rememorar alguns momentos que muito lhe marcaram a vida sentimental. E chegou a sorrir ao lembrar-se de como havia iniciado o namoro com Isadora.

ERA DEZEMBRO DE 1993, e foi durante uma festa de final de ano oferecida aos funcionários mais graduados das empresas, onde haveria um baile após um jantar, que tudo começou. Isadora fez questão de sentar-se à mesa, ao seu lado e, assim que iniciou o baile, ela o convidou para dançar. Tímido que era, relutou por alguns instantes até render-se ao convite, mas se mantinha a uma certa distância dela, com receio de pisar-lhe os pés, tendo em vista que pouco sabia dançar, até que o conjunto musical iniciou uma canção bastante romântica e de ritmo mais lento, oportunidade que Isadora não perdeu para achegar-se mais, colando seu rosto ao dele. Na verdade, Isadora já se encontrava apaixonada por ele que, ingênuo, não o percebia, por mais que ela lhe transmitisse sinais desse seu sentimento.

De início, Jorge estranhou o seu comportamento e, receoso de trazer-lhe algum tipo de problema, procurou afastar-se, no que foi impedido por ela, que sussurrou ao seu ouvido:

– Não está gostando de dançar assim comigo?

– Estou... Sim – respondeu, gaguejando. – Mas... é... que... não somos namorados... e...

– Se o problema é esse, você não quer me namorar?

– Namorar você?

– Não gostaria de tentar?

– Sim... bem... talvez... mas...

– Mas o quê? – perguntou-lhe Isadora, afastando o rosto e encarando-o, divertida com a sua timidez.

– Você está falando sério? Ou está apenas brincando comigo?

– Nunca falei tão sério, Jorge. Gostaria de iniciar um namoro, pois gosto muito de você.

– Sei... mas...

– Por esses "mas", penso que não quer me namorar, não é?

– Eu quero, sim. – respondeu, pego de surpresa.

Na verdade, até já havia passado isso por sua cabeça. Afinal de contas, Isadora era uma garota muito bonita, inteligente, alegre, e parecia gostar de sua presença, mas era muito rica. "E agora... Sim... – pensou: – Por que não namorá-la? Até sinto a sua falta quando não estamos juntos..."

– E por que tantos "mas"? – perguntou-lhe a moça, ainda sorrindo, parecendo divertir-se, feliz e radiante com sua resposta.

– É que somos nós, homens, quem devemos pedir para namorar uma moça.

– Sei disso, Jorge, mas, em primeiro lugar, eu não sabia se você gostaria de me namorar e, em segundo lugar, se quisesse, quanto tempo eu teria que esperar até você vencer a sua timidez, não é?

E ele, sorrindo com a argúcia de Isadora, concordou:

– Você tem razão. Talvez eu demorasse muito mesmo, mas, de qualquer maneira, gostaria de perguntar-lhe: você quer, realmente, começar um namoro?

– Quero, sim, e já estou considerando-me sua namorada a partir deste momento.

E após dançarem mais algumas canções, abandonaram de mãos dadas a pista de dança em direção à mesa dos pais de Isadora que, já percebendo o que deveria estar acontecendo, abriram largo sorriso de satisfação. Jorge já havia conquistado o futuro sogro, não somente pelo seu desempenho na empresa, como também pela sua desenvoltura junto aos principais clientes, quando tinha que atendê-los, ocasiões em que demonstrara que sua timidez só existia mesmo para com as mulheres e em alguns tipos de evento social.

No decorrer dessas lembranças, Jorge se recordou ainda de que não eram bem esses os seus planos, mas que acabara se envolvendo pelo momento e pela beleza da amiga.

Isadora era, realmente, uma bela mulher. De pele amorenada, cabelos e olhos negros, possuía delicados traços fisionômicos e largo sorriso, sempre presente em seus lábios, bem como cativante bom humor, enfim, uma pessoa agradável e de bem com a vida.

O que pretendia, inicialmente, quando se mudara de sua cidade natal, era que, assim que se formasse e se fixasse num bom emprego, retornaria a fim de procurar por uma garota que lá deixara quando viera para a capital, de mudança com os pais. Tratava-se de uma adolescente pela qual havia sentido enorme atração e por quem até imaginara ter se apaixonado, mas que, com o passar do tempo, acabara por esquecê-la, principalmente depois de ter conhecido Isadora.

Além do mais, muito jovem ainda, logo que começou a frequentar a Faculdade, acostumou-se com a nova vida e às amizades que fizera. E também não tinha a mínima ideia se ela ainda estaria lá ou se, por acaso, não teria mudado de cidade para estudar, se não estaria namorando ou mesmo se casado. Nunca mais tivera notícias.

E Isadora o havia, realmente, envolvido e até se vira apaixonado, antes mesmo de ela tê-lo pedido em namoro. E sorriu ao lembrar-se daquela sua atitude, bem própria de seu temperamento alegre e jovial, e de sua maneira confiante de sempre conseguir satisfazer os seus desejos e anseios.

Não podia negar que tivera momentos felizes com a esposa, desde o namoro, o noivado e por alguns bons anos de casado até iniciar-se a lenta transformação.

Festas e mais festas, encontros, jantares, comemorações, enfim, parecia não conseguir mais ter um só minuto de paz, tranquilidade e privacidade. Lembrou-se ainda de mais um episódio, este mais recente, quando estiveram em um jantar na rica mansão de um empresário do ramo imobiliário, numa recepção que acabou se transformando, já no final da festa, com poucos convidados ainda presentes, em uma verdadeira sessão de críticas aos que já tinham se retirado.

Até os maridos desfilavam jocosidades sobre os amigos, tecendo maldosos comentários sobre a situação financeira de cada um, sobre seus veículos, suas residências e, até mesmo, sobre as roupas que vestiam.

E quando já não estava mais aguentando aquela conversa toda, convidou a esposa para irem embora.

– Isadora, vamos para casa? Estou cansado e terei muito trabalho pela manhã.

– Ainda é cedo, Jorge. E isto está tão divertido...!

– Não gosto desse tipo de conversa, você sabe.

– Fale baixo, Jorge...

– Não falei alto e, por favor, vamos embora.

– Eu não vou, Jorge. Se quiser, você pode ir. Depois, peço a Lourdes que me dê uma carona.

– Carona, Isa? Por favor, vamos embora.

E, precipitadamente, a esposa anunciou:

– Lourdes, você poderá me levar até minha casa, quando

for embora? Jorge precisa ir agora, e eu gostaria de ficar mais um pouco.

– É claro, querida, que a levo. Eu e Alfredo teremos imenso prazer.

APESAR DE CHEGAR EM CASA BEM tarde, naquela noite, Isadora se levantou no horário de costume, encontrando-se com Jorge já fazendo seu desjejum.

– Bom dia, Jorge.

– Bom dia, Isa – respondeu-lhe, polidamente, como era seu costume, sem tecer qualquer comentário sobre o ocorrido na noite anterior, e foi Isadora quem tomou a iniciativa. Conhecia bem o marido para saber o quão gentil era em qualquer situação, mas também o suficiente para perceber o quanto ele nada gostara do seu procedimento. E, realmente arrependida pelo que fizera, abraçou-o pelas costas e lhe disse, meigamente:

– Perdoe-me, Jorge. Agi muito mal com você ontem, não foi?

– Nem sei o que lhe dizer, querida. Sei o quanto gosta dessas festas e o quanto não gosto e, talvez, seja eu quem tenha que se desculpar. Na verdade, estava muito cansado e meu dia vai ser puxado hoje.

– Mas não era motivo para deixá-lo vir sozinho, Jorge. Mais uma vez, perdoe-me. Penso até que tomei alguns drinques a mais da conta.

– Sabe, Isadora, nós não possuímos os mesmos gostos. Sempre fui avesso a essas festas, você sabe disso. E não gosto do que a bebida faz com as pessoas. Penso que ela as torna muito sinceras e nem sempre a sinceridade é uma virtude, se não vier acompanhada de caridade e compreensão. E todas aquelas críticas... Principalmente, por serem endereçadas aos amigos ausentes, como foi ontem à noite.

– Você tem razão, Jorge, mas isso sempre foi assim. E se tivéssemos saído os dois, as próximas vítimas seríamos nós – completou, divertida.

Jorge apenas devolveu um sorriso de compreensão e lhe ofereceu carona até o escritório.

Mas, infelizmente, outros acontecimentos desse gênero acabaram sendo uma constante na vida do casal, e Isadora, apesar de sempre lhe pedir escusas, não conseguia se libertar dos apelos festivos, dos eventos sociais, dos jantares, tão importantes para a satisfação de sua vaidade, característica eclodida após alguns anos de casada.

Jorge, por sua vez, cada vez mais compreensivo, via, nesses seus arroubos, a falta de um filho que a direcionasse para outros interesses, pois, talvez, a maternidade lhe modificasse o sentido da vida. Mas a ideia de adotarem uma criança não mais fazia parte das intenções da esposa.

E passou a quase não mais acompanhá-la nessas festividades, dando-lhe total liberdade para que as frequentasse sozinha, o que acabou gerando a inevitável separação, já que pouco se relacionavam, a não ser nas oportunidades em que as reuniões das empresas exigiam a presença de ambos. Tudo isso, porque os seus horários, tanto de chegar em casa e de partir para o trabalho, bem pouco coincidiam.

MAS QUANDO ISADORA FICOU A olhar o veículo afastar-se da mansão, levando Jorge para sempre, seus olhos se encheram de lágrimas e enorme nostalgia invadiu seu íntimo, sabedora, como sempre fora, de que estava perdendo o melhor homem que conhecera ou que, com certeza, teria a oportunidade de encontrar.

"Que estou fazendo, meu Deus?", perguntou-se, enormemente deprimida. "Como tudo isso pôde acontecer? Um homem tão bom... Incapaz de uma palavra mais áspera, de qualquer desmando que pudesse magoar alguém... Sempre solícito... Trabalhador... Sincero, sem ser maldoso, como ele mesmo sempre recomendava. Será que ainda o amo? Penso que sim, mas o meu egoísmo falou mais forte. E ele não foi egoísta, porque me acompanharia a alguns eventos, desde que fossem mais esporádicos e não tão longos. Se eu tivesse cedido um pouco... Poderia ser feliz com ele... Nos amávamos tanto. Meu Deus, não sei o que está acontecendo".

E baixou a cabeça, oprimida pelo triste fim de seu casamento para, logo em seguida, reerguê-la, como que a dizer para o ex-marido:

"Perdoe-me, Jorge. Perdoe-me".

JORGE E ISADORA CONTAVAM igualmente com quarenta e dois anos de idade, e ela havia resolvido que, após a assinatura dos papéis da separação, iria passar uns dias na casa de seus pais, o tempo suficiente para que o marido organizasse sua saída e seu destino.

E ele fez tudo isso o mais rápido possível, além de adquirir a Kombi que vira numa loja de carros usados e restaurados, um veículo desejado havia muitos anos, por causa de seu pai que chegara a possuir uma, desse mesmo ano, e que tivera de vender para fazer frente às despesas com caro tratamento de saúde de sua mãe.

Na época, contava com apenas oito anos de idade e adorava passear com seus pais, Jamil e Elisa, realizando divertidas viagens numa Kombi, nas cores vinho e branco, como a sua, obviamente sem as modificações para servir como um *motor-home*. Eram passeios curtos nas imediações de Boaventura, sua cidade natal.

Vendo-se, agora, a dirigir uma igual, seus pensamentos se voltaram para um daqueles passeios em que ele, filho único que era, e os pais, dirigiram-se até um lago nas imediações de Campo Alto, vizinha e próxima cidade, onde, protegidos pelas sombras de um enorme bambuzal, realizaram delicioso e divertido piquenique.

Lembrou-se da alegria de seus pais, percebendo que eles nutriam grande e sincero amor um pelo outro e ficara observando-os a se divertirem com recordações da vida em comum que, logicamente, poderiam ser ouvidas por ele.

E enorme felicidade se apossou de seu coração, imaginando como era bom ser filho de pais que se amavam e se davam tão bem. Nunca os vira discutindo de maneira rude ou com qualquer animosidade nas palavras, mas, sim, sempre procurando encontrar um meio de equilibrarem as ideias ou opiniões com as quais discordassem. E os admirava por isso, tendo em vista que, na escola, já havia discutido algumas vezes com alguns de seus colegas e, até mesmo, enfrentado uma briga corporal por causa de uma bolinha de gude.

E sorriu, mais uma vez, ao lembrar-se disso, retornando o pensamento ao piquenique, vendo-se no término da refeição, quando sua mãe e seu pai, após lavarem os pratos e talheres nas águas da beira do lago e acondicioná-los em uma caixa, para melhor asseá-los em casa, resolveram deitar-se um pouco para descansar, enquanto procuravam imagens diversas nas nuvens brancas que mais pareciam flocos de algodão contra o azul límpido do céu daquela tarde que se iniciava.

Depois, seu pai os convidou a pescarem um pouco e lá se foram com as varas de pesca e as iscas. Na verdade, não conseguiram pescar nada, mas muito riram com as anedotas de Jamil, tão puras quanto ele próprio.

Mas o que mais fascinou Jorge foi a conversa que o pai teve com ele após guardar os apetrechos de pesca na Kombi e se deitarem novamente até chegar a hora mais conveniente para retornarem.

– E, então, Jorge, está gostando do passeio? Apesar de não termos conseguido pescar nenhum peixe...

– Estou gostando muito, pai. Sempre gosto de passear com o senhor e com a mamãe.

– Se quiser, poderá trazer um amiguinho da próxima vez, desde que os pais dele permitam.

– Pode ser...

– Não há algum que você tenha mais amizade?

– Não sei... Sabe, papai, eu até gosto de brincar com eles, mas, quase sempre, acabo não me dando bem.

– E por quê? – perguntou Jamil, curioso.

– Acho que é porque acabam sempre discutindo e não gosto nem um pouco de discussões e muito menos de brigas.

– Você já brigou alguma vez?

– Uma só – respondeu Jorge, acabrunhado.

– E posso saber qual foi o motivo?

– Foi uma tolice. Um dos meus amigos, o Maurício, queria ficar com uma bolinha de gude minha e, simplesmente, tomou-a de minhas mãos e a colocou em seu bolso. Eu insisti para que a devolvesse, e ele me desafiou a ir tirá-la dele. E acabei dando-lhe uns tapas.

– E então?

– Daí que ele me devolveu e foi embora chorando.

– Hum...

– E se quer saber, ainda fui motivo de chacota dos outros meus amigos.

– Chacota?

– Isso mesmo. Porque assim que ele saiu chorando em direção à sua casa, caí na bobeira.

– Caiu na bobeira? Como? – perguntou Jamil, disfarçando um riso de satisfação, porque já imaginava o que o filho iria lhe contar, enquanto Elisa ouvia toda a conversa, fingindo dormir, deitada sobre uma colcha a poucos metros dos dois.

– É... Bobeira mesmo. Acabei ficando com muita pena dele e corri para alcançá-lo.

Jamil se vestiu de uma fisionomia bastante séria e ficou aguardando o desenrolar da história, incentivando-o a continuá-la.

– Você o alcançou e...

– Eu lhe pedi desculpas por ter batido nele e lhe disse que fiz aquilo, porque ele queria ficar com a minha bolinha de gude à força e que eu não poderia permitir que ele fizesse isso. E daí... outra bobeira.

– Outra?

– Isso mesmo. Fiquei com tanto dó dele que acabei lhe dando a bolinha, dizendo-lhe que ele não precisava ter agido daquele modo, pois bastaria pedir-me que eu a daria.

– E ele?

– Não queria pegar, mas tanto insisti que acabou concordando, dizendo-me que eu o perdoasse por isso e que nunca mais faria algo parecido com alguém. Mas, daí, aconteceu o pior.

– O pior?

– Pois foi. Os outros meninos fizeram um círculo em torno de nós dois e começaram a chamar-nos de "maricas".

– Meu Deus! – exclamou o pai, divertindo-se com aquilo tudo – Chamaram vocês de "maricas"?

– De "maricas", pai! Daí, fiquei bravo de novo e me coloquei na posição de brigar, com os punhos fechados, perna esquerda à frente e perna direita, atrás.

– E...?

– O Maurício também se colocou nessa posição, um de costas para o outro, e começamos a girar olhando bem nos olhos dos outros garotos. É verdade, pai.

– Acredito em você, Jorge, pois sei que não mente.

– E só não aconteceu o pior porque, naquele momento, chegou o Eduardo. Ele é um menino mais forte que todos nós juntos e que também nunca gostou de brigar, apesar de ser muito respeitado por causa do seu tamanho.

– Ele é mais velho?

– Não, papai, é só mais forte. E ele foi empurrando todo mundo, cada um para um lado, e mandando que todos parássemos com aquilo e que não queria mais nos ver brigando.

– Bom menino esse Eduardo, não, Jorge? Apesar do tamanho e da força que você fala, nunca quis ser o maioral da turma.

– Isso é verdade e, graças a ele, não batemos e tampouco apanhamos, o que seria o mais provável.

– Penso que você não foi nenhum "maricas", filho, muito pelo contrário. Foi muito corajoso, porque não se importou nem um pouco com as consequências e fez o que seu coração lhe sugeriu, ou seja, perdoar o amiguinho e o que foi o melhor: iniciou a conversa com ele, pedindo-lhe desculpas. Meus parabéns, Jorge. De qualquer maneira, a autorização para você trazer um amiguinho da próxima vez continua valendo, mas deixo a seu critério, está bem?

– Está bem, papai, e muito obrigado. Talvez, eu traga o Adalberto. É um bom amigo.

Lembrou-se também que, um ano depois, seu pai precisou vender o veículo e nunca mais teve condições de comprar outro.

Por isso, essa enorme vontade de possuir um igual, como que um tributo a seu pai, e que também, com certeza, muito o faria recordar-se dos momentos felizes que passara viajando com ele e sua mãe.

Quatro

Na separação, ficou acertado que Thor ficaria com Jorge, até mesmo porque Isadora reconhecia a afinidade maior entre os dois, e que o cão estaria mais feliz.

Uma boa aplicação em dinheiro, em sólido Banco, renderia o suficiente para Jorge, que também possuía alguns imóveis alugados e alguma participação nos lucros das empresas, em forma de ações, que seu sogro insistira para que as mantivesse. Mas o que mais lhe dava satisfação era a casa que, alguns anos antes, dera à sua tia Ema, irmã de sua mãe, na cidade de Campo Alto, vizinha e próxima de Boaventura, onde nascera e passara toda sua infância e adolescência, antes de mudar-se para cursar a Universidade.

E era para lá que se dirigia a fim de passar uns tempos até decidir sobre um novo rumo para essa sua nova vida.

Quando o veículo de Jorge desapareceu ao longe, Isadora caminhou lentamente até a mansão e, com lágrimas nos olhos, fechou a porta ao entrar, silenciando tudo à sua volta. Deixou-se sentar pesadamente em enorme sofá e chamou por Gertrudes, a governanta.

Poucos segundos se passaram até a mulher chegar à sala.

– Pois não, dona Isadora.

Gertrudes, antiga empregada de dona Mariluce, havia assumido o cargo de governanta daquela mansão desde que Isadora se casara. Era considerada muito mais que uma funcionária, na verdade, alguém que já fazia parte da família.

– Você andou chorando, Gertrudes? – perguntou Isadora, enxugando as próprias lágrimas.

– Sim, mas já vai passar.

– Algum problema? Algo em que eu possa ajudá-la? – insistiu a moça, apesar de saber muito bem o porquê da tristeza estampada no rosto daquela criatura, muito querida por ela.

– A senhora me desculpe, mas é que ando muito triste por causa da sua separação. E hoje, quando o vi levar suas coisas, fiquei mais triste ainda. Vocês formavam um lindo casal.

Isadora enxugou mais uma lágrima e pediu:

– Sente-se aqui, Gertrudes.

– Sentar-me aí?

– Sim. Isso mesmo. Sente-se aqui, bem à minha frente. Quero conversar com você.

A governanta se sentou, e Isadora iniciou uma importante e íntima conversa:

– Sabe, Gertrudes, você está conosco desde que nos casamos, há dezessete anos, e tem se dedicado muito ao trabalho nesta casa, cuidando de tudo como se fosse uma verdadeira mãe para nós dois.

– Fico feliz que pense assim, dona Isadora. Realmente, sinto grande amor e carinho por vocês. Por você, desde que era uma menina, quando comecei a trabalhar para sua mãe, e passei a gostar de Jorge também, a partir do momento em que o conheci.

– Pois é sobre isso que gostaria de lhe falar, pois nos conhece muito bem, a nós dois.

– Conheço, sim, dona Isadora, e sempre fui feliz aqui, principalmente, vendo a felicidade de vocês. E é, por isso, que me sinto imensamente triste com a separação.

– E eu gostaria de fazer-lhe uma pergunta, mas gostaria também que fosse bastante sincera comigo.

– Pois não.

– O que você acha que aconteceu?

– Como posso saber? – perguntou Gertrudes, sentindo-se constrangida com aquela pergunta.

– Eu lhe pedi para ser sincera comigo, mas sinceridade de amiga. Com certeza, ouviu-nos conversando e deve saber o motivo pelo qual resolvemos nos separar. Não estou lhe dizendo que andou bisbilhotando. Sei que não faz isso, mas é que nunca nos preocupamos com a sua presença quando estávamos conversando.

– Isso é verdade, dona Isadora. O que eu quis dizer é que não poderia saber o motivo da separação, pois nunca os ouvi falar sobre ela.

– Sim, mas nós nos separamos pelos motivos que você, com certeza, deve ter tido conhecimento.

A mulher permaneceu pensativa, por alguns segundos, até que tomou a palavra:

– Ele não gostava de festas, e a senhora as adorava, não é?

– Isso mesmo. Para falar a verdade, eu exagerava em minhas idas a esses acontecimentos festivos. Inclusive, de uns tempos para cá, dava até mais importância a isso do que a Jorge.

– Desculpe-me a pergunta, mas... Foi só por esse motivo que se separaram?

– Quase pouco nos falávamos ultimamente, você sabe. Quando eu me levantava, ele já tinha ido para o trabalho. E poucas vezes tivemos a oportunidade de almoçar juntos.

– E de quem partiu a ideia da separação?

– Foi minha, Gertrudes. Conversamos por diversas vezes sobre isso até que, há uns dois meses, Jorge concordou, dizendo que essa talvez não fosse a melhor solução, mas que ele faria o que eu decidisse.

– E a senhora quer a minha opinião?

– Isso mesmo, Gertrudes.

– Penso que o amor entre vocês perdeu a força e antes que tudo piorasse mais ainda, resolveram que a melhor solução seria a separação.

– Simples assim?

– Simples a solução que encontraram, mas penso que deveriam ter procurado uma melhor.

– E que solução poderia ser essa, Gertrudes?

– Penso que deveriam tentar por mais um tempo, mas, para isso, teriam que ceder um pouco mais, um em relação ao outro.

– É... Talvez tenha razão, Gertrudes. O problema é que me sinto a maior culpada por tudo isso.

– Porque ele conseguiu ceder um pouco e acompanhá-la em algumas dessas festas e, por sua vez, a senhora quase nada cedeu, de sua parte, em benefício dele, não foi?

– Pois foi isso mesmo. E agora sinto um enorme aperto no coração.

– A senhora ainda o ama?

– Acho que nunca o deixarei de amar, mas não podíamos continuar vivendo desse jeito, cada um para um lado.

– E, neste momento, a senhora estaria disposta a ceder?

– Esse é o problema, minha amiga. Neste momento, penso que sim, mas também imagino que não conseguirei. Essas festas são como um verdadeiro vício para mim. São mais fortes do que eu. Não fosse assim, já estaria indo, agora mesmo, atrás dele.

– Dê um tempo, dona Isadora. Pense mais um pouco, reflita com calma e, se chegar à conclusão de que seu amor por ele é maior do que esses acontecimentos sociais, largue tudo e corra atrás de sua felicidade, atrás de sua história.

– Atrás de minha história?

– Isso mesmo. Vocês dois possuem uma história de vida. Uma história só de vocês e não é uma história recente, mas de muitos anos. E penso que toda história deveria ter um final feliz.

– Você fala tão bonito, Gertrudes.

– Somente falo o que acredito.

– Vou pensar, refletir e experimentar-me numa nova vida... Quem sabe?

– É só isso, dona Isadora? – perguntou Gertrudes, já levantando-se.

Isadora se levantou também como se tivesse recebido importante visita e, com lágrimas nos olhos, as duas se abraçaram. E com os rostos colados, Gertrudes lhe perguntou:

– Devo retirar as fotografias de Jorge dos porta-retratos?

– Não – respondeu Isadora, aninhando-se mais nos braços da amiga e governanta.

Quando Gertrudes se retirou, Isadora examinou atentamente cada fotografia que se encontrava sobre uma pequena mesa, localizada entre dois grandes sofás. Abraçou ao peito uma delas, em que aparecia Jorge e ela num momento festivo e, lentamente, dirigiu-se a um *hall* que antecedia a larga escada que levava até o andar superior, onde se encontravam os quartos da mansão.

Nesse *hall*, uma das paredes fora utilizada para a fixação de muitas fotografias emolduradas, numa intenção decorativa e, ao mesmo tempo, como um histórico da vida do casal, numa sequência que tinha início na parte superior, da esquerda para a direita, iniciando com uma foto da formatura de cada um, depois, da festa da empresa, ocasião em que Isadora o pedira em namoro.

A seguir, três lindas e bem planejadas fotos do casamento, mais algumas da lua de mel que passaram num confortável e elegante hotel à beira-mar e diversas outras em eventos sociais.

Nesse instante, Isadora passou a recordar-se da cerimônia do casamento, principalmente, da recepção oferecida por seus pais a mais de quatrocentos convidados, num majestoso salão de um clube de elite.

Na igreja, o indisfarçável nervosismo de Jorge, não acostumado a ter centenas de olhos voltados sobre si, principalmente, nos instantes em que aguardava a entrada de Isadora, vestida de noiva, acompanhada por seu Haroldo. Um nervosismo que somente foi aplacado no momento em que começaram a sair pelo comprido corredor da nave, pelo fato de os olhares estarem agora voltados quase que unicamente para Isadora, que se encontrava lindíssima em seu rico vestido, exibindo faiscante colar de brilhantes, incrustados em ouro e prata.

Depois, os cumprimentos e a festa, na qual Jorge muito se esforçou para aparentar tranquilidade e naturalidade, haja vista a profusão de pessoas que o procuravam para abraçá-lo, e à noiva.

45

"Pobre Jorge", pensou, sorrindo, "como tudo aquilo deve ter sido difícil para ele, apesar de ter se portado muito bem".

E Isadora começou a lembrar-se também de como o marido tinha se sacrificado para contentá-la durante todos esses anos. Chegou até a tomar aulas de etiqueta a fim de não cometer nenhum deslize que viesse a constrangê-la perante seus amigos. Não que ele tivesse algum interesse em saber como se portar num mundo no qual ele nunca pertencera, mas, sim, esforçara-se em benefício de todos da família.

Seu Haroldo até chegou a fazer um comentário com ela e com Mariluce, sua mãe, dizendo que o admirava por esse verdadeiro sacrifício e que somente um homem que amasse extremamente sua esposa seria capaz de esforçar-se dessa maneira. Principalmente, porque sabiam sobre as preferências mais simples dele e do constrangimento que toda aquela vida social lhe impingia.

Jorge, por sua vez, instado a falar sobre esse assunto, durante um almoço íntimo com Isadora e seus pais, dissera que não criticava de maneira nenhuma esses acontecimentos sociais, pois entendia perfeitamente que cada pessoa, ou cada grupo social, possuía as suas preferências e os seus costumes e que todos deveriam ser respeitados. Chegou a dizer que sabia ser sua obrigação adequar-se a isso, tendo em vista ter sido ele quem ingressara, de livre e espontânea vontade, na família e na vida de sua esposa.

E Isadora dissera, nessa ocasião, que ele acabaria se acostumando e até apreciando muito esse seu novo modo de viver, o que não chegou a acontecer, apesar de ele nunca deixar de ter tido enorme boa vontade para com ela. E, tristemente, mais uma vez,

Isadora concluiu que ela não tivera, por nenhum momento, qualquer tipo de desprendimento e sacrifício em relação a ele.

Continuando a percorrer com o olhar as centenas de fotos ali expostas, deixando-se envolver pelas felizes recordações, sentou-se no chão, encostando-se na parede oposta à das fotos, ali permanecendo por um bom tempo com o olhar perdido e, às vezes, lacrimosos, numa verdadeira viagem através do passado.

APÓS ALGUMAS HORAS DE VIAGEM, Jorge olhou para trás, e Thor o mirou firmemente, aguardando as palavras de seu dono e amigo.

– Fome, Thor? – perguntou.

E o cão latiu uma única vez, como sempre fazia quando compreendia ou concordava com o que Jorge lhe dizia. Quando discordava, emitia um breve ganido.

– Muito bem. Vamos parar, então, no próximo posto e restaurante. Também estou com fome. Mas seremos rápidos, pois quero chegar antes do entardecer na casa de tia Ema.

Mais alguns quilômetros, e Jorge abandonou a estrada, estacionando o veículo, bem próximo à loja de conveniência do posto. Desceu e abriu a porta da Kombi, liberando Thor que, disciplinado, limitou-se a caminhar ao lado dele. Jorge, então, depois de caminhar um pouco com o cão, a fim de que ele fizesse um pouco de exercício, apanhou duas tijelas de alumínio, oferecendo-lhe água e um pouco de ração. Em seguida, lavou os recipientes numa torneira localizada próximo às bombas de combustível e as guardou de volta na Kombi.

– Venha, Thor.

Dirigindo-se até umas árvores distantes do posto, fez-lhe um novo convite:

– Thor. Se quiser, xixi e cocô. Aqui. Xixi, cocô. Aqui.

O cão não esperou nova ordem e, na posição tão conhecida e usual, molhou o tronco de uma das árvores, enquanto, pacientemente, Jorge aguardou por mais alguns instantes até certificar-se de que Thor não necessitava realizar a segunda ordem ou convite.

– Venha, Thor.

O animal o acompanhou até perto do veículo.

– Você espera aqui. Espera. Papai já volta. Thor espera.

E o cão emitiu, novamente, um único latido, acomodando-se ao lado da perua, baixando a cabeça e olhando para Jorge, focinho encostado no chão.

– Papai já vem. Espera aqui. Espera.

Jorge não pretendia se sentar no restaurante para almoçar, pois isso levaria um bom tempo e não queria deixar Thor esperando. Por isso, comprou um sanduíche de carne, com queijo e tomate, uma garrafa de refrigerante e retornou, sentando-se num banco à sombra de uma árvore.

– Vem, Thor. Deite-se aqui.

O cão, que permanecera ao lado do veículo, levantou-se e foi deitar-se ao lado dele.

O dia estava limpo e, apesar de ser verão, o ar estava fresco, pois uma brisa soprava em direção oeste, sendo que a sombra da frondosa árvore aumentava ainda mais a sensação da amena temperatura. E pareceu que esse momento de paz e de quietude, distante do movimento e do burburinho da cidade e também do trânsito, fez com que Jorge se conscientizasse, realmente, de sua atual situação.

E, enquanto comia, Jorge, mais uma vez, concentrou-se em mais lembranças.

"Meu Deus, como a vida é dinâmica. Quando eu poderia imaginar que meu casamento iria fracassar dessa maneira? Será que a culpa maior é minha? Será que não me empenhei o necessário para que isso não viesse a acontecer? Reconheço que já não a amava, como no início do nosso relacionamento, mas não chegaria a esse ponto, a esse rompimento, pois podia não estar sentindo o mesmo amor de antes, mas nunca deixei de gostar dela e poderia muito bem viver assim para o resto de meus dias. Até pensava que, um dia, tudo iria se resolver. Que o tempo poderia modificar um pouco mais cada um de nós. E agora estou aqui. Eu e meu fiel Thor". – Não é, Thor?

O cão emitiu um breve latido, já acostumado com a pergunta que seu dono lhe fizera e que aprendera a concordar.

E foi nesse instante que Jorge, tendo terminado a refeição e saindo de seu devaneio, viu dois casais, jovens ainda, acompanhados de três crianças pequenas, que se encontravam próximos de sua Kombi, parecendo admirá-la.

– É sua? – perguntou-lhe um dos moços.

– Sim – respondeu, levantando-se e dirigindo-se até eles.

– Você acampa com ela?

– Ainda não experimentei. Na verdade, faz somente alguns dias que a comprei.

– Podemos vê-la por dentro? – perguntou uma das moças.

– É claro. Deixe-me abri-la.

Dizendo isso, Jorge abriu todas as portas para que pudessem examiná-la.

– Que legal! – exclamou o outro, apresentando-se, e aos demais – Sou Davi, esta é minha esposa Luciene e, este, é Alexandre, e sua esposa, Aline. Estes dois garotos são meus filhos e a menina é filha deles.

– Muito prazer. Meu nome é Jorge, e este é Thor.

– Prazer em conhecê-lo, Thor – cumprimentou Aline, fazendo-lhe um carinho.

– Foi você quem projetou as modificações?

– Não. Eu já comprei assim, pronta.

– Vejam! – exclamou Luciene. – Tem até um forno elétrico e um *freezer*.

– Também ainda não os usei. Na verdade, para tanto, há a necessidade de obter-se energia elétrica.

– Nas áreas de *camping* existe essa possibilidade.

– Mas tenho aqui, neste armário, um pequeno fogão de duas bocas, a gás. Vejam – diz Jorge, mostrando-lhes o aparato e um pequeno botijão de gás.

– E você pretende acampar?– perguntou

– Talvez. Na verdade, comprei-a porque desejava possuir uma Kombi, ano 1975, dessa cor. E encontrei esta, transformada em *motor-home*.

– Mas você precisa experimentar. Nós, às vezes, fazemos isso, mas com barracas.

– Também deve ser muito bom.

– Está indo para onde agora?

– Estou indo para Campo Alto. Conhecem?

– Conhecemos. Uma cidadezinha muito simpática e acolhedora. Também conhecemos Boaventura, outra pequena cidade, próxima a ela.

– Sou nascido em Boaventura.

– Verdade? Tenho um tio que mora lá. Você reside em Boaventura?

– Não. Eu me mudei com meus pais para cursar uma Faculdade na capital. Tinha apenas dezoito anos. Isso foi há vinte e quatro anos. E nunca mais estive lá, mas pretendo ir. Quem é esse seu tio? Talvez, eu o conheça.

– Pode ser. Ele possui uma loja de materiais elétricos.

– Seu Medeiros?

– Esse mesmo. Você se lembra dele?

– E muito. Ele e sua esposa eram muito amigos de meus pais e pareciam gostar muito de mim.

– Se você o vir, diga-lhe que lhe mandei um abraço e que qualquer dia destes irei visitá-lo novamente – pediu Davi.

– Você vai sempre lá?

– Geralmente, a cada quatro meses. Trabalho como representante comercial e viajo por toda esta região.

– Você morou lá, também?

– Morei dos quatro anos de idade até completar vinte e um anos.

– Desculpe-me a pergunta, mas qual a sua idade?

– Estou com vinte e seis.

– Vinte e seis... Estou com quarenta e dois... Então, como saí de lá com dezoito, e temos dezesseis anos de diferença, quando você se mudou para lá eu já me mudara havia dois anos.

– É... Morei lá até o ano de dois mil e cinco.

Jorge ficou com vontade de perguntar por alguém que conheceu quando adolescente, e estava criando coragem para isso quando um dos meninos começou a chamar pelo pai, e Davi resolveu que deveriam partir. Despediram-se, então, e partiram em seus carros.

Jorge ficou aguardando os veículos desaparecerem de sua

vista, instalou novamente o cão no interior da Kombi, sentou-se ao volante e partiu, imaginando agora com que ansiedade e alegria sua querida tia os aguardava.

"Como estará tia Ema?", pensou. "Já faz um bom tempo que não a vejo, na verdade, desde que titio faleceu há uns quatro anos. Deveria tê-la visitado mais vezes. Mas, fazer o quê? Sempre ocupado com o trabalho. Ainda bem que sempre lhe telefonava para saber como estava. Ela já deve estar com... Deixe-me ver... Mamãe faria sessenta e cinco anos no mês que vem, então... Tia Ema está com sessenta e oito, já que era três anos mais velha".

E grande alegria lhe invadiu os pensamentos, pois gostava muito daquela senhora que sempre lhe levava doces, quando os visitava em Boaventura, e mantinha enorme amor por ele, um amor que ele viu ampliar-se após a morte de Rui, seu primo mais velho, filho dela.

A estrada se encontrava tranquila naquele horário, e Jorge parecia lembrar-se de alguns lugares e paisagens por onde passava, como uma das centenárias fazendas, com sua sede, a casa dos colonos, a grande árvore a destacar-se no meio da plantação, com certeza, um capricho do proprietário ou de seu amor por ela.

Mais à frente, uma antiga olaria se encontrava desativada, e ele se lembrou de algumas vezes que por ali transitara e que havia um bom movimento de pessoas e caminhões. Também avistou um armazém de secos e molhados a poucos metros da pista, resolvendo parar a fim de comprar alguns doces para levar para a tia.

Eram vidros contendo deliciosos doces caseiros: de batata-doce, abóbora, figo, goiaba, laranja e o delicioso doce de leite cremoso. Enquanto Thor aguardava à porta do estabelecimento, Jorge comprou também um queijo branco e um litro de mel silvestre.

Ao sair, percebeu que Thor queria transmitir-lhe algo.

– Cocô, Thor? Cocô?

E o cão emitiu um único e breve latido.

Jorge, então, procurou um lugar ideal e o levou, deixando-o à vontade, não sem antes lhe dizer:

– Cocô aí, Thor. Cocô, aí.

E antes de acomodá-lo novamente na perua, prendeu a coleira no piso de seu veículo, através de duas hastes que se moviam e eram apertadas por um parafuso tipo borboleta.

– O resto da viagem vai ser aqui, Thor. No banco, somente após um bom banho. Certo, Thor? Certo?

Mais um latido se ouviu. Thor concordava com tudo e isso era bom para quem viajava com um cão.

Cinco

Conforme Jorge ia se aproximando da região em que nascera e vivera até mudar-se para a Capital, começava a sentir-se como se estivesse retornando a esse passado. Era como se tudo que havia vivido nessa época fosse tomando forma em sua mente e remetendo-o à sua adolescência. Aí percebeu como a vida nos modifica com o tempo, fazendo-nos olvidar, gradativamente, do que éramos e até do que sonháramos, a ponto de, praticamente, transformar-nos em uma outra pessoa, adaptando-nos ao novo.

Passou, então, a sentir saudade dos pais, vendo-se como a criança e o adolescente que fora e que, de repente, como num passe de mágica, crescera, transformando-se num adulto habitante de uma cidade grande.

Percebeu o quanto de tempo havia utilizado num viver agitado e quase sem momentos para si mesmo, além, é claro, de ter gasto boa parte desse período em atividades festivas que tanto o perturbaram e que tanto constrangimento lhe trouxeram.

Mais uma vez refletiu com isenção sobre isso, chegando à conclusão de que não havia nada de errado nessas atividades e que até mesmo poderiam ser importantes, mas que nada significavam para ele, pois preferia resolver suas pendências empresariais numa mesa de negociações, e não em tantas e suntuosas festas que, madrugada a dentro, estavam afastando-os um do outro.

Na verdade, não sentia nenhum arrependimento, porque tudo fizera de maneira consciente e se dedicara de bom grado ao trabalho.

Havia gostado de Isadora e, por que não, amado mesmo, mas seria esse o verdadeiro amor com que sempre sonhara? Chegara a sentir muito carinho pelos seus pais e agora começava a pensar se o amor que sentia pela esposa não seria equivalente ao que sentia pelas outras pessoas de sua família. Um amor que nada mais era do que a vontade de vê-la feliz com ele, num ambiente de muita paz e companheirismo.

Não sentia peso na consciência por isso, porque sempre fora um bom marido, carinhoso, dedicado, compreensivo, enfim, somente proporcionara à esposa momentos de muita satisfação e até, no início, de felicidade.

E agora se encontrava livre, à disposição da vida, com oportunidade de voltar a viver da maneira simples como sempre desejara, vendo nisso uma das chaves para a felicidade tão almejada. E que mesmo possuindo bens e dinheiro, não os via como empecilho para levar esse viver simples e humilde.

Nesse instante, seu pensamento se voltou, novamente, para a tia.

"Pobre tia Ema... Sofreu muito com a morte de Rui, dois

anos depois que me casei e um ano depois da morte de minha mãe, seguida pela de meu pai. Foi um baque enorme para ela a morte de meu primo, principalmente, pelas circunstâncias em que ocorreu. Espero proporcionar-lhe um pouco de alegria, pois deve viver muito sozinha".

E quanto mais ia se aproximando de seu destino, mais intensamente as lembranças tomavam conta de seu íntimo, agora dirigindo-se às pessoas mais caras de sua adolescência, com nomes e rostos surgindo em sua mente: Inácio, Adalberto, Ritinha, Haidê... Haidê! Como gostara daquela garota! De olhar profundo, mas extremamente meigo, cabelos castanho-escuros, um pouco tendendo para o avermelhado, olhos claros, cor de mel, com ligeiro toque esverdeado.

– Haidê... – pronunciou em voz audível, o que fez com que Thor emitisse um grave e baixo ganido como que a perguntar se estava falando com ele – Haidê, Thor! Meu primeiro amor.

Outro ganido.

– Pode se acalmar, Thor. Só estou falando comigo mesmo. Fique tranquilo. Tranquilo.

E o cão se recostou novamente, parecendo gostar de ouvir Jorge falar.

– Sabe, Thor, sempre tive a impressão de que ela também gostava de mim. Impressão, não. Certeza. Só que eu era muito tímido para declarar-me a ela. Nós nos olhávamos sempre que estávamos num mesmo lugar, e penso até que nos falávamos pouco para não perder o encanto da troca de olhares, muitas vezes mais significativa do que meras palavras.

Sorriu, por alguns instantes, e continuou:

– Haidê... Gostava de tudo nela, principalmente de seu nome, que parecia combinar com o seu tipo físico e com a sua meiguice. O que será que lhe aconteceu? Com certeza, deve ter se casado. Afinal de contas, pretendentes não lhe faltavam...

E o pensamento de Jorge, criativo como sempre, foi mais além. Ele sempre gostava desse tipo de exercício de imaginação.

"E se eu não tivesse ingressado naquela Universidade da Capital?", começou a divagar. "E se tivesse permanecido em Boaventura, cursando apenas Direito, que era o único curso que lá havia? Talvez tivesse começado a namorá-la, pois essa teria sido minha escolha e, com certeza, ela teria aceitado. E daí? Será que estaríamos casados?"

Jorge balançou a cabeça como quem se encontra em dúvida com a resposta à sua própria pergunta e continuou a imaginar.

"Bem... Financeiramente, não teria tido tanto sucesso, mas..."

"Esses 'e se' e os 'mas' sempre acabam sendo os dois grandes problemas do ser humano". E sorriu, lembrando-se perfeitamente da fisionomia da moça, como se acabasse de tê-la visto.

"É... Poderíamos ter encontrado a felicidade e, talvez, termos tido filhos. Hum... Não posso dizer que não fui feliz com Isadora, pelo menos durante o nosso namoro e nos primeiros anos de casados, mas... Outra vez o 'mas' se intrometendo", pensou, divertindo-se. "E o mais interessante é que chego à conclusão de que nenhum de nós dois teve culpa pelo fracasso. É... Não posso lhe culpar, como nunca a culpei, mas também não posso me culpar, pois não gostava, ou melhor, não conseguia acompanhar o seu ritmo. Isso mesmo: ritmo".

Após uma curva, Jorge avistou uma placa que informava a quilometragem até Campo Alto: trinta e cinco quilômetros.

E continuou com seu raciocínio.

"Todos nós possuímos ritmo. O problema é que nem todos possuem o seu ritmo direcionado para o mesmo horizonte ou na mesma velocidade que a dos outros. O que você acha, Thor?", perguntou ao cão, apenas para agradá-lo com uma palavra sua.

O animal ergueu as orelhas e emitiu, mais uma vez, um simples e grave ganido, o que fez Jorge sorrir.

– E, para falar a verdade – continuou, agora em voz alta –, penso que tenho uma boa parcela de culpa. Eu poderia ter cedido um pouco mais e só não o fiz por receio de que Isadora passasse a exagerar ainda mais nas festas, jantares e encontros. Bem... O que passou, passou, não é, Thor? Afinal de contas, quase nem mais tínhamos tempo para estarmos a sós.

Outro ganido grave.

E estava quase chegando ao destino, faltando apenas uns quinze quilômetros, quando avistou, ao longe, um homem fazendo sinal para que parasse. Ao seu lado, uma mulher e uma criança que, ao aproximar-se mais com o veículo, percebeu ser uma menina de cerca de uns seis anos. Saiu para o acostamento e estacionou a uns dez metros.

– Espere, Thor. Papai já vem. Tudo bem. Tranquilo – disse, saindo da Kombi, dirigindo-se até eles.

– Querem carona?

– Boa tarde, senhor – cumprimentou o homem que aparentava ser jovem ainda, assim como a mulher. – O senhor vai para Campo Alto?

– Estou indo, sim.

– Pode nos dar uma carona? Meu nome é José, esta é minha esposa Vera, e aquela é Aninha, nossa filha. Moramos aqui perto, num pequeno sítio, e estamos precisando ir até a cidade. O senhor pode nos levar?

– Com todo o prazer. Venham. Meu nome é Jorge.

E Jorge abriu a porta do carona, convidando-os a entrarem.

– Thor, meu cão, está aí atrás, mas não precisam se preocupar. É mais dócil do que um cordeirinho. Em todo o caso, podem se acomodar aqui na frente, só que terão que levar a menina no colo.

– Se o senhor quiser, posso ir com o cãozinho – disse a garotinha, sem nenhum temor.

– Você vai com o Thor? – perguntou Jorge, surpreendido com a coragem dela.

– Ela vai, sim – respondeu a mãe. – Está acostumada com cães. Temos três em nosso pequeno sítio.

– Então, tudo bem.

E, depois de se acomodarem, Jorge partiu.

– Vão a passeio? – perguntou, a fim de iniciar um diálogo.

– Não, senhor – respondeu José. – Estamos indo até o Banco da cidade para vermos se eles lá nos emprestam um dinheiro. Temos que pagar uma dívida que fizemos numa farmácia e ainda não recebemos pela venda de nossos produtos.

– O que plantam?

– Hortaliças.

– E quando irão receber pela venda?

– Daqui a duas semanas.

– E quem compra de vocês é bom pagador?

– É, sim. E paga tudo certinho. Na verdade, essa dívida foi por causa da compra de uns remédios para Aninha. Uns remédios bem caros, sabe?

– E ela já sarou?

– Graças a Deus – respondeu a mãe.

– Mas o comprador de seus produtos não poderia adiantar o dinheiro para vocês?

O homem permaneceu por alguns segundos em silêncio até que se explicou:

– Sabe, não gostaria de pedir esse favor. Tenho receio de que se eu fizer isso, resolvam depois não comprar mais de nós.

– Compreendo.

– Vamos tomar sorvete na cidade, moço – disse, repentinamente, a menina.

A mãe sorriu e explicou:

– Prometemos a ela que depois de irmos ao Banco, iríamos tomar um sorvete.

E Jorge perguntou ao homem:

– Seu José, o senhor poderia dizer-me qual o valor que querem emprestar do Banco?

Quando José respondeu, Jorge não pôde deixar de sentir uma certa tristeza, já que o valor não era nenhum exagero, pelo menos para o seu bolso.

– Penso que vai ser difícil o Banco emprestar essa quantia, seu José.

– Será que não vamos conseguir? – perguntou o homem, preocupado.

– Vamos fazer o seguinte, seu José: eu entendo um pouco de negócios e gostaria de ajudá-lo, mas, antes, diga-me uma coisa: o senhor tem conta nesse Banco?

– Não, senhor.

– Então, vai ser mais difícil ainda. Mas fique tranquilo, que eu vou ajudá-lo.

– Como assim?

– Tenho condições de emprestar-lhe essa quantia e não quero juros, e o senhor poderá pagar-me quando puder. O que acha?

– O senhor não irá ganhar nada com esse empréstimo?

– Não há necessidade.

– O senhor está falando sério?

– Sim.

– Não podemos aceitar, seu Jorge – disse a mulher.

– E por quê? Acham que vou querer algo em troca? Não vou querer nada. Somente ajudá-los.

– E como faremos para pagá-lo? O senhor mora em Campo Alto?

– Não se preocupem com isso. Um dia, quando nos encontrarmos novamente, falaremos sobre isso – respondeu, sorrindo.

– Seu Jorge pode nos dar seu endereço e lhe enviaremos pelo correio, José.

– Pode ser, e pode ter certeza de que lhe enviaremos. Ou poderemos deixar com alguém que o senhor conheça na cidade e que seja de sua confiança.

Nesse momento, chegaram à cidade, e Jorge entrou pela rua principal.

– Veja, estamos chegando. Onde fica a farmácia?

– Fica logo ali na entrada, naquela esquina.

– Pois vamos até lá.

Jorge estacionou a perua, abriu a carteira e tirou a quantia, entregando-a ao homem, dizendo:

– Aqui está o dinheiro. E ele é de vocês. Não precisam me pagar.

– O senhor não pode fazer isso, seu Jorge.

– Por que não posso? O dinheiro é meu. Posso, sim. Ah, e leve mais este que é para o sorvete.

– Meu Deus! Esse homem está louco, José! – exclamou Vera, chegando a rir de tão nervosa com a inesperada situação.

– Por que está fazendo isso, senhor? – perguntou, humildemente José, com os olhos marejados.

– Porque Jesus nos ensinou a auxiliar quem necessita.

– Sabemos disso, seu Jorge. – disse a mulher – Somos cristãos e lemos a Bíblia, principalmente o Novo Testamento, mas...

– Por favor, minha senhora. Essa quantia não me fará falta, e Jesus nos recomendou que combatêssemos a avareza que persiste em habitar o nosso coração.

O casal se entreolhou, assentindo com a cabeça, e agradeceram a Jorge, rogando a Deus que o abençoasse. Despediram-se, e Jorge partiu com o veículo, acenando alegremente para eles.

– Precisamos anotar mais essa em nossa caderneta, não é, Thor?

E o cão latiu uma única vez, concordando, pois já aprendera que deveria fazê-lo, toda vez que Jorge lhe dissesse essa frase.

– Vamos colocar um zero bem grande.

JORGE PERCORREU ALGUMAS RUAS da cidade, percebendo pequenas mudanças, desde a última vez em que ali estivera, uns quatro anos antes.

A casa de sua tia Ema se localizava no limite leste da pequena cidade, na última rua. Atrás, passava um rio, não muito largo e, logo a uns duzentos metros de distância, ele se alargava numa circunferência de cerca de oitenta metros de raio, para continuar, estreitando-se novamente. Um ótimo local para nadar, pois sua correnteza, que já era calma, ali diminuía de intensidade por força do aumento da profundidade. Era como um pequeno lago, ótimo também para a prática da pesca.

Seis

A senhora Ema se voltou para o relógio, aliás, não fizera outra coisa nas duas últimas horas. A ansiedade e a alegria a deixavam por demais agitada, apesar de sentir uma ponta de tristeza pelo fato de o sobrinho ter se separado da esposa.

Sempre espelhando-se pela vida feliz que vivera junto a Antônio, seu marido, e pela felicidade de sua irmã Elisa com Jamil, considerava o casamento como uma união que deveria perdurar até a morte. Em sua concepção, achava que os cônjuges deveriam fazer todo o possível para se manterem unidos.

Nesse instante, seu semblante se emoldurou pela tristeza e pela amargura que a acompanhava desde que seu filho Rui morrera e, principalmente, por ter sido da maneira como fora, por afogamento no rio que atravessava a cidade.

E poucas lágrimas, não mais de revolta, mas de profunda saudade, brotaram de seus olhos.

"Que saudade, Rui... Meu filho querido... O que fizeram com você? Não posso crer que tenha morrido afogado. Sempre foi um bom nadador... E aquela marca que a polícia não conseguiu identificar a origem...? Mas você não tinha inimigos... Era um bom rapaz, admirado por todos desta cidade... O que foi que lhe aconteceu, Rui? Não! Não posso chorar. Daqui a pouco, Jorge vai chegar e não quero que saiba que ainda choro por essa tragédia. E tenho que ter fé. Fé em Deus que sabe o que é o melhor para todos os Seus filhos. Se Ele o levou, Rui, tenho certeza de que deve estar num lugar especial, pois sempre foi um bom moço, uma boa pessoa. E também não devo me lamentar e derramar lágrimas, senão, como me disse dona Lurdes, você também se entristecerá. Sim, isso mesmo, pois como poderia meu Rui gozar da felicidade que Deus lhe reservou, se me visse sofrendo?"

E, pensando assim, como sempre fazia quando o desespero e a saudade lhe invadiam o coração, enxugou os olhos e foi até o banheiro, onde os lavou e realizou uma leve maquiagem para disfarçar e iluminar o semblante, sentando-se na sala para aguardar a chegada do sobrinho querido.

"NÃO VEJO A HORA DE ELE chegar", pensou, empolgada com a ideia, imaginando o abraço que teria a oportunidade de dar-lhe, depois de um bom tempo sem vê-lo pessoalmente, pois o sobrinho sempre lhe telefonava para saber se estava precisando de alguma coisa ou se estava bem de saúde. "É como se um outro filho estivesse voltando para casa. Gostaria tanto que Elisa estivesse aqui para abraçá-lo também. Mas sei que, esteja onde estiver, neste Universo de Deus, deve estar muito feliz. E tomara que Jorge resolva se estabelecer por aqui. Quem sabe... Também ainda não conheço Thor. Jorge disse que é uma criatura muito dócil, obediente e uma boa companhia. Bem... Vou dar uma última olhada no quarto que providenciei para ele".

Cama, criado-mudo, armário para roupas, uma cadeira e, na parede, um retrato de seu pai e de sua mãe, juntos, foram as providências tomadas com muito carinho por Ema para bem acomodar o sobrinho.

A casa que Jorge havia adquirido para a tia era simples, sem detalhes requintados, mas muito confortável, tendo em vista possuir cômodos de razoável tamanho, com uma grade protegendo toda a frente, e muros altos, nas laterais e nos fundos. Na entrada, ocupando toda a extensão, um alpendre com três espreguiçadeiras, duas grandes janelas, uma da sala de estar, e a outra, do quarto da senhora Ema, e mais diversos vasos com folhagens, uns ao chão, e outros, dependurados, dando um ar acolhedor e confortável. Uma garagem e espaço para mais um veículo completavam a parte externa.

No seu interior, a casa possuía três quartos, um com banheiro privativo, mais um banheiro comum, sala de estar, cozinha, e área de serviço. De paredes claras, contrastava com o verniz escuro das portas, janelas e madeiramento do telhado.

Propositadamente, Ema já havia deixado aberto o portão de entrada para que Jorge estacionasse seu veículo, e qual não foi sua surpresa quando viu a Kombi por ali entrar e estacionar.

"Pensei que fosse brincadeira dele, mas não é que comprou mesmo o carro que tanto desejava? Uma Kombi! E antiga, como sempre desejou! Nas mesmas cores da de seu pai!", disse, intimamente, a senhora, saindo para a garagem e aguardando que o sobrinho descesse da perua para poder abraçá-lo.

Ela sabia desse desejo do sobrinho, pois sempre que possível, conversavam por telefone.

– Tia Ema! – exclamou Jorge, abraçando-a efusivamente, beijando-lhe as mãos e o rosto, enquanto Thor gania, com a cabeça encostada na janela, querendo participar da alegria que, por instinto ou inteligência mesmo, compreendia estar ocorrendo naquele momento, por parte de seu dono e daquela senhora.

– Olhe Thor, Jorge! Abra a porta para ele, pois quero conhecê-lo.

Abertas as portas laterais da Kombi, o cão partiu em direção à mulher, dando pequenos saltos de alegria, certamente, percebendo nela uma boa criatura. E Ema não se fez de rogada, passando aos afagos e dizendo:

– Thor! Vamos ser amigos, não? Você vai ver a casinha que construí para você próxima à área de serviço e ao abrigo da chuva. Tenho certeza de que irá gostar muito.

Realmente, a mulher mandara construir, de alvenaria, uma linda casa para cães, bem ampla, e lhe comprara também diversos acessórios para a sua comodidade.

– Mas vamos entrar, Jorge. Quero que veja o seu quarto. Depois, você apanha suas malas.

– Vamos, sim, tia.

É NOITE, E JORGE E A TIA, após o jantar e depois de lavarem os pratos e talheres, dirigiram-se até o alpendre, sentando-se nas espreguiçadeiras, com Thor acomodando-se nos degraus da entrada.

A noite se encontrava estrelada, e suave brisa lhes trazia deliciosa sensação de bem-estar naquela rua tranquila da pequena cidade. Jorge já havia recolhido seus pertences, e Thor se identificara com a sua nova morada.

– E agora, Jorge? – arriscou a mulher. – O que pretende fazer de sua vida? Antes de mais nada, gostaria de dizer-lhe que, por mim, você fica morando aqui para sempre. Afinal de contas, esta casa é sua.

– É da senhora, tia – corrigiu. – Está em seu nome.

– Tudo bem e eu lhe agradeço sempre, mas se quer saber, já fiz um testamento para que, quando eu faltar, ela retorne para suas mãos.

Jorge apenas sorriu e lhe respondeu à primeira indagação:

– Bem, tia, sobre o que pretendo fazer de minha vida, ainda não decidi. Penso em dar um tempo para resolver com calma, apesar de saber que não vou conseguir ficar muito tempo sem trabalhar, sem fazer alguma coisa. Como já lhe disse, por telefone, tenho rendimentos suficientes para viver sem fazer nada, mas não pretendo ficar à toa. Somente não sei ainda o que fazer.

– Não tenha pressa, Jorge. O tempo vai mostrar-lhe o caminho. Apenas temo que esta cidade pouco tenha a oferecer-lhe, pois seus moradores são pessoas simples, como bem sabe.

– Mas é do que mais estou necessitando neste momento de minha vida, tia. De gente simples.

– Você é um bom garoto.

– Garoto?! Já tenho quarenta e dois anos.

– Pois, para mim, será sempre o bom garoto.

– A senhora é maravilhosa – respondeu, tomando-lhe as mãos, beijando-as.

Nesse momento, Thor, que apesar de parecer estar dormindo, prestava atenção em tudo, como é costume dos cães, levantou-se e se achegou perto dos dois, para receber também um afago, voltando, logo em seguida, para a escada, deitando-se.

– O que mais eu poderia desejar da vida? Você aqui e mais essa terna criatura por quem, em poucas horas de convívio, já me afeiçoei tanto, não é, Thor?

E o cão rolou o corpo para o lado dela, à espera de um novo afago, num sinal de que sentira o carinho das palavras e de que se encontrava satisfeito.

– E quanto a Boaventura? Pretende ir até lá?

– Quero ir, sim. Tenho desejo de reencontrar-me com amigos daquela época, com os quais nunca mais tive contato. E a cidade deve ter crescido também nesses mais de vinte anos.

– Estive poucas vezes lá depois que vocês foram embora e, principalmente, depois que Rui faleceu...

E a senhora emudeceu, arrependida por ter tocado nesse assunto, pois não gostaria, de maneira alguma, de entristecer-se naquela noite tão especial.

– Ainda sente muita saudade, não, tia?

– Não gostaria de falar nisso agora, Jorge.

– A senhora pode falar quando quiser, pois não vejo motivo para não tocar nesse assunto, por minha causa.

Ema permaneceu calada, e Jorge ficou a ouvir os poucos sons da pequena cidade interiorana, principalmente naquela casa, próxima ao rio, onde reinava um tranquilizante silêncio, bem diferente do que ocorria na Capital.

Olhando para o céu, voltou suas lembranças para sua infância, principalmente pelo fato de rever as incontáveis estrelas a brilharem intensamente, por força da ausência da forte iluminação que ocorria numa grande cidade. Lembrou-se de que, quando menino, costumava denominar essa visão como "uma poeira de estrelas".

Daí, passou a prestar atenção nas pequeninas luzes dos vaga-lumes, produzidas por uma simples reação química entre especial enzima e o oxigênio do ar. O macho emitindo sua luz para avisar que estava se aproximando, e a fêmea, pousada em determinado local, irradiando a sua para avisar onde se encontrava.

Os grilos machos, por sua vez, emitiam sons com o roçar de suas asas também para atrair a fêmea, a fim de se reproduzirem, assim como os sapos, coaxando com o mesmo intuito.

Para Jorge, aquilo era música para seus ouvidos e percebia como a Natureza era perfeita e que, no fundo, ela vibrava em cores, luzes e sons, numa ciranda de necessidades básicas indispensáveis, dentre elas, a da procriação, sempre como uma forma de amor.

Nesse momento, ficou a raciocinar sobre as diferenças entre as pessoas, habitantes deste maravilhoso planeta, onde cada uma possuía maneiras diferentes de viverem a vida, com oportunidades também distintas, mas com a característica de que, em qualquer das situações, o verdadeiro amor poderia ser vivenciado, independentemente da situação de cada um.

E ficou, por alguns momentos, a meditar sobre o fato de que não poderia mesmo haver somente uma vida terrena para um Espírito, haja vista essas diferenças, e que Deus, na Sua infinita sabedoria e amor, proporcionava-nos diversas oportunidades para que aprendêssemos a reconhecer o verdadeiro caminho da felicidade.

Era nisso que cria. Até porque também estava passando por um aprendizado. Não puderam, ele e Isadora, gerar filhos, e sua querida tia Ema, que o tivera, perdera-o na flor da idade. E se via, então, como aquele que teria de fazer com que sua tia assim o compreendesse. Que confiasse em Deus e em Seus desígnios.

– Já melhorei bastante, Jorge, mas ainda é um pouco difícil para mim – disse Ema, interrompendo seus pensamentos. – Hoje, já penso nele como um anjo que Deus levou para junto de Si e que não devo me entristecer tanto, pois imagino que Rui não gostaria disso.

– Também penso assim, tia.

A senhora permaneceu por alguns segundos em silêncio até continuar, num calmo, mas sofrido desabafo.

– O que não consigo livrar de minha mente é o fato de não conseguir acreditar que ele tenha morrido por afogamento. Você sabe que seu primo era um excelente nadador. E, depois, aquela marca...

– A polícia não conseguiu apurar, não?

– Sabe, Jorge, já que entramos nesse assunto, creio que o que realmente aconteceu e somente consigo pensar dessa maneira, é que a polícia deva ter tentado acobertar alguma coisa.

– Por que a senhora pensa assim? – perguntou Jorge, por saber que ela sofria mais por essa dúvida.

– Porque, na época, não quiseram chamar a polícia técnica, dando a versão de que aquele hematoma na garganta e o próprio afogamento poderiam ter sido causados por ele ter batido em alguma coisa ao mergulhar, talvez um tronco, e depois ter se enroscado em cipós. O que não posso acreditar, porque ele conhecia o rio como ninguém. Nadava nele desde criança, principalmente, naquele local onde as águas se abriam, formando um lago.

– Entendo...

– Seu tio tentou, judicialmente, uma exumação do corpo para uma nova necropsia a fim de tentar descobrir, realmente, a *causa mortis*, mas o juiz negou a solicitação.

– E como a polícia aceitou a hipótese de que essa marca poderia ter sido causada pelos cipós?

– Basearam-se na opinião de um médico aqui da cidade que examinou o corpo de Rui.

– E esse médico tinha qualificação para isso, quer dizer, detinha essa função de legista?

Ema silenciou por alguns instantes e, num repente, sentenciou:

– Não, e seu tio até apelou para esse fato. Sabe, Jorge, penso que alguém matou o meu filho, e que esse médico e a polícia procuraram colocar um ponto final nas investigações.

– E quem é esse médico? Vive aqui?

– Sim. Ele se chama doutor Mendonça e deve ter mais de setenta anos. Penso que setenta e quatro.

– E o titio?

– Acabou desistindo, mas carregou essa dúvida por todos os anos em que ainda viveu. Como eu ainda carrego.

– E o médico?

– Seu tio conversou com ele, mas nada conseguiu. Ele, simplesmente, disse que estava correto o seu laudo e que Antônio deveria se conformar e não ficar procurando o que não existia. Mas há algo que tenho achado muito estranho.

– E o que é, tia?

– Depois disso e, até hoje, esse doutor procura, a todo custo, evitar-me.

– Como assim?

Esta cidade é pequena e sempre que Antônio e eu entrávamos num mesmo local em que ele se encontrava, sempre dava um jeito de sair disfarçadamente. Penso até que ele não foi embora desta cidade, porque tem boa clientela e outros negócios aqui. Por sua vez, o juiz, assim que se aposentou, mudou-se, e o comandante da polícia, pelo que fiquei sabendo, solicitou uma transferência e se foi também.

– Sabe, tia, ou tudo é realmente estranho ou não passa de uma simples coincidência, mas penso que nada irá trazer Rui de volta, e esses seus pensamentos somente irão prejudicar a sua saúde. Procure não pensar nos motivos.

– É o que tenho tentado fazer, mas está muito difícil.

– Eu a compreendo e vou tentar ajudá-la a pensar menos.

– Pois não vou mais falar sobre esse assunto, Jorge. Hoje, somente quero alegria, porque estou muito contente por você estar aqui comigo. Você e o Thor – disse Ema, abrindo um largo sorriso, na tentativa de interromper aquela conversa tão dolorida.

E Thor, ouvindo seu nome ser pronunciado, levantou-se lentamente, deu uma espreguiçada, com prolongado alongamento do corpo, através das patas a se esticarem, e se dirigiu até onde a senhora se encontrava sentada, em busca de mais um afago.

Nesse instante, uma voz, vinda da grade da casa, interrompeu-os:

– Boa noite, Ema.

– Boa noite, Vilma. Entre e venha cumprimentar o meu sobrinho.

– Apenas vim ver o que estava acontecendo, porque você nunca deixa as luzes do alpendre acesas.

– Pois entre!

A mulher, vizinha de Ema há longo tempo, abriu o portão e se aproximou sorrindo.

– É o Jorge, não? – perguntou, estendendo-lhe a mão, que o moço cingiu, levantando-se e, gentilmente, apanhando uma outra cadeira para ela.

– Sou eu mesmo, dona Vilma, e me lembro bem da senhora.

– Mas faz muito tempo, não?

– Creio que antes de eu me mudar para a Capital com meus pais. Tinha dezoito anos naquela época. Cheguei a vir algumas vezes, mas não me lembro de tê-la encontrado.

– E me reconheceu, assim mesmo?

– É que a senhora pouco mudou desde aquela época.

– Mas isso é um elogio, não é, Ema?

– E que elogio!

– Titia também pouco mudou.

– Só fiquei mais velha, não é?

– Um pouquinho.

– Mas você mudou muito, Jorge – falou Vilma. – Quando o vi pela última vez, ainda era um menino, quer dizer, um adolescente e, agora, já é um homem feito. Apenas soube quem era, porque sua tia falou que você era seu sobrinho, e sei que ela só tem um sobrinho: você.

E começou a rir de sua conclusão tão óbvia, continuando em seguida:

– Também tomei conhecimento que tem um ótimo trabalho na Capital e que se casou com a filha de grande empresário. Sua tia se orgulha muito de você, Jorge. Não é, Ema?

– É Vilma, só que...

– E sua esposa? Não veio com você?

– Vilma...

– O que foi, Ema?

– Jorge se separou.

– Separou...? Oh, me desculpe.

Jorge sorriu, encantado com Vilma, a simpática senhora... Um pouco apressada, talvez...

– Não se preocupe, dona Vilma. Não tenho nada a lhe desculpar. Afinal de contas, quem se separou fui eu, e a senhora não contribuiu em nada para isso.

E riu da situação, normal para ele, mas constrangedora para as senhoras.

– Obrigada, filho. De qualquer forma, desculpe-me, Ema.

– Não tem porque, Vilma. Jorge não se importa que se fale sobre esse assunto. Eles se separaram amigavelmente, sem nenhuma discussão, sem nenhum problema.

– Ah, que bom, porque, geralmente, o homem e a mulher quando se separam, acabam se transformando em ferozes inimigos, numa verdadeira guerra.

– Isso não aconteceu – garantiu Jorge –, e nem vai acontecer. Isadora, minha ex-esposa, é uma pessoa muito boa e compreensiva, inclusive, a separação foi ideia dela.

– Não quero saber o motivo – disse a mulher, numa tentativa de redimir-se de ter tocado no assunto.

– Não há motivo nenhum para não lhe contar. Vamos dizer que foi uma incompatibilidade de gênios depois de dezessete anos de casados. E posso dizer-lhe que, talvez, isso não acontecesse se dependesse somente de minha decisão.

– De qualquer maneira, espero que você esteja bem e percebo que está. Minha amiga Ema deve estar também muito contente com a sua visita, porque o ama muito.

– Visita, não, Vilma. Jorge irá morar comigo por uns tempos, até encontrar algo que fazer, profissionalmente, é claro.

– Mas isso é muito bom.

– E Orlando, Vilma? Como está?

– Está bem, mas foi um grande susto.

– Por sorte não ficou nenhuma sequela, não?

– Quase nada, Ema. Apenas tem um pouco de dificuldade no braço esquerdo, mas nada que uma boa fisioterapia não consiga sanar. Por sorte foi muito bem atendido. E a tempo. Quando liguei para o doutor Mendonça, não levou mais que alguns minutos para ele chegar, medicá-lo e levá-lo para o hospital. Foi de uma grande presteza e muito competente. Enquanto o medicava, pediu-me que solicitasse ajuda aos nossos vizinhos para que o colocassem em seu carro. E ele mesmo o levou até o hospital.

– Doutor Mendonça...

– Não se chateie, Ema. Você sabe que ele é um ótimo médico e que já salvou muitas vidas aqui em Campo Alto. Sei o que pensa dele, mas há de convir que ele é o melhor, além de conhecer e saber dos problemas de saúde de todos os seus pacientes.

– Tudo bem, Vilma, não estou dizendo nada.

– E se quer saber, se um dia, você sentir-se mal, e eu for a primeira a socorrê-la, será ele quem chamarei. E penso que isso acontecerá com todos os nossos vizinhos.

Ema baixou o olhar, pensativa, e Vilma, percebendo a situação, procurou ir mais além. Aproveitando-se da presença de Jorge, perguntou-lhe, numa tentativa de tocar num ponto importante, a fim de ajudar a amiga de tantos anos:

– Ema, não fique assim. Você não é a única pessoa a perder um filho em situação difícil. Já pensou no sofrimento do doutor Mendonça e de Jacira, sua esposa, que também perderam o filho, vítima de um desastre automobilístico, deixando a esposa e a filha adolescente?

– Mas ele sabe o porquê da morte do filho, e eu nada sei.

– Rui se afogou, Ema.

– E aquela marca?

– Esqueça essa marca, Ema. O doutor já explicou.

– Mas eu não acredito.

– Você sabe, Ema, que o filho do doutor Mendonça era muito amigo de Rui. Desde criança. Eram como irmãos.

– Sei disso.

– E o doutor também gostava muito dele.

– Também sei.

– Então, minha amiga, não fique a inventar besteiras. Ou você acha que porque Rui sabia nadar bem, não poderia ter se afogado? Pode ter tido um mal súbito dentro da água...

– Isso é verdade, tia.

– E por que ele me evita? O doutor Mendonça evitava Antônio e a mim, como o faz até hoje.

– Com certeza não se sente bem, depois que Antônio duvidou de seu laudo.

– E por que...

– Não pense mais nisso, titia. Nós sabemos que Rui somente pode estar muito bem, esteja onde estiver, e devemos confiar em Deus.

– Você tem razão, Jorge. Não falemos mais nisso.

– Não se preocupe, tia, pois estarei sempre pronto a falar sobre esse assunto. A qualquer momento.

– Obrigada, Jorge.

SETE

– Quer dizer, filha, que já não tem mais tanta certeza de ter tomado a melhor decisão, não é? Arrependeu-se da separação? Mas você estava tão determinada a isso...

– É, sim, Isadora – lamentou Mariluce, sua mãe –, e não foi por falta de conselhos. Quanto insistimos para que aguardasse mais um tempo e não fosse tão intempestiva nessa decisão. Afinal de contas, a ideia foi sua, não?

– Foi, sim. Jorge até tentou convencer-me a dar mais um tempo, mas...

– Você ainda o ama, filha?

– Sim, mas... gostaria que ele fosse diferente...

– Mais festivo... você quer dizer...? – perguntou-lhe Haroldo, seu pai.

– Mais participativo, digamos.

– Cada um é o que é, filha, e não podemos exigir que as pessoas tenham as mesmas preferências que as nossas.

– Sei disso, papai, e nem posso reclamar tanto, porque

Jorge até procurava fazer o possível para acompanhar-me. Na verdade, nunca reclamava por isso, procurando nada demonstrar, agindo naturalmente, até sorrindo e parecendo mesmo estar satisfeito.

– Então, filha... – disse Mariluce, suspirando.

– Estou muito confusa e penso que é porque tudo está muito recente e que estou assim porque hoje foi o dia em que o vi partir, sozinho, apenas com o Thor, deixando toda uma vida para trás. Esta casa, seu trabalho...

– Você está com pena dele?

– Acho que sim. Jorge é um homem muito especial, mamãe. Nunca vi alguém assim, tão atencioso, tão educado, tão compreensivo. E isso é próprio dele, nada é encenado, fingido. Ele é assim, simplesmente. Certa feita, instado por mim sobre essa sua personalidade, disse-me que compreende que todas as criaturas são diferentes, da mesma forma como são diferentes suas impressões digitais e que é por esse motivo que temos que entendê-las e, se possível, aprender com elas ou, se for o caso, auxiliá-las, mesmo que seja apenas com o nosso bom exemplo.

– Ele já me falou sobre isso – disse Haroldo. – E tenho certeza de que tenha sido por essa sua maneira de pensar que se saiu tão bem nos negócios das empresas. Ele sempre foi muito elogiado por todos os nossos parceiros e clientes. E já descobri que, quando vão negociar com ele, já se munem de uma proposta correta, sem falsos dados, que normalmente usam na tentativa de lucrarem mais do que deveriam. Que não têm coragem de tentar enganá-lo, até mesmo porque ele é muito competente. E que também gostam de negociar com ele, porque, simplesmente, sabem que Jorge é honesto e leal.

– Ele é um homem muito honesto, papai, assim como o senhor. E extremamente caridoso. E, se quer saber, andei notando que ele tem melhorado mais e mais a cada dia, principalmente depois de ter iniciado um programa de melhoria, disse-me ele, algo espiritual, ou coisa assim. Queria me explicar como era para que eu o seguisse também, mas fui alegando falta de tempo, e ele não mais me falou sobre isso. Nem sei o que seria.

– Ele me falou a respeito e até me ensinou algumas coisas. Aprendi muito com ele, filha, e sei que irei sentir a sua falta, principalmente como amigo.

– E o meu medo é que, dificilmente, irei encontrar um outro homem assim como Jorge e que, no mínimo, estarei sempre comparando-os.

– Além da pena que está sentindo, não é? – perguntou a mãe.

– De uma coisa tenho certeza, filha – interrompeu Haroldo –, não sofra por esse motivo. Eu o conheço muito bem e tenho plena convicção de que não irá padecer por causa desta mansão ou dos altos ganhos financeiros. Deve estar muito satisfeito com os rendimentos que possui hoje. Eu gostaria de ter lhe propiciado mais e até ofereci e insisti, mas Jorge não aceitou. Foi firme em dizer que só gostaria de receber aquilo que lhe fosse de direito e que também estaria disposto em abrir mão do que fosse necessário em benefício nosso, incluindo você.

– Sei que ele de pouco necessita, papai, mas, mesmo assim...

– Não se preocupe com isso, filha. Inclusive, disse-lhe que gostaria que indicasse nossas empresas e, particularmente, meu nome, como referência de sua capacidade profissional, quando estivesse procurando trabalho que, sei, não lhe faltará. E, se quer saber, muitos de nossos concorrentes já devem estar em seu encalço.

– Penso que não irão conseguir alguma coisa tão já. Pelo que Jorge me disse, pretende tirar alguns meses de férias.

– Pois ele faz muito bem, filha.

Isadora permaneceu alguns segundos em silêncio, até confessar:

– Bem, papai e mamãe, vamos resumir as coisas. Estou triste pelo fato de Jorge ter partido, principalmente, porque fui eu quem tomou a decisão de nos separarmos, mas, ao mesmo tempo, não me arrependo, porque não estávamos mais nos entendendo, quer dizer... desculpem-me... eu não estava me entendendo mais com ele, apesar dos sacrifícios que fazia por mim, mas...

– Ainda o ama e tem pena dele – concluiu a mãe.

– É isso – respondeu Isadora.

– E o que pretende fazer?

– Pretendo esquecê-lo, apesar de que vai ser quase impossível.

– Não acha que sua situação se encontra por demais complicada?

– Complicada e não vejo solução.

– Assim mesmo vai tentar esquecê-lo? – perguntou Haroldo.

– Vou dar um tempo para nós dois. Depois, verei o que fazer. Quer dizer, se ainda houver tempo.

– Você já lhe telefonou para saber como ele está? – perguntou Mariluce.

– A senhora acha que devo fazê-lo? Ele não me ligou.

– Mas foi você quem rompeu com tudo, filha – argumentou o pai.

– Não sei...

– Se Jorge estivesse em seu lugar, com certeza o faria.

– O senhor tem razão. Eu deveria ligar, não ele.

Nesse momento, a governanta pediu licença e entrou na sala de estar, trazendo na mão um aparelho telefônico.

– Com licença. Telefone para dona Isadora.

– Quem poderá ser? Ah, deve ser Odete avisando-me sobre o vestido que encomendei. Alô...? Alô...? Quem...?

E a moça, com enorme surpresa estampada no semblante, olhou para os pais e continuou:

– Quem? Jorge?

Haroldo e Mariluce se entreolharam e já estavam fazendo menção de se levantar, quando a filha lhes fez um gesto para que permanecessem ali.

– Tudo bem, Jorge? Sim, agora o estou ouvindo bem. Não.

O sinal está ótimo, apenas fiquei um pouco atrapalhada, pois não imaginava que você fosse me ligar. Papai e mamãe estão aqui na sala comigo.

– Diga que estou lhes enviando um afetuoso abraço.

– Jorge manda um abraço para vocês.

– Pois lhe envie o nosso, filha – pediu a mãe.

– Papai e mamãe também lhe enviam um abraço. Você já chegou na casa de sua tia?

– Já, Isadora. Já jantamos, conversamos bastante e daqui a pouco iremos nos recolher.

– E Thor?

– Thor está feliz e já fez amizade com ela. Titia já havia até providenciado uma linda casinha para ele.

– Fico contente por estarem bem.

– E você? Como está? Se necessitar de algo, pode ligar-me. Não somos mais casados, mas pretendo que continuemos a ser amigos.

Isadora permaneceu em silêncio, e furtiva lágrima lhe escapou dos olhos.

– Isadora...?

– Ainda estou aqui, Jorge, e fique tranquilo. Se necessitar de algo, pedirei socorro. Pode estar seguro disso. Já sabe por quanto tempo vai ficar aí?

– Ainda não sei o que irei fazer. Por enquanto, quero apenas descansar um pouco, ler, conversar, como se estivesse em férias. Depois, resolverei.

– Pretende ir a Boaventura?

– Oh, sim. Quero ver se alguns dos meus amigos de adolescência ainda se encontram por lá.

– E algumas garotas também, não?

Jorge deu gostosa risada, antes de responder:

– Você sabe como sou tímido, Isadora, e não acredito que ainda possa existir alguém que me convide para dançar e me peça em namoro.

Mais uma lágrima irrompeu dos olhos de Isadora e, surpresa pelo fato de uma pequena ponta de ciúme invadir-lhe o pensamento, disse:

– A gente nunca sabe, não é?

E sem aperceber-se da emoção da ex-esposa, Jorge lhe pediu:

– Por favor, diga a seu pai, apesar de que eu já lhe disse isso, que, se necessitar de algum esclarecimento sobre qualquer eventualidade na empresa, pode telefonar-me a qualquer momento, a qualquer hora e, por favor, envie também meu sincero e agradecido abraço a todos os seus familiares e que nunca irei me esquecer da grande bondade que tiveram para comigo em todos os momentos em que fiz parte presente dessa maravilhosa família.

– Direi, Jorge. Pode ficar tranquilo.

– Quanto a você, Isadora, que Deus a abençoe e sempre estarei ao seu dispor para o que precisar.

– Muito obrigada, Jorge. E que Deus o abençoe também.

– Bem, agora vou desligar. Boa noite, Isa.

– Boa noite, Jorge.

Ao desligar o telefone, Mariluce, que havia percebido a grande emoção na filha, levantou-se e a abraçou com muito carinho.

– Tudo bem, filha?

– Tudo bem, mamãe. Agora estou bem melhor, pois percebi muita paz em suas palavras e, principalmente, porque ele tomou a atitude que lhe era própria. Ser humilde e gentil, não se importando e, com certeza, nem se perguntando quem deveria ou não ligar, como eu mesma fiz há pouco.

– Você pode ter perdido um grande marido, filha, mas, com certeza, não perdeu um grande amigo – comentou Haroldo.

– Mas tudo vai depender de você, Isadora – disse a mãe, esperançosa. – Creio que ainda há tempo para voltar atrás.

– Não sei, mamãe.

OITO

APÓS ALGUNS DIAS EM CAMPO ALTO JUNTO À TIA, A QUEM procurou distrair para que se isolasse um pouco dos pensamentos quanto ao caso do primo, Jorge decidiu ir até Boaventura, tentar reencontrar velhos amigos, apesar de imaginar que alguns deles já não estivessem mais morando lá.

Telefonou antes para a cidade a fim de reservar um quarto num hotel. Thor ficaria com a tia, pois pretendia permanecer lá por, no máximo, três dias.

– Tia, se a senhora perceber que Thor anda muito estranho, fazendo o que não deve, telefone, que eu virei no mesmo momento. Não acho justo ele sofrer com a minha ausência.

– Vá tranquilo, Jorge. Ligarei se for necessário, mas acho que ele ficará bem comigo. Vou continuar levando-o para passear todas as manhãs, não é, Thor?

E o cão encostou a cabeça em sua perna, parecendo compreender o sentido de suas palavras. Nesses poucos dias, já se afeiçoara à senhora.

– Até mais, então, titia. Tchau, Thor. Fique bonzinho.

– Boa viagem, Jorge.

– Obrigado.

E, assim, despedindo-se, acionou o motor da Kombi, partindo em direção à vizinha cidade, parecendo, nesse momento, estar buscando algo lá, sem saber ao certo o que poderia ser. Se era pelos velhos amigos, pelas lembranças da cidade natal ou para conseguir notícias de Haidê, a garota que havia esquecido por todos esses anos e que, agora, retornara à sua mente, como algo bom que perdera pelos caminhos e pelo tempo.

Em menos de vinte minutos, chegou à cidade e resolveu percorrê-la antes de ir para o hotel, percebendo o quanto ela crescera nos mais de vinte anos em que não mais ali estivera. Boaventura se desenvolvera não somente no tamanho, com novos bairros, como também nas benfeitorias que recebera e no visível aumento das casas comerciais.

Após algum tempo rodando, estacionou a perua na praça principal que ainda se mantinha intacta, com sua igreja matriz e com o belo jardim, muito mais cuidado agora. Desceu do veículo e a visão daquela igreja pareceu levá-lo de volta ao passado quando a frequentava todos os domingos na pontual missa das dez horas da manhã.

Lembrou-se do padre Anselmo e de como gostava de ouvi-lo nos sermões que proferia no momento apropriado da missa, sempre exortando os fiéis para que seguissem os ensinamentos de Jesus, procurando fazer o bem ao próximo, principalmente aos mais necessitados, seja de recursos materiais, como de palavras de conforto e carinho.

Também se recordava das campanhas que o religioso realizava junto ao povo, a fim de levar alimentos aos pobres e de como gostava de ajudá-lo na entrega, todo primeiro sábado do mês. E também de como o sacerdote se desdobrava em dizer frases encorajadoras e de abraçar a todos os que para lá acorriam.

Havia, inclusive, feito uma boa amizade com aquele santo homem que insistia para que ele pensasse em seguir a carreira religiosa, porque dizia ver nele um futuro trabalhador do bem, a serviço de Jesus.

Por sua vez, Jorge não conseguira se entusiasmar com o clero, apesar de sentir-se muito agradecido a esse padre por tudo o que ele lhe ensinara a respeito do Cristianismo.

Percorreu, então, com o olhar, toda a extensão da praça à sua volta, detectando que quatro estabelecimentos, apesar da renovação de suas fachadas, ainda continuavam com a mesma atividade do passado, a começar pela barbearia de seu Plínio, a relojoaria de seu Abreu, a padaria de dona Meire e a sorveteria e pizzaria de seu Nicolau.

Eram pouco mais de quinze horas, e diversas pessoas, motos, bicicletas e carros transitavam por aquelas ruas, bem diferente de quando era jovem e que eram poucos os veículos existentes.

De repente, alguém lhe despertou a atenção: um homem que saíra de um Banco e que vinha caminhando, distraidamente, em sua direção.

"Será?", pensou. "Parece o Adalberto".

Prestou um pouco mais de atenção e resolveu tirar a dúvida. Virou-se de costas, para que o possível e antigo amigo não o visse e, assim que este passou por ele, chamou-o:

– Adalberto!

O homem parou e, virando-se, olhou para a direção de onde viera o chamado. Jorge lhe sorriu, acenou, e não levou mais de alguns segundos para que um grito de surpresa irrompesse:

– Jorge?! É você?!

E Jorge abriu os braços, como que a convidar o antigo amigo a um contato mais estreito com ele. E se abraçaram, afastando-se rapidamente, cada um segurando no antebraço do outro, mirando-se, alegres.

– Jorge! Mas que surpresa! O que faz por aqui? Como você está? Conte-me, homem. Mas você está diferente, mais forte, parecendo mais disposto... Ainda bem que sua fisionomia pouco mudou, apesar de mais madura. Quando saiu daqui, éramos adolescentes ainda. De qualquer forma, reconheci-o bem rápido.

– Eu também o reconheci assim que o vi, Adalberto. E está muito bem, com uma ótima aparência. Ainda mora aqui?

– Moro, sim, mas venha, vamos tomar um café. Quero que me fale sobre você.

E, enquanto sorviam um café no bar da esquina, Jorge resumiu para o amigo um pouco sobre sua vida, de onde estava vindo e também sobre sua separação.

– E você, Adalberto, o que tem feito?

– Bem, depois que me formei junto com você, cursei Direito e abri um escritório aqui mesmo. Casei-me e tenho dois filhos: Ailton, com dezesseis anos e Amílcar, com catorze.

– E com quem você se casou? Eu a conheço?

– Como não? Casei-me com a Rita.

– A Ritinha?

– Isso mesmo. Ritinha, nossa colega de turma. Ela é professora primária.

– Pois fico muito contente por vocês.

– Quem vai ficar muito contente é ela, quando eu o levar para jantar conosco esta noite.

– Jantar com vocês?

– E por que não? Já tem algum compromisso para hoje?

– Na verdade, não. Só tenho que dar entrada no hotel que reservei e tomar um bom banho.

– Hotel? Não. Vai ficar hospedado em minha casa.

– Agradeço muito, Adalberto, mas já fiz a reserva e prefiro ficar lá, mesmo porque não quero incomodá-los.

– Mas não haverá incômodo nenhum.

– Vamos deixar para uma outra oportunidade. Prefiro mesmo ficar no hotel, até porque penso que não seria correto, de minha parte, cancelar a reserva e também não quero passar uma imagem de tratante ao proprietário do hotel.

– Tudo bem – concordou Adalberto. – Mas em que hotel você vai se hospedar?

– Num hotel que se chama Alvorada.

– Posso apanhá-lo lá por volta das dezenove e trinta. Está bom para você?

– Está ótimo. Mas acho que você não deveria arrumar esse transtorno para Ritinha. Afinal de contas, já são mais de quinze horas.

– E quem diz que vou dar algum trabalho a ela? Quando lhe falei sobre jantar conosco, estava pensando num restaurante. E se quer saber, Ritinha adora sair para jantar. Pelo menos, não precisará cozinhar.

– Assim, sinto-me melhor.

– Então, estamos combinados. Onde está seu carro?

– É aquele ali.

Adalberto olhou para o local indicado e viu a Kombi, antiga, mas preservada, brilhando como um carro novo.

– Não acredito! Quer dizer que você realizou seu antigo sonho: ter uma Kombi igual à que seu pai possuía?

– Ainda se lembra?

– Como não? Seu pai precisou vendê-la para pagar um tratamento médico para sua mãe, não foi?

– Isso mesmo. E tivemos momentos muito felizes quando viajávamos e passeávamos com ela.

– E de que ano é essa?

– Do mesmo que papai tinha: 1975.

– Como você é persistente, Jorge. E ela está linda.

– Totalmente restaurada e, inclusive, com acessórios que a transformaram num *motor-home*.

– Deve ter lhe custado um bom dinheiro, Jorge. Bem mais do que valia, proporcionalmente, naquela época.

– É...

– Então, até a noite. Você não imagina o quanto estou feliz por vê-lo.

– Eu também, Adalberto. Você sempre foi um dos meus melhores amigos.

Pontualmente, Adalberto estacionou o carro defronte do hotel onde Jorge já o aguardava. Ritinha, quando o viu, desceu do automóvel e o abraçou efusivamente, enquanto o marido dava a volta no veículo e se juntava a eles.

– Jorge, meu amigo e companheiro de trabalhos escolares! Que prazer vê-lo por aqui. Dia destes, estávamos falando de você.

– Você está muito bonita, Ritinha, bem mais do que já era.

– Sempre gentil, não, Jorge? Apesar de que pouco falava.

– A timidez que não me abandona...

– Se você soubesse como as meninas o admiravam.

– Foi uma pena que nunca ninguém me falou sobre isso – respondeu Jorge, rindo.

– Você ri, mas é a pura verdade.

– Até você? – perguntou Adalberto, fazendo cara de magoado, como se estivesse com ciúme.

– Eu já era apaixonada por você. Não precisa ficar enciumado.

– Ainda bem. Ufa!

E todos riram da infantil brincadeira.

– E os meninos? – perguntou Jorge.

– Preferiram ficar na casa de um amigo, assistindo a um jogo na TV. São fanáticos por futebol.

– Gostaria de conhecê-los um dia.

– Não faltará oportunidade.

– Vamos, então? – convidou Adalberto.

– Para onde vão me levar?

– Você vai ver. Penso que não conhece esse restaurante.

– Se ele nunca mais esteve aqui em Boaventura, com certeza não conhece.

E partem, atravessando a pequena cidade, seguindo rumo a uma estrada vicinal.

– Já andei muitas vezes por esta estrada com meus pais.

– Até o lago, não?

– Sim.

– Pois é para lá que estamos indo.

– Verdade?

– Lá, agora, tem um restaurante bem próximo àquelas grandes pedras onde você me dizia ir sempre e que acabou levando-me um dia, num piquenique com seu pai e sua mãe. Lembra?

– Claro que me lembro. Meu pai, certa feita, disse-me que eu poderia levar um amiguinho, e eu o convidei. Éramos crianças.

– E esse restaurante se localiza bem no lugar onde lanchamos naquele dia, à sombra de uma árvore.

– Isso mesmo. Lembro-me como se fosse hoje.

Mais uns dez minutos e chegaram ao local. Realmente, um grande restaurante ali fora construído, contendo mesas em seu interior e também numa varanda bastante espaçosa e fresca.

– Onde prefere sentar, Jorge?

– Onde quiserem.

– Hoje é você quem decide.

– Então, vamos nos sentar aqui fora, na varanda. Costumava pescar ou brincar na água bem ali.

– Pescar?

– Bem... Quer dizer, molhar as iscas. Pouco conseguíamos apanhar, mas era bem divertido. E sabem do que eu mais gostava?

– Do que, Jorge? – perguntou Ritinha, interessada.

– Do amor que meu pai e minha mãe nutriam um pelo outro, e da alegria que reinava entre eles e que, logicamente, transmitiam-me.

– Eu já havia notado, Jorge – confirmou Adalberto. – E também os admirava muito por isso.

– Meu pai e minha mãe e, inclusive, os seus, também se davam muito bem, não, querido?

– Sim, mas os de Jorge eram diferentes. Não permitiam que a vida os acomodasse. Eram como dois namorados, sempre tentando impressionar um ao outro, com gentilezas, surpresas, não é verdade, Jorge?

– É verdade, sim. Eles se amavam muito, como se tivessem acabado de se apaixonar. E enfrentavam todos os problemas de um casal com muita tranquilidade. Como você bem disse, não permitindo que nada viesse atrapalhar o amor que sentiam um pelo outro. Até a morte resolveu levá-los quase juntos, numa diferença de alguns meses apenas, entre o falecimento dos dois.

– Como parente, você somente possui sua tia Ema?

– Só.

– Mas tenho certeza de que amigos não lhe faltam.

– Tenho muitos amigos, sim. E muitos bons amigos, como os que se encontram agora na minha frente.

– Você é como um irmão para mim – concluiu Adalberto. – Mas vamos ao cardápio. E é você quem escolhe também.

– Não. Já escolhi onde nos sentarmos. Agora, quem vai escolher é a Ritinha.

– Aprovado – concordou Adalberto.

– Está bem, vou escolher. Deixe-me ver... Bem... Para compensar as pescarias malsucedidas, que tal um pintado empanado, com molho branco e quatro queijos? É o meu prato preferido.

– Muito boa a escolha, Ritinha – concordou Jorge, alegremente.

– E arroz, salada de rúculas, batata *à dorê*, e uma boa garrafa de vinho.

– Excelente – bradou, agora, Adalberto.

E JANTAVAM CALMAMENTE, conversando sobre futilidades até ouvirem um chamado, quase um grito:

– Jorge! É você?

Os três olharam em direção ao chamado e prontamente reconheceram uma antiga colega de turma: Verônica, que caminhava lentamente em direção a eles.

– Meu Deus, não acredito, Verônica resolveu sair de casa – comentou Ritinha, contente.

– É ela mesma – concordou Adalberto, olhando por cima dos ombros.

– Que bom vê-la aqui. Isso já valeu pela noite – foi o que

ainda deu tempo de Ritinha balbuciar, antes que ela alcançasse a mesa e pudesse ouvi-la.

Jorge se levantou e aguardou sua chegada, correspondendo ao abraço que a moça lhe dava.

– Mas é você, Jorge?

– Sou eu, sim. Por que o espanto?

– Meu Deus! Você está mais bonito ainda! Nunca poderia imaginar que ainda o veria nesta vida.

Jorge, acabrunhado, baixou os olhos, pensando numa resposta para aquela explosão elogiosa, mas Verônica continuou a falar.

– Vocês sabem quem é esse homem, hoje?

Adalberto e Ritinha, após abraçá-la efusivamente, aguardaram, com interesse, a revelação que certamente a moça lhes faria.

– Eu vi sua foto numa importante revista, ocasião em que estava sendo premiado como um dos mais importantes profissionais no mundo dos negócios. Senti-me tão orgulhosa de termos estudado na mesma escola!

Adalberto e Ritinha olharam para ele, aguardando uma confirmação, ou não, haja vista que ele apenas lhes dissera que trabalhara como administrador numa grande empresa. Mas não lhes falara em qual e o que realmente fazia. Não estranharam isso e nem se incomodaram, porque conheciam a sua humildade. Entretanto, encontravam-se curiosos, apenas curiosos.

– Que prêmio foi aquele, Jorge? – perguntou Verônica.

– Nada de mais, eu apenas estava representando um dos premiados, naquela noite, que não pudera ir.

– Não sei, não – insistiu – Pelo que li, o premiado era você.

– Esqueça isso, Verônica. O que mais interessa, agora, é você dizer-me como está, o que tem feito, o que faz, se está bem. Sente-se aqui. Quer comer alguma coisa?

– Não, obrigada. Estou ali, naquela mesa, com algumas amigas.

Jorge olhou para onde ela apontava e estranhou um pouco o que viu. Suas amigas pareciam bem mais velhas que ela e Verônica também se vestia de uma maneira muito sóbria para sua idade. Pouquíssima maquiagem usava, apesar de ser uma mulher muito bonita e que bem pouco necessitava desses artifícios.

Adalberto e Ritinha aparentavam grande contentamento com a presença dela ali e viam com bons olhos a atenção que Jorge lhe dava.

– Mas, por favor, sente-se um pouco e me fale de você.

– Está bem. Vocês me permitem? – concordou e, muito educada, não se furtou a pedir permissão ao casal.

– É lógico que pode se sentar, Verônica. Será um prazer para nós e, além do mais, trata-se de um convite de Jorge.

E este, então, gentilmente, afastou a cadeira que se encontrava vazia, para que a amiga se sentasse.

– Não vou demorar muito, pois estou com minhas amigas e não quero deixá-las esperando.

– Eu compreendo, Verônica. Mas, fale-me de você. O que anda fazendo? Continuou seus estudos? Lembro-me bem que dizia querer cursar Psicologia.

– Bem... – começou a responder, encarando primeiro o casal à sua frente, parecendo bem pouco à vontade, fato que durou apenas alguns segundos, e respondeu: – Não, Jorge, eu não me formei em Psicologia. Na verdade, não pude continuar os estudos. Quando faltava apenas um ano para formar-me, precisei parar.

– E por quê? O que a impediu?

– Vou narrar-lhe resumidamente. Depois que nos formamos, ingressei na Faculdade, mas, quatro anos depois, aconteceu uma tragédia em meu lar.

– Uma tragédia?

Verônica olhou com o canto dos olhos para Ritinha e continuou:

– A firma de papai, aquela pequena metalúrgica, você se lembra...?

– Lembro-me, sim.

– Ela faliu, Jorge, e ficamos na miséria. Papai precisou vender até nossa casa e tudo o que tinha.

– Meu Deus, Verônica! Nunca poderia imaginar. Mas como aconteceu tudo isso?

– Na verdade, houve desvio de dinheiro por parte de um funcionário de confiança, que fugiu e nunca mais foi encontrado.

– E seus pais?

– Papai não aguentou o choque e, meses depois, morreu, vítima de um infarto fulminante.

– E sua mãe?

– Minha irmã, que havia casado na época, levou-a para morar com ela.

– E você ficou por aqui?

– Cheguei a ir junto, mas achei que não deveria sobrecarregar tanto minha irmã e acabei retornando, indo morar com uma tia. Você deve se lembrar dela, dona Meire, da padaria.

– Oh, sim. Eu a conheço. E não conseguiu mais estudar?

– Até poderia, pois há uma Universidade aqui perto de Boaventura, que muitos alunos frequentam, à noite, viajando num ônibus fretado. A maioria cursa Administração e Direito, mas há também o curso de Psicologia.

– E por que não termina o curso?

– Infelizmente, o que ganho não é o suficiente. E, para falar a verdade, já não sou mais nenhuma jovem. Tenho sua idade, Jorge, quarenta e dois anos.

– Isso não quer dizer nada, pois sempre é tempo, e não devemos nos sentir velhos, Verônica. Ainda temos muitos anos de vida, pode crer, e a longevidade está cada dia maior com todos os recursos da Medicina.

– É... Você tem razão, mas não posso ficar me preocupando com isso agora – respondeu, resignada.

– Você se casou? Tem namorado? Se disser que não, não irei acreditar – falou Jorge, sendo gentil para com a amiga.

– Não me casei e nem tenho namorado, Jorge – respondeu, sorrindo. – Penso que sou muito exigente, mas esse é um outro assunto que eu gostaria de adiar para uma próxima ocasião. Bem, agora vou voltar para junto de minhas amigas. Veio para ficar ou está só passeando?

– Estou a passeio.

– E você? Casou-se? Tem filhos?

– Casei-me, sim, mas não tenho filhos.

– Sua esposa não veio com você? – perguntou Verônica.

– Bem... É que nos separamos recentemente.

– Sinto muito, Jorge – disse Verônica, já levantando e despedindo-se – Bem, até qualquer outra hora, então, e lhe agradeço por convidar-me a sentar com vocês. Tchau.

– Até qualquer dia – respondeu Jorge.

– Tchau, Ritinha. Tchau, Adalberto.

– Tchau, Verônica.

E assim que a moça se retirou, Jorge voltou a sentar-se, pois, educadamente, levantara para despedir-se, e comentou:

– Pobre Verônica. Uma tragédia mesmo, não?

Adalberto e Ritinha se entreolharam, e foi ela quem respondeu:

– Na verdade, Jorge, a história é um pouco mais complicada.

– Mais complicada? Como assim?

– Eu vou explicar-lhe. Quanto à tragédia da falência, tudo bem. Isso ocorreu, realmente, e não foi por culpa de seu Horácio, pai dela. O problema foi o que aconteceu depois, pobre Verônica.

Ritinha permaneceu alguns segundos em silêncio como que a concatenar melhor as ideias, e recomeçou:

– Primeiramente, ela e a mãe foram morar com Vera, sua irmã que, inclusive, encontrava-se muito bem financeiramente. Seu esposo era engenheiro e tinha um alto salário. Vera estava fazendo de tudo por elas e até se propôs a custear os estudos da irmã, mas, infelizmente, Verônica teve que desistir e retornar para cá.

– E por quê?

– Quem me contou tudo foi sua tia Meire. Ela disse que José Luiz, cunhado de Verônica, começou a dar-lhe muita atenção e mostras de que estava se interessando um pouco demais por ela.

– E Vera percebeu?

– Não, pois antes que isso acontecesse, Verônica decidiu vir morar com a tia, alegando que dona Meire estava necessitando de sua ajuda na padaria.

– E ela estava mesmo precisando que Verônica a ajudasse?

– Na verdade, foi o que combinaram, ela e a tia, após Verônica contar-lhe tudo o que estava ocorrendo.

– Pobre Verônica. E não pôde estudar, não é?

– Isso mesmo. E agora também existe uma outra questão, Jorge.

– Sim?

– Pelo que sabemos, Verônica possui, digamos, uma opção, bem... como posso dizer...? Uma opção em suas preferências sexuais. Ela é homossexual. Você, inclusive, deve ter notado pela sua maneira sóbria de vestir-se.

– Nós não temos certeza disso, querida.

– Não temos certeza, mas é o que todos dizem. E, pelo que sei, dona Meire sabe desse fato.

– Tudo bem, até concordo, mas Verônica é bastante discreta.

– Isso é verdade. Verônica é uma pessoa muito querida e respeitada por todos aqui da cidade, até porque é muito educada e delicada no trato com as pessoas.

Jorge olhou demoradamente para a mesa onde elas se encontravam, e seu olhar, facilmente interpretado pelo casal amigo, era de muito carinho. E, discretamente, de maneira bastante enternecida, comentou:

– Temos que tratar com muito carinho e compreensão as pessoas que passam por essa dificuldade de ordem sexual. São provas difíceis que têm de enfrentar nessa encarnação em que vivem.

– Encarnação, Jorge? Você, por acaso, é espírita?

– Tenho estudado a respeito e encontrado muitas explicações para as mais diversas diferenças socioeconômicas, afetivas e de saúde, nas diversas encarnações por que passam os Espíritos, na verdade, nós todos.

108

– Também temos lido alguns livros a respeito, Jorge. Gostamos muito dos romances espíritas.

– Os romances são ótimas leituras porque demonstram, através das histórias, as diversas situações da vida, estimulando-nos a conhecer e, acima de tudo, procurar seguir os ensinamentos de Jesus.

– Sempre que possível, temos lido o "O Evangelho Segundo o Espiritismo", Jorge.

– Isso é muito bom. De uma maneira simples e resumida, Jesus nos ensinou o caminho da felicidade.

– Você tem razão – concordou Adalberto.

– E quanto à Verônica? Você parece muito preocupado com ela.

Jorge desviou o seu olhar, mais uma vez, para a mesa onde se encontravam Verônica e suas amigas, e disse:

– Vi muita tristeza em seus olhos quando falou sobre a Faculdade.

– Ela teve a oportunidade com a irmã, mas, infelizmente... – comentou Ritinha.

– Está pretendendo fazer alguma coisa, Jorge? – perguntou Adalberto, vendo que o amigo ainda olhava com carinho para a antiga colega de escola.

– Penso que sim. Talvez eu a procure, pois vejo uma saída para tudo isso ou, pelo menos, uma tentativa.

– Pense bem, antes de tomar alguma decisão, meu amigo.

Jorge se limitou a concordar com um aceno de cabeça e voltou sua atenção para o casal.

– Agora, a sobremesa, Ritinha, mas desta vez eu escolho – disse Adalberto.

– Pudim de leite, com certeza.

– Para mim, sim. E você, Jorge?

– Para mim também.

E após permanecerem mais meia hora conversando no restaurante, resolveram ir embora. Adalberto levou Jorge até o hotel e se despediram alegres, prometendo voltar a se reencontrarem.

NOVE

— MAMÃE, VOCÊ ME DÁ UMA CARONA ATÉ O CENTRO DA cidade?

— Hum, hum, mas se apresse, por favor. Tenho duas empresas para visitar agora de manhã. Você foi dormir tarde esta noite, filha.

— Estava estudando, pois tenho prova hoje.

— E como se saiu ontem no simulado para o vestibular?

— Acertei oitenta e dois por cento, mamãe, mas vou esforçar-me mais.

— Você é muito dedicada, Milena. Graças a Deus, "puxou" sua mãe e não...

— Por favor, mãe. Papai já morreu há um ano e meio e não devemos falar disso.

— Você tem razão. Seu pai não foi um bom exemplo, mas sempre a tratou com muito carinho... Quando estava sóbrio...

— Mamãe...

– Desculpe-me, filha.

– Você ainda guarda mágoas, não é?

– Na verdade, não. Apenas gostaria que tudo tivesse sido diferente, além do mais, não fosse ele, talvez você não fosse minha filha...

– E eu não teria uma mãe maravilhosa como você.

E as duas se abraçaram, comovidas. Milena, por tê-la como mãe, uma mulher dedicada, compreensiva e carinhosa, apesar de achar que ela não era feliz, aliás, sempre a viu como uma pessoa não realizada, com exceção de seu trabalho, pelo qual era notadamente apaixonada. A não realização de sua mãe se prendia ao âmbito sentimental, pois desde que conseguia se lembrar, foram poucos os momentos em que a vira sorrir diante de seu pai, quase sempre embriagado, quando no lar. Em seu trabalho, seu pai até que devia ter se saído bem, mas, quando voltava para casa, entregava-se à bebida, não chegando a perturbá-las, a ela e à sua mãe, mas ignorava-as.

Até que um grave acidente automobilístico acabou por tirar-lhe a vida quando, inexplicavelmente, algumas horas depois do horário em que já deveria estar em sua casa, dirigia seu veículo em alta velocidade em direção a Campo Alto. Muito alcoolizado, conforme laudo pericial, presume-se que tenha perdido o controle do automóvel, acabando por chocar-se contra uma árvore, localizada a cerca de uns trinta metros da rodovia.

Apesar de tudo, Milena o amava e ainda sentia por ele o mesmo carinho, pois sabia que era um bom homem.

E no caminho até o centro da cidade, a jovem permaneceu em silêncio, pensativa, e quando a mãe estacionou à frente da escola onde a filha frequentava o cursinho preparatório, antes que ela descesse do carro, pediu-lhe:

– Espere um pouco, filha.

– O que foi, mamãe?

– Ainda temos alguns minutos, e gostaria que me dissesse a razão desse seu silêncio. Foi por causa do que falei a respeito de seu pai?

Milena, na plena juventude de seus dezessete anos, dona de uma beleza angelical, bem parecida com a mãe, fazia jus à aparência, pois detinha profunda compreensão pelas pessoas e, principalmente, por aquela que mais amava na vida. Então, carinhosamente, respondeu:

– Não se preocupe com isso, mamãe, você não tem culpa de sentir-se assim e nem de desabafar o que sente. Quanto a mim, não estava nem um pouco magoada com você, apenas me encontrava com os pensamentos dispersos. E eu a compreendo muito bem. Afinal de contas, deve ter sofrido muito, sem o benefício e a força que uma vida sentimental bem vivida traz às pessoas.

– Você não se chateou, mesmo?

– Não, mãe, apenas, mais uma vez, vi-me preocupada pelo fato de a senhora não ter a mínima ideia do que levou papai a entregar-se à bebida.

Haidê permaneceu em silêncio, franzindo o cenho.

– Você não sabe mesmo, mãe?

– Não sei, Milena. Por todos estes anos, tentei fazer com que ele me revelasse o motivo de tão grande transformação, já que fomos tão felizes nos primeiros anos de casados. Mas seu pai ficava em silêncio e bebia ainda mais. Até mesmo por esse motivo foi que acabei desistindo de continuar a perguntar-lhe.

– E não tentou saber com outras pessoas?

– Com as pessoas mais chegadas, sim, mas evitava falar desse problema com qualquer um, porque poucos tinham conhecimento de que ele era um viciado. Tomava somente um ou dois goles com os amigos e se afundava no copo em casa.

– E vovô?

– Seu avô sofria tanto quanto eu, mas dizia também desconhecer o motivo, o que, na verdade, nem sempre acreditei, porque era um assunto em que até ele procurava não tocar e acabava desviando o rumo da conversa.

– Será que ele sabia a causa e não queria ou não podia revelar?

– Não sei, Milena. Seu avô sempre foi um homem muito bom e não pretendo mais importuná-lo com esse assunto, até por força da sua idade e também por seu pai, que o amava muito. Penso que o idolatrava, até mais que a sua própria mãe.

– Vovô já está com setenta e quatro anos e ainda trabalha, mesmo sem precisar fazê-lo.

– Trabalha porque gosta, e o trabalho faz bem à saúde, amenizando o sofrimento.

– Vovô tem ajudado muito a senhora depois da morte de papai, não, mamãe?

– Ajudou bastante, principalmente, com as dívidas de seu pai, dívidas que eu não sabia existir, além de pagar pelas várias internações dele.

– E ainda paga meus estudos e me disse que irá custear também a Faculdade. E sabe o que mais ele me disse, da última vez em que nos encontramos? Até me esqueci de dizer-lhe.

– O que foi que ele lhe disse?

– A senhora não vai acreditar. Disse-me que eu serei herdeira de tudo o que ele possui. E vovó Jacira está de pleno acordo.

– Ele lhe disse isso?

– Disse, mãe. De qualquer maneira, papai era seu único herdeiro.

– Isso será muito bom para você, filha.

– Quando será que ele virá aqui novamente? Ou iremos até lá, visitá-lo?

– Se até o final da semana ele não vier, poderemos ir até sua casa.

Era noite, e mãe e filha se encontravam sentadas à mesa da cozinha. Haviam terminado de jantar e, como de costume, ali permaneciam por algum tempo, comentando sobre as atividades do dia ou, simplesmente, conversando sobre os mais variados assuntos.

A casa em que moravam era simples, mas com cômodos grandes, com um bem tratado jardim à frente, e razoável quintal nos fundos, onde havia algumas árvores frutíferas e, além de uma garagem, um largo corredor lateral que dava acesso ao quintal.

Nesse momento, algumas cigarras ainda teimavam em emitir seu canto na tentativa de atrair as fêmeas para o acasalamento, enquanto grilos, cricrilando, concorriam com elas, proporcionando o característico som das cidades interioranas, onde a vegetação, os pássaros e os insetos ainda fazem parte da vida de seus moradores. São os sons da Natureza. Os sons de Deus.

A temperatura, quente durante o dia, agora se amenizara com suave brisa que, à noite, soprava por entre formações um pouco mais elevadas e que se projetavam, não muito altas, em dois dos lados de Boaventura.

E num intervalo, depois de uma conversa à toa e sem nenhuma preparação prévia, Milena lançou uma pergunta que nunca havia feito antes, sem sombra de dúvida, sobre um assunto bastante delicado para Haidê.

– Mamãe, você não pensa em se casar, novamente, ou, pelo menos, iniciar um novo relacionamento?

– Que conversa é essa, Milena? – perguntou, entre surpresa e, ao mesmo tempo, achando graça.

– Por que a surpresa? E qual a graça? Você ainda é nova,

bonita, atraente e imagino que existam homens bastante interessados.

– Se existem, nunca percebi.

– Ora, mamãe, pensa que não percebo como olham para você e as atenções que lhe prestam?

– Ah, você percebe?

– Percebo, sim.

– Mas não percebe também que, na maioria, o que desejam mesmo é apenas um relacionamento físico, nada mais?

– Será, mamãe? Pelo menos, não é o que tenho notado no senhor Augusto, por exemplo, que já a convidou, por diversas vezes, para jantar.

– E o que você acha que ele pretende, filha?

– Casar, mamãe. Não o vejo como um aventureiro ou mesmo como um conquistador barato. E até já andei investigando com minhas amigas, principalmente com Adriana, que trabalha na loja dele.

– O que foi que perguntou para essa funcionária dele, Milena?! Está louca?! – perguntou, agora inconformada com a atitude da filha.

– Calma, "dona Haidê" – respondeu a garota, divertindo-se. – Não toquei no seu nome. Apenas disse à Adriana, quando surgiu uma oportunidade no meio de uma conversa, que eu imaginava que o seu patrão deveria ter muitas mulheres, porque um homem bonito, charmoso...

– Você disse isso?!

– E o que tem? As garotas conversam sobre os homens, sem que haja nenhum comprometimento.

– E o que foi que ela lhe disse?

– Ah... Quer saber, não é? – perguntou Milena, ironicamente, e divertindo-se também.

– Não tenho o mínimo interesse em saber sobre esse seu Augusto.

– Mesmo assim, vou dizer-lhe o que Adriana me contou. Ela me disse que seu Augusto é um homem muito sério e extremamente respeitador, tanto com as suas funcionárias como com todas as clientes e freguesas da loja. E disse ainda mais...

– ?

– Contou-me que as moças da loja já perceberam que ele deve estar muito interessado e, até mesmo, apaixonado por você.

– O quê?! Ele anda dizendo isso?

– Não o diz abertamente, mas vive a perguntar por você. Se já está saindo para jantar, se tem demonstrado interesse por alguém, coisas desse tipo. E não é só ele, não. Também o Norberto, da loteria, o Pedro, gerente do banco e, este, solteiríssimo, diferente de Augusto, que é divorciado, e de Norberto, que é viúvo, assim como a senhora.

– Sei que existem homens que se interessam por mim, filha – concluiu a mãe, rendendo-se às evidências –, e isso desde os meus tempos de adolescência, mas, no momento, não quero pensar nesse assunto.

– E quem é Bernardo que, às vezes, liga para cá à sua procura? É de alguma empresa para a qual você presta serviço?

Haidê, formada em Administração de Empresas, posteriormente cursou computação e informática e, aliando esses seus conhecimentos, prestava serviços na área de elaboração de programas digitais e de assistência a diversas firmas comerciais e industriais da cidade.

– É, filha. É o dono de uma fábrica e que quer, porque quer, levar-me para jantar e creio que para outras coisas mais, que você já pode imaginar.

– E ele é casado?

– É divorciado e muito insistente. Sabe que chego a ter um pouco de medo dele?

– Medo, mamãe? Por quê?

– Porque ele, simplesmente, meteu na cabeça que eu gosto dele.

– Como assim?

– Porque é um sujeito prepotente e me diz, sem papas na língua, que estou me fazendo de difícil, mas que eu sei que só ele poderá me fazer feliz.

– Que atrevido!

– Põe atrevimento nisso. Nunca lhe dei algum motivo para pensar assim, apenas presto assistência à sua empresa.

Nada mais que isso. Estou até pensando em encerrar meu contrato com ele, apesar de ser um dos meus melhores clientes, financeiramente, quero dizer, por tratar-se de uma empresa de porte considerável. E tenho tentado muito contornar essa situação.

– Meu Deus, deve ser difícil para você, mãe.

– Se é. Com certeza, deve saber que ganho mais com sua empresa e, por isso, insiste sem nenhum constrangimento. Você acredita que, dia destes, falou-me que gostaria que eu trabalhasse somente para ele, porque tinha ciúmes por eu ter contato com outros empresários?

– Esse homem é um louco! Um paranoico. Tome cuidado com ele.

– Não se preocupe, filha, sei cuidar-me e como lidar com ele.

Milena permaneceu por mais alguns segundos em silêncio até que, mais uma vez, à queima-roupa, o que era uma de suas características, disparou crucial pergunta:

– Você amava papai?

– Milena! Acho melhor mudarmos de assunto.

Mas a filha insistiu:

– Você o amava?

Haidê pôs-se por alguns segundos pensativa e, olhando para a filha, mas nitidamente com o olhar e o pensamento no passado, ainda divagando, respondeu-lhe, sincera e resignadamente:

– Acho que o amava, sim. Pelo menos desde o início de nosso namoro até ele começar a transformar-se. Você sabe...

– Sei... E como se conheceram?

– Depois que me formei em Administração, fui estagiar em uma empresa na cidade de Campo Alto. Seu pai que, como você sabe, morava lá, trabalhava para essa firma e começamos a ter uma grande amizade, mais ligada ao trabalho que desenvolvíamos.

– E daí...

– E daí que, simplesmente, fomos nos afeiçoando. No intervalo para o almoço, permanecíamos mais tempo juntos, depois, chegamos a sair para jantar e ir a festas, até que ele disse imaginar que estávamos quase que namorando e eu concordei. Ele era um moço bonito, estudioso, dedicado, muito gentil e... Pronto.

– Você se apaixonou por ele, não?

– Sim... Vamos dizer que eu gostava de estar com ele e não tinha nenhum interesse por mais ninguém. Penso que isso é amor por um homem. Logicamente, diferente do amor que sinto por você, filha.

Dez

Eram dezesseis horas, e Haidê se encontrava às voltas com uma nova programação no banco de dados do computador central da empresa de Bernardo que, a todo instante, vinha vê-la no escritório, aparentando preocupação com o êxito de seu trabalho.

– E, então, Haidê, como está se saindo?

– Já estou realizando os últimos testes. Penso que, dentro de meia hora, já estará funcionando a contento.

– Pois assim que terminar, por favor, passe em minha sala. Hoje é dia de pagar-lhe pelos serviços já prestados neste mês.

– Você não poderia me trazer o cheque? Tenho pressa de ir embora – pediu Haidê, tentando evitar ficar a sós com ele.

– Prefiro que passe por lá. Preciso conversar com você. – arrematou o homem, saindo em seguida.

E em menos de trinta minutos, Haidê deu por terminados os ajustes da nova programação que, juntamente com uma das funcionárias, colocou em funcionamento.

– Você anotou tudo, Rute?

– Anotei, sim, Haidê.

– Se tiver alguma dificuldade, pode telefonar-me, que lhe darei as devidas orientações.

– Farei isso.

– Então, até a semana que vem e um bom final de semana para todas vocês.

– Para você também – responderam as oito funcionárias que trabalhavam naquela área.

– Não se esqueça de passar na sala de Bernardo – lembrou uma delas, com um riso malicioso, que não passou despercebido pelas outras.

– Fazer o quê, não? – perguntou Haidê, demonstrando sincera preocupação.

– Boa sorte – desejou-lhe Rute. – Quer um escudo? – ainda brincou.

– Desta vez, trouxe uma espada.

E todas riram, pois já sabiam da insistência do patrão para com Haidê que, resignadamente, dirigiu-se à sala do empresário.

– Com licença, Bernardo.

– Entre e, por favor, feche a porta.

– Não é necessário, pois não vou nem me sentar. Como lhe disse, estou com muita pressa.

– Não precisa ficar nessa defensiva comigo, Haidê. Não vou

atacá-la e até resolvi controlar-me mais de hoje em diante, pois sinto que, realmente, tenho sido um tanto precipitado e inconveniente para com você.

— E eu lhe agradeço por essa sua sábia decisão, que somente tornará as coisas mais tranquilas.

— Eu lhe prometo, mas, por favor, diga-me se posso cultivar alguma esperança. Sabe o quanto gosto de você e não acredito que não goste um pouquinho de mim. Poderíamos tentar, pelo menos.

— Já lhe disse, e repito, Bernardo: no momento, não tenho nenhuma intenção nesse sentido. Sinto-me muito bem sem a presença de um novo homem em minha vida.

— E eu a entendo. Seu falecido marido deve tê-la maltratado muito e é natural que se coloque nessa defensiva. Aquele bêbado! Não soube aproveitar a mulher maravilhosa que possuía.

— Não quero que fale assim de meu marido, Bernardo! Apesar de seu vício, era um bom homem e é o pai de minha filha.

— Desculpe-me. Não falei por mal. É que...

— O meu cheque, por favor.

— Oh, sim. Aqui está. – apressou-se o homem em entregá-lo, visivelmente arrependido pelo que tinha falado a respeito de seu marido.

Haidê, por sua vez, apanhou o cheque, assinou o recibo, e já estava saindo, quando Bernardo a chamou:

— Haidê...

– Fale, Bernardo.

– Queria convidá-la para jantar comigo hoje à noite, mas... Espere. Não responda ainda. Eu lhe prometo que depois de jantarmos, levo-a para casa e vou embora, sem nenhuma outra intenção. Com todo o respeito e vou procurar, como já lhe prometi, ser mais discreto quando estivermos junto às outras funcionárias.

– Não vou poder, Bernardo, pois já tenho um compromisso para hoje à noite e para todo o final da semana. Então, até quarta-feira que vem, aqui na empresa.

– É uma pena que já tenha compromisso, mas eu saberei esperar.

E Haidê se retirou, irritada, Não gostava que falassem mal de Mário. Para ela, ninguém tinha nada com isso e sentia pena do falecido marido. Se ele tinha se tornado um alcoólatra, deveria ter tido um motivo que, até aquele momento, não conseguira descobrir. Ou, talvez mesmo, alguma fraqueza, mas, com certeza, causada por algo que desconhecia. Sempre acreditara que ninguém pensa *"vou tornar-me um alcoólatra"*, por livre escolha, e imaginava o quanto uma pessoa com esse vício deveria sofrer. E muito menos Bernardo poderia dizer alguma coisa sobre ele, porque, apesar do vício, Mário era muito respeitador.

EXISTEM HOMENS QUE SE sentem tremendamente irritados

quando são contrariados ou não veem seus desejos atendidos, principalmente quando se trata de mulheres.

E Bernardo não era nenhuma exceção, muito pelo contrário, pois enorme contrariedade o acompanhou até o final do dia, sendo que a dúvida e a curiosidade foram crescendo em sua mente.

"Que compromisso poderia ter Haidê para recusar um convite para jantar com seu melhor cliente e ainda feito de maneira tão polida? Será que teria sido uma desculpa? Ou será que iria sair com outra pessoa?", pensou, passando da irritação para um início de raiva, só de pensar que poderia haver um outro homem na vida dela.

Mas quem poderia ser? Sabia que havia outros interessados, mas nem os considerava, tendo em vista a ilusão de que, dentre todos, ele seria o mais bonito, o mais insinuante e, principalmente, o mais rico. E continuou a matutar, sentado à sua mesa de trabalho e girando, nervosamente, a caneta entre os dedos.

Sempre gostara de Haidê, desde os tempos de escola, e quando ela começou a namorar Mário, sofreu um bocado por ciúmes. E somente quando eles se casaram foi que resolveu dar um novo rumo amoroso em sua vida. Casou-se também e teve duas filhas, Carol e Cláudia, que trabalhavam com ele na empresa. Coincidentemente, a esposa lhe pedira o divórcio na mesma época em que Haidê perdera o marido, o que o fez pensar que, enfim, o destino estava lhe abrindo uma grande chance.

126

Suas filhas trabalhavam com ele, mas moravam com a mãe, para a qual destinava polpuda pensão. Na verdade, Helga, sua ex-esposa, que não suportava mais os seus rasgos de irritação por qualquer motivo, e as discussões que eram constantes, não conseguiu encontrar outra solução a não ser a da separação.

Bernardo, ainda bastante irritado, começou a lembrar-se de sua adolescência quando Haidê, jovem ainda, somente tinha olhos para um cara... "Como era mesmo o nome dele?", pensou. Era um sujeito tímido, assim como ela, e eles resolveram cultivar um amor quase que platônico, até que o rapaz se mudou para a Capital com os pais, para cursar uma Faculdade. E nunca mais apareceu.

– Como Haidê gostava dele! – lembrou-se. – E como sofreu a menina...!

Recordou-se, então, de vê-la sentada sozinha, no intervalo das aulas, sem tocar no lanche e com os olhos marejados de lágrimas.

E, devaneando, Bernardo custou um pouco a perceber que seu telefone tocava, até que o tirou do gancho.

– Seu Bernardo, é o senhor Inácio na linha. O senhor pode atendê-lo?

– Complete a ligação, por favor – pediu o homem à secretária.

– Alô! Bernardo?

– Sim, fale, Inácio. Resolveu aquela questão para mim? Tenho muito interesse em adquirir aquele imóvel.

– É sobre isso que quero lhe falar. Acontece que o proprietário resolveu que não quer mais vendê-lo.

– Como?! Não conseguiu convencê-lo, não conseguiu fazê-lo mudar de ideia? Eu lhe pedi que aumentasse a minha oferta se, porventura, ele desistisse da venda.

– Eu lhe fiz essa nova oferta, mas ele foi irredutível. Disse que não vai mais vender.

– Você irá tentar novamente, Inácio?

– Até posso, mas só se for para oferecer-lhe mais.

– Pois, então, faça o seguinte: peça-lhe que estipule qual seria o valor para mudar de ideia, certo?

– Vou tentar, Bernardo, mas me parece que a situação é um pouco mais complicada, porque envolve a vontade da esposa dele.

– Entendo... Bem, de qualquer forma, tente novamente.

– Vou ver o que consigo.

– Mais alguma novidade?

– Não, nenhuma. Ah, sim. Lembra do Jorge?

– Do Jorge? Que estudou conosco nos tempos do colegial e que foi embora para cursar uma Faculdade?

– Esse mesmo.

– Pois você não vai acreditar. Eu estava precisamente tentando lembrar o nome dele há poucos instantes.

– Verdade?

– Verdade.

– E por que estaria se lembrando dele, Bernardo?

– Estava apenas rememorando esse tempo de estudante.

– Por causa da Haidê, não é? Lembro-me de que eles eram apaixonados naquele tempo. Pelo menos ela, porque também me recordo muito bem o quanto sofreu quando ele se mudou daqui de Boaventura. Quanto a ele, não sei, pois foi embora... Apesar de que ele não tinha idade suficiente para decidir por sua própria vida, não é?

– O que você está querendo dizer?

– Nada. Apenas que se você estava pensando nele, com certeza é porque estava também pensando nela. Estou certo?

– Você sabe que é isso mesmo, mas não quero que fique falando por aí.

– Fique tranquilo.

– Mas o que ia dizer-me a respeito do Jorge?

– Bem, você não vai gostar de ouvir.

– E o que é, homem? Desembuche!

– Jorge está na cidade.

– O quê?! Ele está na cidade?! E o que veio fazer aqui? Soube, há tempos, que ele se casou e que se encontrava muito bem de vida. Dizem que ficou rico por causa do sogro.

– Se ainda está rico, eu não sei. O que sei é que ele e a mulher se separaram.

– Separaram?!

– Isso mesmo. Assim como você.

– E quem lhe disse tudo isso?

– O Adalberto esteve com ele e até jantaram juntos, inclusive a Ritinha.

– E o que mais Adalberto lhe falou?

– Só me disse isso. Ah, sim, que ele estava com uma Kombi 1975.

– Uma Kombi 1975?

– Isso mesmo, mas do tipo de colecionador, totalmente restaurada, até equipada como um *motor-home*.

– Isso só pode ser capricho de quem tem muito dinheiro.

– Sobre isso eu nada sei.

– E Adalberto não lhe falou onde ele se encontra hospedado?

– Não, Bernardo. Agora, o que eu acho é que você deve ficar atento. Quem sabe, Jorge se separou da mulher e veio atrás de Haidê?

– Inácio, você está sabendo de alguma coisa e não quer me dizer?

– Não sei de nada além do que já lhe falei, Bernardo. E me desculpe pela minha última colocação. Não foi minha intenção lhe trazer preocupações.

Do outro lado da linha, Inácio desenhara um riso irônico e

maldoso na face. Não gostava de Bernardo, mas pelo fato de sempre ter a oportunidade de realizar bons negócios com ele, era de bom alvitre tratá-lo bem, apesar de não ter conseguido se conter, desferindo-lhe esse cutucão em seu ponto fraco.

– Mas fique tranquilo, Bernardo, pois se eu descobrir alguma coisa, telefono para você. Afinal, amigo é para essas coisas.

– Obrigado, Inácio. Sinto que você vai me ajudar muito.

– Então, até mais, meu amigo.

– Até mais.

Bernardo desligou o telefone e sua face e pescoço, muito corados, vermelhos mesmo, demonstravam a preocupação e a revolta, que iam por dentro de si, e que se transformavam, aos poucos, num sentimento de raiva pela má sorte que surgira à sua frente.

– Mas o que esse cara veio fazer aqui?! Será que o mundo está conspirando contra mim?!

E nessa vibração de ódio e de temor, ideias indesejadas começaram a percorrer-lhe a imaginação.

– Haidê me disse que tem um compromisso para hoje e para todo o final de semana. Será?! Será que combinaram de se encontrar e passarem esses dias juntos? Ou será que já estão se encontrando? Inácio não me falou desde quando ele se encontra na cidade. Apenas que Adalberto esteve com ele.

Imediatamente, e tomado pelo ciúme, ligou para sua secretária.

– Pois não, seu Bernardo.

– Quero que ligue, imediatamente, para o Adalberto. Preciso falar urgente com ele...

Passaram-se alguns minutos, e a funcionária o informou de que o advogado não se encontrava em seu escritório e que ligara para o seu celular, mas que este se encontrava inoperante.

– Pois continue tentando.

– Sim, senhor Bernardo.

ONZE

ERA NOITE, E MÃE E FILHA SE ENCONTRAVAM SENTADAS preguiçosamente na varanda, após o jantar, quando o telefone tocou.

– Por favor, Milena – pediu Haidê –, se for o Bernardo, diga que não estou, que saí, sei lá, invente alguma coisa.

– Pode deixar – concordou a filha, dando uma piscadela de olhos para a mãe.

E dirigindo-se até a sala de estar, atendeu ao telefone.

– Alô?

– Milena?

– Sim.

– Aqui é Bernardo e gostaria de falar com sua mãe.

– Ela não se encontra.

– Ela ainda não chegou, ou já saiu?

– Ela saiu.

– E sabe para onde foi?

– Não sei, seu Bernardo, pois eu estava tomando banho e, quando saí do banheiro, ela não mais se encontrava aqui.

– Ela saiu com o carro?

– Deixe-me ver...

Milena se calou por alguns segundos como se tivesse ido verificar e respondeu:

– Não, seu Bernardo. O seu carro se encontra na garagem. Deve ter saído com alguém.

– E ela não lhe disse mesmo aonde iria?

– Não, apenas que ia sair.

Do outro lado da linha, o homem sentiu um calor arder-lhe o peito e as faces, da mesma forma que ocorrera quando Inácio lhe informara que Jorge se encontrava na cidade.

– O senhor quer deixar algum recado? – perguntou-lhe Milena.

– Não é necessário. Boa noite

– Boa noite, seu Bernardo.

E desligou o telefone com um sorriso nos lábios, próprio de quem acabou de pregar uma peça em alguém, e retornou para a varanda.

– Você ouviu, mamãe, o que eu disse ao Bernardo?

– Ouvi e, se quer saber, fico meio preocupada.

– Realmente, o homem precisou fazer um grande esforço

para controlar-se – completou a garota, rindo – Ele deve estar muito apaixonado, mãe.

– É um louco, Milena. Já lhe disse. Nesse instante, deve estar imaginando que saí com algum homem, com certeza.

Milena se sentou novamente ao lado da mãe e, após pensar um pouco, perguntou-lhe:

– Você sabe, realmente, o que é amar, mamãe? Amar, verdadeiramente, um homem? Já sentiu isso alguma vez?

Desta feita, mais uma pergunta atingiu Haidê em cheio, inicialmente aturdindo-a, para, logo em seguida, esboçar ingênuo sorriso na face.

– Mamãe, esse seu sorriso acaba de denunciá-la. Por acaso, está se lembrando de alguém? – indagou Milena, curiosa e animada com o rumo que a conversa poderia tomar.

– Por que me faz essa pergunta?

– Gostaria muito de saber, mãe.

E depois de prolongado e comprometedor suspiro, Haidê lhe respondeu:

– Já senti algo mais forte, sim, mas tenho certeza de que foi por causa do período de adolescência que eu atravessava.

– Conte, mãe – pediu, novamente, a jovem, não escondendo o entusiasmo que a invadia.

– Eu tinha quinze anos; e ele, dezessete.

– Mais nova que eu, hein, mãe?

– Estudávamos na mesma escola.

– Aqui em Boaventura...

– Sim. E foi algo que aconteceu de maneira, digamos, inopinada, sabe? Quando dei por mim, já estava gostando dele, penso até que apaixonada. Era um jovem um pouco diferente dos outros de sua idade.

– Diferente?

– Era um rapaz mais comportado, sério. Tirava boas notas nas provas, destacava-se nos esportes, enfim, alguém por quem as meninas chegavam a derreter-se.

– E ele? Quer dizer... Também demonstrava interesse por você?

– Creio que sim. Estava sempre olhando-me de longe, e até trocávamos olhares e sorrisos, mas nunca nos falávamos.

– E por quê?

– Penso que éramos tímidos demais. Para você ter uma ideia, penso que até hoje, ele talvez nem saiba que as garotas eram apaixonadas por ele.

– É... Geralmente os tímidos nunca sabem e, mesmo que alguém lhes diga, não acreditam. Já vi isso. Mas vocês nunca se falaram?

– Depois de algum tempo, ele se aproximou e conversou comigo.

Milena se encontrava cada vez mais ansiosa em saber tudo sobre esse amor juvenil de sua mãe.

– E o que ele lhe disse?

Haidê deu um largo sorriso e, quase rindo da lembrança e do que iria dizer à filha, revelou:

– Falou-me sobre o tempo que estava fazendo.

– Sobre o tempo?! – exclamou Milena, decepcionada, mas divertindo-se com aquela revelação.

– Por falta de assunto. Disse-me que estava fazendo muito calor.

– E você?

A mãe começou, então, a rir, principalmente por ver a atônita fisionomia da filha.

– Respondi-lhe que também achava, e permanecemos juntos, um ao lado do outro, sem coragem para tomar qualquer iniciativa.

– E depois? Vocês voltaram a se falar?

– Alguns dias depois.

– E o que ele disse, dessa vez?

– Perguntou se eu havia ido bem nas provas, e eu lhe respondi que sim. E, mais uma vez, ficamos estáticos, em silêncio.

Nesse ponto da conversa, Haidê se impressionou com a facilidade com que se lembrava de tudo o que havia acontecido entre ela e o rapaz, concluindo que, se quisesse, recordaria de todos os momentos e de todas as falas. E foi com maior assombro ainda que se deu conta de que parecia estar revivendo aqueles dias, inclusive as noites, nos momentos em que se deitava e ficava por um bom tempo pensando nele.

– Meu Deus! E, mesmo assim, achava que ele tinha interesse por você?

– Tinha certeza, até porque não fazia isso com as outras garotas. E, se quer saber, o tempo foi passando, e nós nos procurávamos nos intervalos das aulas e ficávamos juntos, e as conversas continuavam triviais. Mas eu lia em seus olhos, assim como ele devia ler nos meus, que nos encontrávamos apaixonados um pelo outro.

– E depois, mãe? – perguntou Milena, ansiosa.

Momentaneamente, Haidê pareceu entristecer-se pela lembrança.

– Depois, ele se formou, prestou provas para uma Faculdade, foi aprovado e...

– E foi embora...

– Com seu pai e sua mãe, que resolveram mudar-se com ele para a Capital.

– E ele não lhe disse nada?

– Não, porque eu e meus pais estávamos viajando quando isso aconteceu. Até sua mudança da cidade foi repentina.

– E você soube o que lhe aconteceu?

– Nunca mais o vi.

– E nem teve mais notícias?

– Depois de alguns anos, fiquei sabendo que se casara e que estava muito bem de vida, pois seu sogro era um rico e próspero empresário e que ele trabalhava nessas empresas. Também sabia que ele tinha uma tia que morava em Campo Alto, mas nunca tive nenhum contato com ela, apesar de ela vir sempre em sua casa quando ele ainda morava aqui.

– E você acha que isso é se apaixonar?

– Bem, pelo menos, naquela minha cabeça de adolescente, era.

– E o esqueceu?

– Sim.

– E nunca mais se lembrou dele?

– Confesso que cheguei a recordar-me algumas vezes.

– Depois de casada?

– Depois que seu pai começou a beber demais.

– E o que pensava? – perguntou Milena, impressionada com a sinceridade da mãe.

– Não sei, talvez que ele tivesse tido mais sorte do que eu, apesar de que, como já lhe disse, por causa de seu pai, tive a felicidade de ter você.

– Você acha que eu não poderia ter nascido sua filha se tivesse casado com outro homem?

– Não sei lhe dizer, filha. Mas poderia até ser, se for verdadeira a existência das diversas encarnações, pois, nesse caso, pelo que já li, você existiria como Espírito e se Deus, assim o desejasse, poderia reencarnar junto a mim e a um outro pai. Isso, com certeza, dependeria de muitas outras coisas.

– E se isso pudesse, realmente, acontecer, você gostaria de ter casado com ele? Acha que teria sido mais feliz?

Haidê cerrou os olhos na tentativa de imaginar a situação e respondeu, sem titubear:

– Sabe, filha, se ele continuasse, para sempre, a carregar consigo a bondade que eu via nos seus olhos, penso que sim. E ainda tenho muita convicção de que ele continua a ser aquela mesma pessoa que eu conheci. Só espero que menos tímido, não?

E as duas caem na risada, divertindo-se com todo aquele devaneio de Haidê.

– Como ele se chamava?

– Jorge.

– Jorge... Seu primeiro amor...

– De qualquer maneira, ainda acabo por pensar que essas coisas só existem mesmo quando somos adolescentes, sem os percalços da vida.

– O grande amor existe, sim. Penso que ele apenas vai se modificando com o tempo, mas ele existe, sim. Mais ânimo, "dona Haidê"! – brincou Milena

E, mais tarde, Haidê se sentou confortavelmente na poltrona da sala de estar e se entregou a outros devaneios, sem saber que, num quarto de hotel, alguém também se entregava a essas recordações.

ANO DE 1988.

Era uma manhã bem fria da segunda quinzena de junho, e as provas escolares já haviam iniciado, sendo que, mais alguns dias, e as férias do meio do ano teriam início.

Jorge havia terminado de dar uma última verificada nas respostas que havia colocado na prova de Física e, satisfeito com elas, entregou sua folha ao professor, saindo da sala de aula, dirigindo-se ao pátio. Ainda tinha à sua disposição quinze minutos e mais outros quinze destinados ao intervalo. Naquele ano, ele terminaria o colegial e estaria pronto a enfrentar um dos vestibulares para ingressar num Curso Superior.

– Será que ela já terminou sua prova? – pensou o rapaz, ansioso, e olhando para uma das outras portas, que era por onde ela sairia. E começou a caminhar de um lado para o outro naquele pátio vazio, pois ninguém ainda tivera a felicidade ou a capacidade de, como ele, concluir as questões.

Mais alguns minutos e...

"Haidê...!", sussurrou, quando, ao girar o corpo nos calcanhares, deparou-se com a figura da garota a surgir, como uma verdadeira deusa vindo ao seu encontro, com um leve sorriso nos lábios, a denotar sua pura e sincera timidez.

Ligeiro tremor lhe sacudiu o corpo, mais notadamente a região do abdome, sentindo como se uma reviravolta suave lhe invadisse os intestinos. Jorge sempre achara muito mal localizada essa sensação, pelo menos nada romântica, pois – pensava –, bem que poderia ocorrer numa região mais próxima do peito, apesar de que ela era bem rápida, terminando por fazer disparar o coração.

"Mas nunca poderei lhe dizer que é meu intestino que faz disparar meu coração quando a vejo", brincava sempre com seus próprios pensamentos, quando isso ocorria, e essa frase o ajudava, porque acabava por sorrir, no que era correspondido por ela.

Haidê ainda cursava o primeiro colegial e, assim como Jorge, era uma ótima aluna, sempre conseguindo boas notas. E, aproximando-se devagar, perguntou-lhe:

– Fez uma boa prova, Jorge?

– Penso que fui muito bem. E você?

– Também acho. Está frio, não?

– É... Esfriou bastante.

– Por que não nos sentamos naquele banco, mais protegido contra o vento – convidou Haidê que, entre os dois, era a que tinha mais facilidade de compor algumas frases a fim de tentar iniciar uma conversação.

– Vamos, sim.

Sentaram-se, então, e, mudos, esfregavam as mãos na tentativa de as aquecerem.

142

"Vou perguntar a ela se posso aquecer as suas mãos com as minhas", pensou Jorge, mas seus lábios apenas se entreabriram, faltando-lhe a coragem necessária e o máximo que conseguiu foi lhe dizer que gostava de conversar com ela, sentindo nessas palavras uma grande quebra de barreiras e uma grande satisfação pela sua coragem.

– Também gosto de conversar com você, Jorge – respondeu a garota, chegando a achar graça, intimamente, com o que ambos disseram, pois nunca falavam nada.

E o que poderia ter sido o começo de algo, foi logo interrompido pela estridente campainha, anunciando o término das provas, num convite para que todos os alunos entregassem suas folhas e saíssem também para o recreio.

– Nem percebi o tempo passar – comentou Jorge.

– Nem eu – respondeu Haidê.

E, em poucos segundos, o pátio ficou lotado de alunos, o que em muito desagradou aos dois, pois, logo, os colegas se aproximaram, tolhendo completamente aquele arremedo de namoro.

As férias chegaram e, com elas, a separação dos dois, pois Haidê viajara com os pais por quase todo o mês de julho, já que o senhor Amélio, pai da moça, havia ganho uma viagem como prêmio da companhia em que trabalhava como representante comercial. Sua mãe, dona Alda, havia algum tempo vinha lhe cobrando um passeio nas férias e, então, aproveitaram para permanecer um tempo a mais do que o de costume.

Jorge, por sua vez, apenas participou de um pequeno passeio com seus pais na casa de sua tia Ema, desta feita de ônibus, pois Jamil já não possuía mais a Kombi vermelha.

Quando retornaram às aulas, Jorge e Haidê continuaram a encontrar-se no intervalo da escola por todo o segundo semestre, sem que aquele amor se transformasse em algo mais sério, no mínimo, um pequeno namoro. Mas gostavam da maneira como agiam, apesar da enorme vontade do rapaz em declarar-se a ela.

O final do ano chegou, e Jorge recebeu o tão esperado certificado de conclusão de curso, prestando, logo em seguida, vestibular numa Faculdade de Administração de Empresas na capital do Estado, em que logrou brilhante colocação. Era uma Universidade Pública, e não podia perder essa oportunidade, apesar dos poucos recursos de seu pai, mas a sorte acabou por sorrir-lhe.

Seu Jamil havia conseguido uma transferência da área em que trabalhava numa empresa farmacêutica, e acabaram por mudar-se para a cidade grande. E tudo foi feito de uma maneira tão repentina, que Jorge não teve tempo de se despedir de Haidê que, naqueles dias, encontrava-se em nova viagem com seus pais.

A tristeza tomou conta do rapaz, mas de maneira alguma poderia desistir de tudo, tendo em vista todo o sacrifício que seus pais haviam feito por ele. E, sem olhar para trás e, sem ao menos, deixar alguma notícia, partiu para sua nova vida.

DOZE

"HAIDÊ...", MURMUROU JORGE INTIMAMENTE, DEITADO NA cama do hotel, ao acordar "Como eu gostava daquela garota... O que será que foi feito dela? Será que se casou? Terá filhos? Gostaria que estivesse muito bem. Mas ainda vou ter notícias dela", pensou, com nostalgia. "Eu bem que poderia ter perguntado a Adalberto. Com certeza teriam notícias, mas não tive coragem, pois poderiam interpretar-me mal. Afinal de contas, devem lembrar-se de como éramos ligados nos tempos da escola e... Se nada disseram... Na verdade, devo ter um certo cuidado com o que digo, pelo fato de eu ser um divorciado agora. Podem interpretar-me mal".

Pensando em tudo isso, Jorge se levantou, escovou os dentes, tomou um bom banho e saiu do hotel sem fazer o desjejum. Estacionou sua Kombi defronte de uma padaria no centro da cidade e lá entrou, já cumprimentando a senhora que se encontrava por detrás do balcão.

Era sábado.

– Bom dia, dona Meire.

– Bom dia, senhor. Em que posso servi-lo?

– A senhora não está me reconhecendo?

– Ahn? O senhor... Espere um pouco... Parece que o conheço, sim. Você... Ei! Você não é o Jorge, filho da Elisa?

– Sou eu, mesmo.

– Meu Deus, agora o reconheci. Mas você está um homem feito! Um homem muito bonito, por sinal. Quando saiu daqui era um garoto.

– Faz mais de vinte anos, dona Meire.

– E agora me lembro. Verônica me mostrou uma foto sua que saiu numa revista. Isso mesmo. Está visitando a cidade?

– Sim, vim visitar alguns amigos.

– Mas me deixe lhe dar um abraço.

E dizendo isso, dona Meire deu a volta no balcão da padaria, indo abraçá-lo, retornando, logo em seguida, e perguntando-lhe novamente o que desejava.

– Quero um copo com leite e um pão com manteiga e queijo.

– Chegou hoje, Jorge?

– Cheguei quarta-feira e estou hospedado no Hotel Alvorada.

– Já se encontrou com algum amigo?

– Oh, sim. Na quarta mesmo, jantei com Adalberto e Ritinha num restaurante perto do lago, alguns poucos quilômetros daqui.

– E na quinta, e ontem, encontrou-se com mais algum de seus amigos dos tempos de escola?

– Sabe que nem tive tempo, dona Meire?

– Não?

– Veja a senhora: na quinta-feira, quando me levantei, tirei aquela minha perua Kombi do estacionamento do hotel e fui tomar o café da manhã.

– Bonita Kombi, Jorge.

– Foi o que me disse o senhor Giácomo.

– O do supermercado?

– Isso mesmo. E quando saí do hotel, ele estava admirando a Kombi, bastante curioso. Reconheci-o na mesma hora e o cumprimentei. De início, pareceu não se lembrar de mim e precisei apresentar-me.

– Sim...

– Ficou muito feliz em ver-me, pois era muito amigo de meu pai e, tanto insistiu, que acabei aceitando o seu convite para pescar.

– Ele tem um rancho de pescaria muito bonito, não, Jorge? Eu já tive a oportunidade de ir até lá.

– Uma beleza de rancho. E daí, pescamos e almoçamos lá, pois dona Aurora, sua esposa, foi também. E como cozinha!

– E depois fez você jantar também, não foi?

– Como a senhora descobriu?

– Porque todos os seus convidados têm que almoçar e jantar.

– Pois é. Foi um dia maravilhoso, até porque seu Giácomo contou muitas histórias vividas por ele e meu pai. Acabamos retornando somente à noite, e fui dormir. Gostei muito do passeio.

– E ontem...

– Bem parecido, dona Meire. Assim que saí do hotel, encontrei-me com o senhor Teófilo, também muito amigo de papai.

– Espere. Não me diga. Já sei. Ele o levou até sua fazenda de gado leiteiro.

– E foi isso mesmo o que aconteceu. E apreciei muito o passeio também, principalmente, quando vi as casas dos colonos que trabalham para ele. Simples, mas muito bem projetadas, bem construídas e bem conservadas, e pintadas. Um dos colonos me disse que seu Teófilo faz questão de pintá-las todos os anos.

– E almoçaram e jantaram um delicioso churrasco.

– E foi, dona Meire. Mas o que mais me impressionou e alegrou, foi constatar a amizade e o carinho que esses dois senhores, tanto o senhor Giácomo, como o senhor Teófilo, tinham por meu pai, assim como suas esposas por minha mãe. Cheguei mesmo a emocionar-me.

– Conheci seus pais, Jorge, gostava muito deles e os admirava pelo amor que nutriam um pelo outro.

– Isso é verdade...

– Mas você estava dizendo-me que jantou com Adalberto e Ritinha...

– Sim, e tive oportunidade de encontrar-me com Verônica. Ela me disse que está morando com a senhora.

– Verônica é minha sobrinha. Pobre moça. Perdeu os pais e foi morar com a irmã. Ela lhe contou?

– Sim, ela me disse que a firma do pai faliu.

– Pois é, e Verônica acabou sendo muito prejudicada por isso. Queria tanto estudar, mas com a falência do meu cunhado, tudo ficou mais difícil. Minha sobrinha Vera até ofereceu para pagar-lhe os estudos, mas ela achou melhor não aceitar.

– E decidiu vir morar e trabalhar com a senhora... Pelo menos, foi o que ela me contou.

– Isso mesmo – concordou a mulher, sem entrar em maiores detalhes.

– Ela sempre quis cursar Psicologia, não é? Lembro-me disso desde os tempos em que estudávamos juntos aqui em Boaventura. E falta apenas um ano para ela terminar.

– Isso é verdade. Era o sonho dela. E até acho que seria uma ótima profissional, pois leva muito jeito. Sabe que até parece compreender com muita facilidade o que as pessoas estão sentindo? Parece ter um sexto sentido e já ajudou muita gente com depressão e outros males da cabeça. Vira e mexe, vem alguém procurá-la para ouvir seus conselhos. Eu fico só ouvindo.

– Dona Meire, eu gostaria muito de ajudar Verônica.

149

– Ajudá-la? Como?

– Se isso não vier trazer nenhum problema para a senhora, principalmente no tocante ao serviço de sua padaria, eu gostaria de custear esse estudo para ela. Sei que há uma Faculdade numa cidade próxima daqui e que uma *van* transporta os alunos no período noturno. Talvez ela possa concluir a Faculdade.

Dona Meire fixou o seu olhar no rapaz, matutando um pouco sobre qual seria o interesse dele, e lhe perguntou:

– Mas com qual interesse, Jorge? Não consigo imaginar o porquê dessa sua disposição.

– Na verdade, dona Meire, encontro-me numa excelente posição financeira e não iria me fazer falta esse dinheiro, sendo que apenas gostaria de ajudar Verônica a realizar esse seu sonho que, certamente, quando formada, poderá proporcionar-lhe uma melhor condição de vida.

A mulher continuou a raciocinar e não teve nenhum constrangimento em dizer a Jorge o que passava pela sua mente:

– Olhe, meu rapaz. E me desculpe a sinceridade, mas tenho que lhe dizer o que penso.

– Pois fale, dona Meire.

– Penso que, ou você é louco, ou está interessado na minha sobrinha. Porque se estiver interessado nela, vou adiantar-lhe que...

– Calma, dona Meire. Eu não sou louco e nem possuo qualquer outro interesse em sua sobrinha, a não ser o de ajudá-la. E se quer saber, já tenho conhecimento ou, pelo menos, sei o que falam sobre ela, e penso seja sobre isso que a senhora diz querer me adiantar.

– Sabe?

– Sobre suas preferências no tocante ao sexo?

– Isso mesmo, Jorge.

– Pode acreditar em mim, dona Meire. Isso para mim não representa nada e só quero ajudá-la a conquistar o seu sonho, além de que o que vou desembolsar, não me fará falta alguma.

A mulher lhe sorri, agora, de outra maneira, e lhe diz, visivelmente emocionada:

– Bem, se não é louco e nem está com algum interesse, não tenho nada a me opor. Muito pelo contrário, somente tenho de agradecer-lhe. Agora, há um problema...

– Já sei: convencer Verônica.

– É.

– Ela se encontra aqui?

– Vou chamá-la. Deve estar limpando a casa. Moramos aqui, depois daquela porta.

E dona Meire foi chamar a sobrinha, apenas dizendo-lhe que havia alguém que queria conversar com ela, no que atendeu prontamente.

– Jorge?! – exclamou a moça, ao entrar na padaria. – Você quer conversar comigo?

– Isso mesmo, Verônica. Pode ser?

– Sim.

– Aqui mesmo?

– Poderíamos nos sentar num banco do jardim, aqui à frente?

– Pode ir, Verônica – adiantou-se dona Meire.

E a moça e Jorge atravessaram a rua em direção à praça e se acomodaram num dos bancos mais próximos. A manhã se encontrava fresca ainda e estava agradável ali, à sombra de frondosa paineira.

– Eu lhe agradeço muito, Jorge, mas não posso aceitar – respondeu Verônica, bastante séria.

Jorge sorriu ao ouvir a contestação, já esperando essa sua reação.

– E qual é o problema, minha amiga? Além do mais, como você mesma acabou de informar-me, até recebeu uma correspondência da Faculdade, informando-a de que teria apenas mais um ano para regularizar essa situação, pois estaria vencendo o prazo para concluí-lo. E também sabe que poderá terminar o curso nessa cidade próxima que você me disse ontem.

– Mas, Jorge, você não tem nenhuma obrigação para comigo. Nem somos parentes.

– Somos amigos, e não posso ficar assistindo você perder essa única e derradeira chance que tem. Seja razoável e dê-me esta oportunidade de fazer uma boa ação.

– É muito dinheiro, Jorge.

– Não se trata do curso todo, Verônica, mas apenas de um ano. Olhe, vamos fazer o seguinte: eu pago o curso e depois que começar a trabalhar, quando realmente tiver condições financeiras, você me ressarce o valor, em prestações, da maneira que quiser. Está bem, assim?

– Eu nem sei o que dizer, Jorge, pois, realmente, é a minha única última chance e...

– E estamos conversados. Hoje mesmo irá entrar em contato com essa Faculdade e verificar do que necessita. Depois, conversaremos. A propósito: pretendo quitar tudo de uma só vez e irei agora, como presente, comprar-lhe todo o material, livros... Enfim, o que necessitar...

– Você está ficando louco? – perguntou, apalermada.

– Por favor, Verônica, aceite.

– Está bem, Jorge, eu aceito, mas nunca serei capaz de pagar-lhe pelo que está fazendo por mim.

– Será, sim. Basta que me convide para ser seu padrinho no baile de formatura.

– Quero que saiba, Jorge, que hoje está sendo um dos dias mais felizes de minha vida.

– E o meu também, Verônica. Pode acreditar. Sabe, eu

aprendi que o segredo da felicidade é alegrar-se com a felicidade do próximo, principalmente, quando tivermos feito alguma coisa para isso. E não é preciso ter dinheiro, não. Muitas vezes, e creio que na maioria, basta um pouco de compreensão, uma palavra de carinho, um ouvido amigo, enfim, atitudes cristãs para que isso ocorra. E quero que acredite que o que estou lhe proporcionando não me custa nada. Sou um homem de posses.

– E de grande coração e desprendimento.

– E você, uma pessoa de muito boa vontade, porque, apesar de estar recebendo algo, a responsabilidade de empenhar-se no estudo é sua.

Verônica, bastante comovida e com algumas lágrimas a irromper-lhe dos olhos, baixou o olhar e, timidamente, disse ao amigo:

– Jorge, eu lhe agradeço mais uma vez, mas é necessário que eu lhe revele um lado de minha personalidade, pois não quero ter nenhum segredo para com você. E se desejar mudar a sua proposta, pode ficar à vontade, que eu saberei compreender.

– E o que é, Verônica?

– Bem... É sobre minha sexualidade.

– Eu já sei sobre isso – disse Jorge, deixando Verônica atônita.

– Quem lhe falou sobre isso?

– O que importa quem me falou? Ou o que me importam as suas preferências? Já não bastam o sofrimento e as dificuldades por que você passa, por esse motivo? Verônica, isso que você tem, e que as pessoas têm tanto preconceito, é apenas fruto de provas pelas quais você terá de passar nesta sua presente encarnação, a fim de aprender alguma coisa através disso. Mas essa opção não tem nada de pecaminosa, pois age discretamente, é uma pessoa boa e, com certeza, melhor que muitas outras que não sofrem com isso.

– Você é espírita, Jorge?

– Digamos que estudo sobre o assunto e creio que o Espiritismo será a chave para que todos possamos, um dia, compreender os porquês da vida, principalmente o porquê de aqui estarmos, de onde viemos e para onde vamos.

– Eu já procurei ler alguma coisa sobre esse assunto e acabei chegando à conclusão de que, talvez, no passado, em outra encarnação, devo ter abusado e feito muitas mulheres sofrerem, quando me encontrava encarnado como homem. Agora, reencarnando como mulher, possivelmente, com pouco espaço de tempo entre uma encarnação e outra, trago comigo, por consequência, resquícios da masculinidade que detinha.

– Sabe, Verônica, não podemos generalizar e tornar tudo uma regra fixa, mas, geralmente, são essas as causas e todos os Espíritos, neste planeta de provas e de expiações, podem passar por essas dificuldades. Mas tenha fé em Deus, que tudo irá dar certo em sua vida.

– E que conselho poderia me dar sobre isso?

– Aja sempre com o coração. E, se quer saber, não vejo mal

algum em sua preferência, desde que tudo seja moldado no respeito e no amor.

– Você tira um peso de meu coração e de minha alma, Jorge. Que Deus o abençoe por isso.

– Agora, tenho que ir, Verônica. Estou hospedado no Hotel Alvorada e aqui está o número de meu celular – disse Jorge, levantando-se do banco e entregando à moça, um cartão de visita. – Quando souber sobre os detalhes e custo da Faculdade, por favor, telefone-me.

Abraçaram-se como dois irmãos, e Verônica atravessou a rua em direção à padaria, radiante de felicidade, enquanto Jorge a observava, satisfeito com o que havia feito, agradecendo a Deus pela oportunidade de servir e por ela ter aceitado o seu auxílio.

"Bem, vou dar uma volta aqui pela praça e tentar rever ou ter notícias dos que ainda se encontram nesta cidade", pensou Jorge, antes de decidir-se qual rumo tomar. "Muitos não devem se encontrar mais aqui, pois assim como eu, podem ter se mudado. Também tomarei cuidado ao tentar saber sobre Haidê, pois, com certeza, deve estar casada. Terá filhos? Pode ser, mas também não sei por que estou tão interessado em encontrá-la, se nunca, nem mesmo antes de começar meu namoro com Isadora, procurei por notícias dela. E, além do mais, deve ter me esquecido também".

Começou a atravessar a praça, porém, não conseguia tirar Haidê do pensamento, começando a ficar intrigado com isso, principalmente pelo fato de não compreender porque, na época em que se mudara para a Capital com os pais, esquecera-a tão facilmente. Teria sido pelo fato de ter passado por uma radical mudança, característica de quem ingressa numa Faculdade, ou da vontade dominante de estudar, ou teria sido pela drástica transformação em sua vida, já que passara a viver numa grande e movimentada cidade? Gostava tanto dela... Como poderia tê-la esquecido dessa forma?

Nem mesmo tivera a oportunidade de despedir-se dela e, depois, no mínimo, poderia ter lhe enviado uma carta... Mas não fez nada disso. E o tempo foi passando, e conheceu Isadora, que acabou ocupando todo o seu pensamento, até o inusitado pedido de namoro, iniciativa dela. E novamente sorriu, lembrando-se daquela festa de final de ano, da dança, e das palavras da ex-esposa.

Mesmo assim, ainda tentava descobrir o porquê de tão inesperadamente a lembrança de Haidê não lhe dar tréguas aos pensamentos. Terá sido pelo fato de encontrar-se ali naquela cidade onde, quando adolescente, apaixonara-se por ela?

Sentou-se, novamente, em um banco e ficou, por alguns momentos, observando as pessoas que por ali passavam, e nas calçadas que rodeavam aquele espaço de lazer, chegando seu olhar a alcançar os passeios do outro lado das ruas que o ângulo de sua visão lhe permitia. Eram homens e mulheres de todas as idades, muitas vezes com crianças caminhando ao lado, e iniciou um exercício de imaginação que lhe era bastante constante, todas as vezes em que se encontrava absorto, apenas admirando o mundo ao seu redor.

E sempre que se entregava a essa atividade, ficava a imaginar o que aqueles transeuntes estariam sentindo naquele momento. E assim, mais uma vez, permitiu-se dar asas à imaginação.

Com certeza, pensou, algumas das pessoas que estavam passando por ali poderiam estar carregando problemas difíceis, e sofrendo pelas mais diversas razões, enquanto outras poderiam estar alegres e muito satisfeitas com a vida que levavam. Também deveria haver aqueles que ainda não se encontravam satisfeitos, mas que, cheios de esperança, possuíam a convicção de que tudo melhoraria. E outros, otimistas ou sonhadores, anteviam grandes vitórias, e ainda os pessimistas que mais sofriam, pelo fato de não vislumbrarem nenhuma solução.

Isso tudo, continuava a pensar, era uma característica inerente a todos os que habitavam este mundo, mas também imaginava que grandes problemas ou dificuldades para uns, muitas vezes, nem chegavam a ser incômodos para outros, tendo em vista as diferentes formas como cada ser humano encarava as vicissitudes da vida. Também havia aqueles que eram felizes com o pouco que possuíam, e outros, infelizes, apesar do muito que ostentavam.

"E ele mesmo?", pensou Jorge. "Em qual categoria poderia ser classificado? Material e financeiramente havia conquistado muita coisa. Espiritualmente, cria que também havia feito algumas conquistas, mas era realmente feliz? Considerava que sim, pelo fato de encontrar-se com a consciência tranquila por ter sido, frequentemente, honesto com as pessoas. Também já havia ajudado a muitas outras, sempre que a oportunidade havia surgido à sua frente".

158

E, nesse momento, passou por aquela interrogação que muitas pessoas fazem a si mesmas, uma pergunta inevitável, em certos instantes da vida, nos quais surge a oportunidade de propiciar a si mesmas uma pequena pausa, como Jorge estava fazendo agora, e pensar se não teria sido melhor terem agido de uma outra forma ou mesmo ter tomado uma outra decisão, um outro caminho.

Então, cerrou os olhos e começou a raciocinar mais profundamente, na tentativa de encontrar uma explicação para esse sentimento que já o estava incomodando.

"E se eu tivesse tomado uma outra resolução quando adolescente? Se, ao invés de estudar Administração de Empresas, tivesse decidido permanecer aqui em Boaventura e ter aceitado aquele emprego que o senhor Antunes me havia prometido no Banco? Não iria ganhar o que já ganhei e nem estaria tão bem de vida como me encontro hoje, mas será que não estaria mais feliz? Com quase certeza, poderia ter me casado com Haidê e, talvez, tivéssemos tido os filhos que não tive. Neste momento, poderia estar vivendo como aquele casal defronte daquele comércio. Posso até imaginar que aquele homem deva trabalhar ali e que a esposa o esteja trazendo de automóvel para o trabalho. O carro não é muito novo, mas, para eles, deve ser o que necessitam. E me parecem muito felizes".

Realmente, é muito estranho o que se sente ao tentarmos imaginar o que teria acontecido conosco se tivéssemos tomado um outro rumo na vida, principalmente, se o que tomamos não foi o dos melhores. O contrário também é válido, pois podemos imaginar que não teríamos, talvez, sido tão felizes como somos, se tivéssemos decidido de forma diferente.

Mas no que mais Jorge pensava era que todos aqueles que vira desfilar por aquelas ruas haviam decidido permanecer naquela cidade que, apesar de pequena, seria capaz de trazer-lhes a tão sonhada alegria de viver.

"Será que Haidê tomou essa decisão? De aqui permanecer?", pensou, por fim.

E uma estranha sensação de que se isso tivesse acontecido, colocá-lo-ia como alguém que a abandonara, na tentativa de conquistar uma vida melhor distante dela. E um enorme desejo se apoderou de sua mente: o de saber se ela realmente ali ficara e se conseguira tornar-se uma vencedora e dona de um sorriso feliz e satisfeito para com o mundo.

Treze

E Jorge se viu momentaneamente com a ideia de que deveria procurar notícias de Haidê.

"Pensando bem", refletiu, "não vejo razão em não perguntar sobre ela. Afinal de contas, que mal há nisso? De uma forma ou de outra, agora ou depois, terei de fazê-lo. É isso mesmo".

E, decididamente, resolveu fazer uma visita ao senhor Abreu, dono de uma relojoaria do outro lado da praça. Apanhou o veículo e a contornou, pensando:

"Será que seu Abreu ainda está vivo? Deve estar, pois não terá mais do que uns setenta anos de idade. Era muito amigo de papai e do pai de Haidê".

Estacionou a Kombi no meio-fio, próximo à relojoaria e, satisfeito, logo viu o homem detrás do balcão. Percebeu também que a loja se encontrava com um visual mais moderno.

– Pois não, senhor, em que posso servi-lo? – perguntou-lhe, polidamente, uma atendente.

– Gostaria de falar com o proprietário.

– Com o proprietário?

– Sim.

Ouvindo isso, o homem se virou e, apertando os olhos para enxergar melhor, perguntou, já com um largo sorriso:

– Jorge...? Você é o Jorge?

– Pelo menos é assim que me tratam.

E, dando a volta pelo balcão, seu Abreu, abrindo os braços e ampliando ainda mais o sorriso de satisfação e alegria, exclamou:

– Jorge! Dê-me um abraço!

E os dois, emocionados, permitiram-se externar toda a alegria num apertado amplexo para, em seguida, afastarem-se, com seu Abreu ainda segurando-lhe as mãos.

– Como você está diferente, Jorge! Há quanto tempo! Veio visitar a cidade?

– Isso mesmo. Faz muitos anos que não venho aqui.

– Soube, através de sua tia Ema, que se encontra muito bem de vida.

– É... Não posso reclamar.

– E por quanto tempo vai permanecer na cidade?

– Ainda não sei, seu Abreu, mas pretendo vir mais vezes. No momento, pretendo passar uns tempos com tia Ema em Campo Alto.

– Sim, sim. E isso é muito bom. Pobre Ema... Sofreu tanto com a morte do filho, não, Jorge?

– Sim... Já faz tanto tempo, mas que mãe conseguiria esquecer, não?

– Imagino. Mas fico contente com a sua visita. Não gostaria de almoçar comigo e com a Genoveva?

– E como ela está, seu Abreu?

– Está muito bem. Continua sendo aquela mulher maravilhosa que você conheceu.

– É verdade, sempre sorridente, gentil.

– Uma santa mulher. Mas quanto a almoçar conosco...

– Eu agradeço muito, seu Abreu, mas gostaria de deixar para uma outra ocasião, pois ainda pretendo rever outras pessoas.

– Eu compreendo. Você deve ter deixado muitos amigos aqui.

– Deixei, sim, seu Abreu – respondeu e, tomando coragem, perguntou: – A propósito, o senhor poderia dar-me notícias da filha de seu Onofre, a Haidê?

– Está procurando por mim? – perguntou alguém, que acabara de entrar na relojoaria, fazendo com que Jorge se voltasse rapidamente.

– Haidê?!

– Jorge?! É você?!

E permaneceram alguns segundos em silêncio, quase não acreditando que estavam naquele momento, frente à frente, depois de tantos anos, com o coração descompassando-se cada vez mais e

163

uma inebriante emoção a percorrer-lhes o íntimo, com inopinada tontura a tirar-lhes o fôlego e o raciocínio.

Para Jorge, acabara de encontrar-se com seu passado, na imagem daquela garota por quem se apaixonara e que, agora, mais linda ainda, mulher feita, encontrava-se transmudada na mais bela criatura, bem ali, ao alcance de seus olhos e de suas mãos. Via nela, agora, um olhar mais seguro e mais brilhante, um sorriso mais atraente e determinado, mas era ela: a sua Haidê. Seu primeiro amor.

Para Haidê, para quem a vida tinha sido mais difícil, mas acostumada a retirar coragem de onde nem imaginava, Jorge, ali à sua frente, um dia depois de ter falado sobre ele, pela primeira vez, à filha, era como que uma visão inacreditável, pois não imaginava vê-lo mais. E ele pouco mudara, apenas tendo amadurecido um pouco os traços fisionômicos e com um corpo mais forte. Mas sua fisionomia ainda trazia os mesmos traços de bondade e de humildade, que sempre lhe foram características próprias, que agora sabia, imutáveis. Apenas houvera, e isso percebera em segundos, uma boa mudança em seu sorriso, não mais tão envergonhado e tímido, mas espontâneo e doce.

– Sou eu, mesmo. E você?! Como está linda! Muito mais linda! – deixou escapar Jorge, fazendo-a sorrir como há muito, ela mesma, não se via. Um sorriso a inundar-lhe toda a face, principalmente os belos olhos claros, cor de mel, com ligeiro toque esverdeado.

– Obrigada. Você também está muito bonito. Há quanto tempo, Jorge!

– Muito tempo.

– E desde quando está aqui em Boaventura?

– Cheguei na quarta-feira.

– E estava procurando por mim... Ou, pelo menos, querendo notícias minhas.

Jorge se constrangeu um pouco, pelo fato de ter sido pego em flagrante perguntando por ela. Não queria ser inoportuno e nem deselegante, pois, afinal, nem sabia se ela estava casada. Mas o que fazer? E resolveu ser franco.

– Sim. Já me encontrei com Adalberto, Ritinha, e jantamos juntos quarta-feira à noite. Aliás, foi por mero acaso que me encontrei com ele. Havia acabado de chegar e foi aqui na praça. Penso que para encontrar-me com os antigos amigos, basta ficar por aqui. E no restaurante, também conversei com Verônica e, agora de manhã, na padaria. Quanto a você, resolvi visitar seu Abreu e perguntar-lhe a seu respeito.

Haidê conseguiu perceber o constrangimento de Jorge e resolveu continuar com o assunto. Também não sabia nada sobre ele, a não ser que se casara e que estava muito bem de vida.

– Pensei que nos tivesse esquecido a todos – disse, provocando-o, tendo em vista que fora ele quem se mudara de Boaventura e nunca mais voltara.

Jorge percebeu facilmente o sentido de suas palavras e respondeu da melhor forma que encontrou:

– Nunca me esqueci de vocês. É que a vida na cidade grande

é um tanto complicada, agitada, e me meti numa trabalheira enorme sem quase tempo para mais nada.

– Soube que se casou. Tem filhos? – perguntou ainda.

– Não, não tenho filhos e, na verdade, eu e Isadora nos separamos há pouco tempo. E você?

– Fui casada, mas fiquei viúva há um ano e meio e tenho uma filha, Milena. Tem dezessete anos e se prepara para o vestibular no ano que vem. É uma garota maravilhosa que Deus colocou em minha vida.

– Sinto muito pelo seu marido, Haidê. Quanto a Milena, parabéns. Dezessete anos... Uma bonita idade, depois dos quinze, cheia de sonhos e de alegria.

– Nem sempre, Jorge. Muitas vezes, pode ser de muita tristeza – rebateu Haidê, fazendo menção à idade que tinha quando Jorge fora embora, mas, no mesmo instante, arrependeu-se de ter falado assim, pois, apesar de esse comentário ter sido proferido de maneira espontânea, quase sem pensar, soara como um tardio desabafo.

– É... Você tem toda razão.

E Haidê, para dissipar qualquer mal-estar, endereçou-lhe largo sorriso e perguntou:

– Pretende retornar logo?

– Penso que não. Por enquanto, estou na casa de minha tia Ema em Campo Alto. Você a conhece, não?

– Conheço-a de vista. É irmã de sua mãe, não? Eu a via sempre aqui em Boaventura quando você residia aqui com seus pais. Também tomei conhecimento da morte deles, na época em que seu primo Rui faleceu, através de pessoas que estiveram lá, em Campo Alto.

Dali a alguns instantes, Milena chegou. Mãe e filha haviam chegado juntas ao centro da cidade e, enquanto Haidê se dirigira à loja para ir dando uma olhada em uns modelos de relógio, Milena fora até o Banco verificar o saldo da conta, combinando de se encontrarem ali.

Quando estava se aproximando da porta de entrada, viu a mãe que conversava com um homem, aparentando serem da mesma idade. Um homem que considerava tão jovem quanto sua mãe e muito bonito. Mas o que mais lhe chamou a atenção foi que Haidê denotava uma indisfarçável alegria, que deixava transparecer pela maneira com que conversava com ele. Quem seria? Nunca o havia visto na cidade. Mas assim que pisou no degrau da loja, uma ideia lhe surgiu à mente, confirmada, logo em seguida.

– Oi, Milena.

– Oi, mamãe...

– Este é Jorge. Estudamos juntos durante nossa adolescência.

– Jorge...?!

– Jorge, esta é Milena, minha filha,

– É um grande prazer para mim poder conhecê-la.

– Eu digo o mesmo... quer dizer... conhecer um amigo de mamãe...

– Bem, vamos ver o relógio, então?

– Sabe, mãe... Eu me lembrei que tenho de passar na escola para apanhar umas apostilas e penso que poderemos ver isso um outro dia... Pode ser?

– Eu gostaria de escolher hoje, já que não tenho nenhuma visita de trabalho para esta manhã...

– Então, aproveite para conversar mais com Jorge. Por que não tomam um sorvete no seu Nicolau?

– Seu Nicolau ainda está vivo?

– Está, mas muito doente – respondeu Haidê. – Seu filho, o Júnior, é quem se encontra à frente dos negócios do bar e da sorveteria.

– Júnior... Não me lembro muito bem dele.

– Ele é um pouco mais novo do que nós. Deve estar com trinta e poucos anos. Hoje, essa diferença de idade pouco significa, porém, quando éramos adolescentes, ele ainda era uma criança.

– Isso é verdade.

– Então, vou indo, mamãe. Eu a encontro na hora do almoço.

Haidê percebeu claramente a intenção da filha e, apesar de sentir-se satisfeita por ela estar lhe oferecendo essa oportunidade, não gostou do fato de ter tentado resolver o que ela devia ou não fazer. De qualquer maneira, sentiu-se grata pelo sacrifício de Milena, já que se encontrava muito entusiasmada com a compra do relógio.

– Espere um pouco, filha. Não sei se Jorge tem tempo, ou se deseja tomar um sorvete.

– Eu gostaria muitíssimo, Haidê, se você concordar.

– Pois, então, vamos – decidiu, num ímpeto.

– Até mais, mamãe, e muito prazer em conhecê-lo, Jorge.

– Espero nos encontrarmos mais vezes, Milena.

– Até mais, filha e... obrigada.

Milena apenas lhe endereçou um sorriso cúmplice e saiu cantarolando.

– E eu perdi a venda de um relógio – brincou o comerciante.

– Não perdeu, não, seu Abreu – respondeu Haidê. – Ela apenas foi adiada. Aguarde-me. Voltarei para comprá-lo.

– Vão com Deus, filhos. E foi uma enorme satisfação revê-lo, Jorge. Apareça sempre.

– Virei mais vezes, seu Abreu, e dê um abraço, por mim, em dona Genoveva.

Após a segunda taça de sorvete, Jorge já havia, resumidamente, relatado os acontecimentos mais importantes de sua vida a Haidê.

– Você se arrepende de alguma coisa, Jorge?

– Acredito que não, porque fui estudar muito jovem ainda, as coisas foram acontecendo e não posso culpar Isadora pelo fracasso de nosso casamento. Cada um tem a sua maneira de pensar, seus gostos, suas preferências. Creio até que eu também fui, de certa forma, radical com as minhas, apesar de que imagino ter feito o possível.

Haidê permaneceu, por alguns segundos, pensativa e, tomando coragem, entrou no assunto:

– Gostaria de fazer-lhe uma pergunta, Jorge... Bem direta, sem nenhum tipo de cobrança ou julgamento e, muito menos, com intenções outras. Para falar a verdade, trata-se apenas de uma curiosidade de minha parte, pois muito tempo se passou desde que você foi embora para estudar. Apenas curiosidade mesmo, pode acreditar. Éramos duas crianças naquela época.

– Você pode perguntar-me o que desejar, Haidê.

– Mas quero que seja sincero.

– Pode perguntar.

– Você gostava de mim quando foi embora?

Jorge mirou profundamente os olhos de Haidê e, sem titubear, respondeu-lhe:

– Gostava muito, sim. Era apaixonado por você. Só que eu não tinha coragem de abrir o meu coração. Na verdade, nem saberia como lhe dizer, pois era muito tímido. Você também era e, como disse, éramos muito jovens. Além do mais, tinha enorme receio de ouvir você dizer que não queria nada comigo. Se quer saber, sofri bastante.

– E por que preferiu prestar vestibular na Capital?

– Na verdade, meus pais não se mudaram por força de eu ter ingressado naquela Faculdade. Papai me pediu para que eu tentasse nessa, porque ele tinha conseguido transferir seu trabalho para lá. De qualquer forma, e por esse motivo, mesmo que eu não tivesse êxito nos exames, nós nos mudaríamos.

– Eu não sabia desse pormenor. Pensei que se mudaram por sua causa.

– E vou ser mais sincero ainda. De minha parte, também confesso que pensei em esquecê-la, porque a distância era muito grande, tendo em vista os poucos meios de transporte e não acreditava em namoro por correspondência. Na verdade, nem estávamos namorando. E, mesmo que estivéssemos, não achava que você me esperaria, com tantos pretendentes...

Com essa resposta, ambos permaneceram mais alguns segundos em silêncio, até que Jorge o quebrou:

– E você, Haidê? Poderia responder-me sobre a mesma pergunta que me fez?

– Se eu gostava de você?

– Sim.

Haidê lhe endereçou largo sorriso.

– Também quero que seja sincera – completou Jorge. – E fique à vontade, pois estou lhe perguntando também por mera curiosidade.

– Você não pode imaginar o quanto sofri quando partiu. Pensei que o mundo fosse se acabar. Chorei muito às escondidas.

E continuando a sorrir, como quem está contando uma travessura, Haidê continuou:

– Também era muito tímida e não tinha certeza se você queria me namorar, apesar de nossas trocas de olhares.

E ambos começaram a rir da própria timidez e despreparo naquela época que, em muito, marcara a vida deles.

– E você? – continuou Jorge. – Arrepende-se de alguma coisa?

– Penso que não. Conheci Mário, meu marido, quando, após formar-me em Administração, fui estagiar numa empresa, em Campo Alto, onde ele trabalhava. E acabamos namorando, casando-nos e tivemos Milena, que você acabou de conhecer e vivíamos felizes. Infelizmente, depois de dois anos de casamento, Mário adquiriu uma enorme tristeza, a qual até hoje não consegui apurar o motivo, e começou a beber cada vez mais. Há cerca de um ano e meio, acabou sofrendo horrível desastre automobilístico na estrada para Campo Alto, chocando-se com uma árvore, vindo a falecer. De acordo com a polícia, ele se encontrava embriagado.

– Eu sinto muito, Haidê. Sinto, mesmo. E você? Chegou a passar por dificuldades com a morte dele?

– Não, porque o seu pai, meu sogro, ajudou-me muito no começo e ainda me ajuda, mesmo que eu não lhe peça nada. Paga os estudos de Milena e nos quer muito bem.

– Eu o conheço?

– Penso que não. É um médico de Campo Alto, o doutor Mendonça.

– Doutor Mendonça?

– Você o conhece?

– Não – respondeu Jorge, não querendo entrar no assunto do laudo, quando da morte de seu primo Rui.

– Sua tia deve conhecê-lo. Ele está com setenta e quatro anos de idade, e sua tia deve ser dessa época também.

– Tia Ema tem sessenta e oito.

– Pois, então, ela o conhece.

– Com certeza. Deve ser um homem muito bom.

– Muito bom, sim. É um médico muito benquisto na cidade e de renome. Muitos aqui de Boaventura o procuram.

– Você me disse que trabalha com programas de computação para empresas comerciais e industriais, não?

– Eu os desenvolvo ou os adapto às necessidades da empresa.

– Deve ser bastante interessante. Já tive contato com muitos profissionais especializados nesse campo quando dirigia alguns dos negócios do pai de Isadora, mas apenas utilizava esses programas. Não saberia desenvolvê-los.

Nesse momento, Haidê teve a atenção atraída para a praça, sem conseguir acreditar no que estava vendo. Bernardo já estava atravessando a rua em direção a eles, com uma expressão de poucos amigos, apesar de que, assim que entrou na sorveteria, dirigiu-se até a mesa que ocupavam, com fingida fisionomia de surpresa e alegria, e com um sorriso que, na verdade, não passava de um esgar mal dissimulado.

– Bom dia, Haidê. Mas que coincidência encontrá-la aqui. Vi você de longe e resolvi cumprimentá-la para desejar-lhe um bom final de semana.

– Bom dia, e um bom final de semana para você também – respondeu, visivelmente contrariada, mas tentando ser agradável e educada.

– Não me apresenta o amigo?

– Você, com certeza, já o conhece. Talvez não se lembre.

– Conheço...? Realmente, não me parece estranho.

– Sou Jorge Gonçalves – adiantou-se, levantando-se para cumprimentá-lo e estendendo-lhe a mão.

– Oh, sim! Agora me lembro... Da escola. Já faz um bocado de tempo – disse, dando-lhe um aperto de mão. – E você? Lembra-se de mim?

– Desculpe-me, mas não consigo me lembrar – mentiu Jorge, mais para não fazer surgir lembranças nada agradáveis, pois Bernardo fora um fanfarrão, sempre disposto a brincadeiras de mau gosto, e muitos alunos passaram por situações difíceis e até humilhantes em suas mãos e de mais três amigos, que sempre o acompanhavam e que pareciam obedecê-lo cegamente.

Jorge nunca fora molestado por eles, porque era um garoto de muito vigor físico o que, de certa forma, intimidava-os, apesar de sua visível timidez. E quem gosta de meter-se com alguém que pouco fala e, consequentemente, imprevisível em suas reações?

– Não se lembra? É... Você era um cara quietinho, meio "filhinho da mamãe", não? – provocou Bernardo, dando sonora gargalhada.

Jorge, por sua vez, com muita calma e com um sorriso a denotar estar se divertindo com as palavras do galhofeiro, respondeu-lhe:

– Isso mesmo. Eu era muito tímido e, realmente, se eu me visse, naquele tempo, também pensaria dessa forma. Hoje, já não sou mais tão tímido, mas continuo muito ligado à minha mãe, por suas sábias palavras e ainda me aconselho com ela, apesar de não mais estar entre nós. Infelizmente, já faleceu.

– Você fala com Espíritos, Jorge? – perguntou Bernardo, ainda em tom de chacota, mas, agora, interessado. – Diz que ainda se aconselha com ela.

– Maneira de dizer. É que quando estou em dificuldades ou com algum problema, tento imaginar qual seria o conselho que ela me daria se, porventura, estivesse ao meu lado. Também faço o mesmo com papai, que também já faleceu. Mas não quer se sentar conosco e tomar um sorvete?

O homem olhou para Haidê que, não dizendo nada, fê-lo voltar-se novamente para Jorge, respondendo:

– Não, obrigado. Somente vim ver com Haidê se ela mudou de ideia quanto a jantar comigo, porque ontem havia me dito que tinha um compromisso.

– Não foi isso que eu lhe disse, Bernardo.

– Não?!– perguntou, mentindo.

– Eu lhe disse que tinha compromisso por todo o final de semana.

– Desculpe-me, não estava me lembrando desse detalhe. Com certeza, o compromisso é aqui com o Jorge?

– Talvez seja – respondeu a moça.

– Bem, vou-me, então. Até qualquer dia, Jorge.

– Até qualquer dia.

E assim que Bernardo se retirou, Haidê deu um suspiro, exclamando:

– Meu Deus!

– Parece que ele não gostou nem um pouco de ver você aqui comigo. Estou certo?

– O pior é que está. Bernardo é dono de uma empresa de médio porte para a qual presto assessoria. Só que, assim que Mário faleceu, e ele se divorciou, vem dando em cima de mim, querendo que eu saia com ele. Fala até em casamento, e eu já não estou aguentando mais suas investidas e, principalmente, a sua vigilância sobre os meus passos.

– E, financeiramente, esse trabalho é importante para você?

– Vamos dizer que sua empresa representa uns trinta por cento do total que ganho com todos os meus trabalhos para outros clientes.

– Entendo... Você lhe disse que tinha compromisso para todo o final de semana.

– Eu menti para ele, ou melhor, não menti, porque realmente tenho compromisso. Tenho compromisso para comigo mesma, para com minha filha, enfim, gosto de descansar, ver um filme na televisão, ficar sem fazer nada. De qualquer maneira, eu nunca sairia para jantar com ele ou para qualquer outra coisa. Aliás, nunca saí com ninguém desde que fiquei viúva. E não vai ser com ele.

E, olhando para a praça, Haidê se levantou.

– Espere um pouco, Jorge.

Dizendo isso, encaminhou-se até a porta da sorveteria.

– Filha! Milena!

– Oi, mamãe.

– Venha até aqui. Venha tomar um sorvete.

E voltou a sentar-se, quase ao mesmo tempo em que a filha apareceu à porta.

– Oi, Milena – cumprimentou Jorge. – Sente-se aqui e peça um sorvete para você.

Os olhos da garota brilharam de contentamento ao ver a mãe ainda sentada com ele ali.

– Não quero atrapalhar a conversa de vocês.

– Não vai atrapalhar em nada, filha. Sente-se conosco e peça aquele que você tanto gosta.

– Creme, morango e calda de chocolate.

– Pois não, Milena – disse a atendente, aproximando-se da mesa. – Já sei: sorvete de creme, morango e calda de chocolate.

– Esse mesmo.

Nesse momento, Jorge pôde perceber como Haidê ficara realmente mais bonita, principalmente com os raios de sol, que entravam pela vitrina da sorveteria, incidindo sobre seus cabelos curtos, quase loiros, cuja luz dourava boa parte dos fios. Percebera também, nesses poucos instantes em que conversara com ela, sua imensa coragem para enfrentar o mundo, aliada a uma fascinante tranquilidade na maneira de falar e de olhar. E sorriu quando sentiu o antigo tremor agitar-lhe o corpo, principalmente na região do abdome, com a conhecida e prazerosa reviravolta nos intestinos, terminando por fazer disparar o coração.

– Onde vamos almoçar hoje, mãe? – perguntou Milena, interrompendo seus pensamentos.

– Como sempre, filha. Por quê?

– Apenas perguntei por perguntar.

Dirigindo-se a Jorge, Haidê lhe explicou:

– Aos sábados e domingos, costumamos comprar comida pronta, pois damos folga para Zilda, que é quem faz o serviço doméstico e cozinha, já que trabalho o dia todo.

Mas Milena não desistiu de seu intento.

– E você, Jorge?

– Ainda não sei onde irei almoçar hoje.

– Se quiser almoçar conosco, fique à vontade, Jorge. Basta apanharmos mais comida – arriscou Haidê, mais para ver a sua reação.

– Mas isso seria ótimo. Não irei incomodar?

– De maneira alguma – exclamou Milena, pois era onde queria chegar com sua pergunta inicial.

– Então, estamos combinados – decretou Haidê, sorrindo.

– A que horas?

– Deixe-me ver... Já são dez horas... Se puder, por volta das onze e trinta, encontre-nos naquela cantina ali na esquina, que é onde compramos a comida – sugeriu Haidê, apontando-lhe o local.

– Combinado, então – brincou Jorge.

E, após Milena terminar de tomar o sorvete, saíram juntos.

– Onde está seu carro, Jorge?

– Vocês não vão acreditar quando o virem. Principalmente você, Haidê.

– Por quê?

E depois de discorrer-lhe sobre seu sonho juvenil realizado com muito orgulho, ele o apresentou às duas.

– Mas é linda! – exclamou Milena, referindo-se à Kombi.

– Esse era o seu sonho, então?

– Sim. Uma Kombi, ano 1975.

– E totalmente restaurada! Posso vê-la por dentro? – perguntou a garota, entusiasmada.

– Poderá dirigi-la, se quiser.

– Ainda não tenho habilitação.

– Quando a tiver, então...

E depois de a Kombi ter sido devidamente examinada pelas duas, Haidê, que se emocionara com o capricho de Jorge, por causa de seu pai, perguntou-lhe, meio tímida:

– E existem mais sonhos juvenis que gostaria de realizar?

– Só mais um, mas no seu devido tempo.

Haidê apenas sorriu, sem coragem de indagar-lhe qual seria esse sonho.

QUATORZE

"Pobre Ema", pensou o doutor Mendonça no estacionamento de um supermercado em Campo Alto. Acabara de fazer algumas compras e, assim que entrara em seu veículo, viu a senhora que passeava pela calçada com um cão preso a uma coleira. "Deve sofrer tanto quanto eu. Perdemos o bem mais precioso que possuíamos: eu, o meu filho Mário, e ela, seu filho Rui. Talvez, sofra mais que eu, pois imagino sua dor em não ter certeza de como o rapaz perdeu a vida, afinal, não acredita no laudo que lavrei. Eu, pelo menos, perdi Mário, mas sei qual foi a causa de sua morte. Em contrapartida, ela perdeu o marido também. Quanto a mim, a morte não levou Jacira ainda, mas é como se tivesse, já que vive à custa de necessários tranquilizantes e soníferos".

E seus olhos começaram a lacrimejar, consequência da tristeza que lhe invadiu o peito.

"Mário, meu filho, quanta falta me faz. E você, Jacira, minha velha, por que se recolhe a si mesma, sem quase reconhecer-me mais? Não terei sido um bom marido?"

E nessas reflexões, outras lembranças de sua vida lhe vieram à tona, como que para responder a essa pergunta: "Não, eu não fui um bom marido. Sempre ocupado com o meu trabalho, e Jacira sempre sozinha. Ela, sempre disposta, e eu, sempre cansado fisicamente. Jacira sempre terna e eu, vestido de preocupações e, muitas vezes, irritado e com os nervos à flor da pele pelo exaustivo trabalho. Tratei de muitos, menos de mim mesmo e de minha mulher. Bem... Agora só me resta o trabalho, a solidão e o arrependimento por não ter poupado algum tempo para o nosso casamento".

E, dando partida no automóvel, tomou a estrada que levava a Boaventura.

Eram três horas da tarde.

Cerca de meia hora antes, Jorge e Haidê se encontravam a conversar na varanda de sua casa, após terem almoçado, e Milena assistia a um programa na televisão.

– Jorge, você disse a Bernardo que não se lembrava dele, mas se lembrava, não?

– É claro que sim.

– E por que mentiu?

Jorge pensou um pouco antes de responder.

– Sabe, Haidê, achei melhor dizer que não me lembrava.

– Sempre achei que o correto seria dizer a verdade, apesar de que menti para Bernardo ao dizer-lhe que já tinha compromisso para todo o final de semana.

– Percebe, então, o que estou querendo dizer? E vou dar-lhe um exemplo bem simples: se você visitar um doente e ele perguntar-lhe se sabe alguma coisa a respeito de sua doença, não seria melhor lhe dizer que, com certeza, irá sarar? Se falássemos a verdade, poderíamos comprometer o seu estado emocional, vindo até a prejudicar uma possível cura, daquelas, às vezes, não esperadas pela Medicina. Em outras ocasiões, não seria melhor uma pequena mentira para evitar uma possível confusão? Creio que devemos sempre dizer a verdade, mas desde que ela não venha a prejudicar alguém, nem venha a trazer sofrimentos ou constrangimentos desnecessários, e foi o que evitei a ele.

– Como assim?

– Nos tempos da escola, Bernardo sempre foi um rapaz que vivia perturbando os outros alunos, lembra-se?

– Sim. Lembro-me muito bem.

– Pois achei melhor dizer que não me lembrava dele, a fim de que não viesse à tona que eu me recordava de como ele havia sido naqueles tempos.

– É... Você tem razão. Mas se dissesse que se lembrava, ele teria ciência de que você sabia que ele havia sido aquele rapaz insuportável e inconveniente.

– Talvez ele não fosse gostar dessas recordações; talvez tivesse se modificado e agora fosse um bom homem. As pessoas mudam, sabe? Foi pensando assim que preferi não lhe causar, como lhe disse, esse constrangimento.

– É... Concordo com você. Infelizmente, ele em nada se modificou.

– E mesmo que eu soubesse que ele continuava a mesma pessoa, para que relembrar o passado? Fiz-lhe um bem que, com certeza, acabou por beneficiar-me também. Sabe, Haidê, hoje acredito que todo o bem que fizermos, somente nos trará outro benefício como consequência. E o contrário também acontece.

Haidê permaneceu por alguns segundos em silêncio, raciocinando nas palavras de Jorge, chegando à conclusão de que, apesar de pouco conversarem e pouco terem conhecido, um ao outro, na adolescência, pela própria timidez de ambos, já o via como um homem muito sensato e caridoso.

– Você é um homem bom, Jorge. Com certeza, deve ser feliz mesmo diante de qualquer contratempo que venha a ter.

Jorge se limitou a sorrir humildemente.

– Vamos dizer que hoje me encontro mais perto de ser feliz. Pelo menos, conheço esse caminho. Um caminho difícil, cheio de renúncias e sacrifícios, mas através do qual, com certeza, iremos nos encontrar com a felicidade.

Haidê sorriu, comovida com essas palavras.

– Do quê você está falando?

– Sobre a felicidade que deixamos escapar, a todo instante, pelos vãos de nossos dedos, porque nos prendemos muito mais ao que não devemos, criando problemas e dificuldades que não existem. Principalmente, com referência aos outros.

– Você poderia trocar isso em miúdos? – perguntou a moça, curiosa e mesmo, bastante interessada.

– Sabe, Haidê, de alguns anos para cá, quando minha vida em comum com Isadora já estava chegando a um ponto quase que insuportável, tomei contato com certas verdades, através de algumas leituras, que me forçaram a raciocinar um pouco mais sobre a vida. E como sou uma pessoa muito prática, resolvi fazer uma experiência pessoal com o que aprendi através desses ensinamentos contidos nesses livros.

– E que livros são esses?

Jorge fixou o olhar em Haidê e, percebendo seu interesse, pensou um pouco antes de responder-lhe:

– Se você estiver interessada em conhecer essa minha experiência, gostaria de, por enquanto, não lhe revelar quais foram esses escritos, para que uma ideia preconcebida não venha a interferir com os meus relatos. Pode ser?

A moça, tomada por enorme curiosidade, assentiu:

– Pode ser. Não vejo nenhum problema se acha que é melhor, e gostaria muito de conhecer essa experiência.

– E foi até por força disso que o meu casamento perdurou por mais alguns anos. Inclusive, cheguei a fazer fichas de acompanhamento desse meu método, na tentativa de coletar resultados para minha própria avaliação e acompanhamento.

– Fichas? – perguntou Haidê, curiosa.

– Sim, fichas.

– E que fichas são essas?

Jorge raciocinou mais um pouco a fim de iniciar a explicação pela maneira mais correta.

– Em primeiro lugar, Haidê, para iniciar esse aprendizado, é muito importante e necessário que se creia em Deus, que é o principal interessado em nossa felicidade.

– Deus?

– Sim. Temos que ter a convicção de que uma força superior tenha criado tudo, desde os microscópicos seres até o Universo infinito. E compreender que, por mais que o homem tente negar a Sua existência, ele não conseguirá explicar um princípio que é básico, ou seja, o que nos proporciona a vida. Que força é essa que, por exemplo, mantém um coração pulsando? Como explicar o equilíbrio da Natureza nos mínimos e perfeitos detalhes de seu funcionamento?

– Pois eu creio nisso. Creio na existência de Deus. E também creio que Ele seja bom, justo e misericordioso.

– Ótimo. Agora... Diga-me uma coisa, aproveitando essas suas próprias palavras: se Deus é bom, justo e misericordioso, somente pode ter nos criado com a intenção de que fôssemos felizes, não? Pelo menos, até um pai e uma mãe terrenos assim o desejam para seus filhos.

– Concordo também.

E Jorge, após mais alguns segundos em silêncio, continuou:

– Gostaria também, Haidê, que encarasse todos estes raciocínios de uma maneira bastante prática e lógica, isenta de qualquer conotação religiosa previamente conhecida, certo?

– Certo.

– Então, para continuarmos, como você entende que Deus

tenha criado homens saudáveis, com condições de alimentar-se, de possuirem certo conforto, de poderem ir e vir livremente, e outros, vitimados por doenças, defeitos físicos, sem a liberdade de locomoverem-se, de trabalhar, vivendo em locais miseráveis, enfim, sem condições para quase nada?

– É difícil de se entender.

– E ainda há pensadores religiosos que defendem a existência de um Céu e de um inferno eterno. Gostaria de relatar-lhe um exemplo que vi num desses livros.

– Por favor...

– Ele trazia o exemplo de dois recém-nascidos, dois bebês. Um deles, e isso é muito comum, principalmente nos dias de hoje, cresceu e se tornou um delinquente, assassino e, após sua morte, viu-se arrastado para esse inferno eterno. O outro, e isso também acontece frequentemente, morreu em tenra idade e, como não havia praticado nenhum delito ou maldade, foi para um Céu, lugar de felicidade eterna.

– Já estou começando a entender aonde você quer chegar, Jorge.

– Pois fale.

– Nesse relato, somente nos restaria perguntar onde estaria a justiça de Deus que escolheu situações diferentes para eles e, depois, o inferno eterno para um e, para o outro, a morte prematura e o Céu. Não é isso?

– Isso mesmo, e assim podemos continuar o nosso raciocínio. E se o primeiro, que cresceu, tornou-se um bandido e, por consequência, teve o inferno eterno como destino final, tivesse morrido ainda bebê? Ele iria para o Céu. E se o outro que morreu em tenra idade, tivesse vivido, não poderia muito bem ter se tornado um pecador e ir para um inferno de sofrimentos atrozes?

– Mas, então, esse Céu e inferno eternos...

– Vou mais além. Que história absurda é essa de inferno eterno? Até creio que um homem mau venha a sofrer num verdadeiro inferno quando estiver livre de seu corpo carnal, mas *eterno*? Pois se até um pai terreno perdoa seu filho e lhe dá todas as oportunidades possíveis, seria ele melhor que Deus, que condena Seu filho a um sofrimento por todo o sempre?

Nesse instante, Haidê se empolgou e o interrompeu:

– Posso completar com algo que me surgiu neste momento?

– Lógico, Haidê. Diga.

– E como uma mãe que, por exemplo, mereceu o Céu, após a morte, conseguiria ser feliz nesse paraíso, tendo um filho nesse inferno? Porque o Céu só pode ser um local de felicidade, não é? Mas conseguiria ela ser feliz, com um seu filho a padecer num inferno eterno? Ou faria de tudo para conseguir resgatá-lo de lá?

– Haidê, esse livro toca justamente nesse ponto. Quem seria feliz sabendo que um ser mais próximo, muito amado, está sofrendo, não é?

– Isso tudo tem lógica, Jorge, mas aonde você está pretendendo chegar?

– A uma única solução para a nossa compreensão desses fatos, na verdade, à única solução para essas dúvidas.

188

– E qual seria?

– Simplesmente, a reencarnação.

– Reencarnação? Já li sobre isso.

– Sabe, Haidê, eu cheguei à conclusão, lendo a respeito, que somente através das diversas encarnações é que poderemos aprender a sermos bons e a evoluirmos, porque Deus, na Sua justiça, inicialmente nos cria a todos iguais. Mas temos que passar pelas mais variadas situações da vida para aprendermos com todos os nossos erros e acertos.

Uns, na experiência da riqueza, hoje, e na da pobreza, amanhã, e se não conseguirem aprender, retornarão nas mesmas, ou em opostas condições para que, com o tempo, assimilem o aprendizado. Os que tiranizam, hoje, terão que ser espezinhados amanhã, não como castigo, mas para uma vivência de aprendizado.

– Isso faz sentido, mas se não nos lembramos das vidas passadas, como aproveitar as diversas encarnações?

– Tudo se encontra de maneira latente em nossa mente, Haidê. E nem seria bom que nos recordássemos, pois, senão, imagine se tivéssemos conhecimento que convivemos com alguém que nos prejudicou e nos fez sofrer ou, o que é pior, que um outro alguém tenha consciência de que nós o prejudicamos.

– É...

– Até porque não podemos ter a prepotência de acharmos que poucos anos de vida na Terra, comparados com a eternidade de nossa vida, como Espírito ou alma, seriam suficientes para nos considerarmos merecedores de vir a habitar um Céu, um paraíso.

E as experiências pelas quais ainda não passamos? Teríamos tido êxito?

A intenção de Jorge não era a de quem queria tentar, a todo custo, convencer Haidê a pensar como ele, mas a de fazê-la raciocinar. Sua fala era calma, mansa, até provida de muita crença no que dizia. E Haidê se sentiu impressionada com a lógica que Jorge utilizava para expor o seu ponto de vista.

– Essa ideia não é a dos espíritas, Jorge?

– Sim. Foi com alguns livros espíritas que comecei a raciocinar sobre tudo isso. Percebi que a Doutrina Espírita nada impõe, mas, sim, expõe e coloca o homem a pensar, através da lógica, da razão e da confiança no seu Criador.

– E ela o inspirou a realizar a experiência que você me falou?

– Isso mesmo, porque é mais fácil para aquele que acredita nas várias existências e nos vários mundos que existem na outra dimensão, praticá-la.

– Entendo...

– Agora, Haidê, não vou mais lhe falar sobre Espiritismo porque, na verdade, essa experiência a que me referi se trata de um método baseado, principalmente, além dessa crença, nos ensinamentos de Jesus, e que os Espíritos, através das obras ditadas por eles aos médiuns, tão bem nos explica.

– Gostaria muito de conhecer esse método, Jorge. E, se quer saber, já li algumas obras espíritas e tenho alguma noção sobre o assunto.

– Isso será muito bom, Haidê.

Nesse momento, um automóvel estacionou defronte à casa, e Haidê prontamente o reconheceu.

– É o doutor Mendonça, meu sogro. Ele não me avisou que viria hoje.

O homem desceu do veículo e, com um largo sorriso, abriu o portão, chegando até a varanda, já abrindo os braços.

– Haidê, minha filha! Como está você? Desculpe-me vir sem avisá-la, mas é que fiquei com uma enorme vontade de vê-la e à minha neta.

Milena, que ouvira o ruído do portão se abrindo e espiara pela janela, veio correndo.

– Vovô!

E se atirou em seus braços.

– Minha neta querida, cada vez mais bonita, hein? Sua mãe deve dar-lhe muito carinho.

E a garota envolveu a mãe junto a ela e ao avô.

– Mamãe é um anjo, vovô; e você, o meu ídolo.

– Opa! Ídolo? Virei artista, agora?

– O artista da minha vida.

– Mas estou sendo deselegante. Quem é esse moço tão simpático? – perguntou, referindo-se a Jorge.

– Oh, desculpe-me – disse Haidê. – Deixe-me apresentá-los. Doutor Mendonça, meu sogro, e Jorge, um amigo dos tempos do colegial.

– Muito prazer, Jorge.

– O prazer é todo meu, doutor – respondeu Jorge, sorrindo.

– Está morando nesta cidade?

– Não, senhor. Estou apenas de passagem, visitando antigos colegas da escola – respondeu, evitando mencionar Campo Alto e, principalmente, sua tia Ema.

– Jorge está morando na sua cidade, vovô – revelou Milena.

– Em Campo Alto? Pois eu moro lá.

– Haidê me falou a respeito do senhor.

– Mudou-se com sua família?

– Não – respondeu Haidê –, Jorge se separou de sua mulher e, não tendo filhos, veio passar uns tempos com sua tia, até resolver o que fazer, profissionalmente.

– Sua tia? Será que a conheço?

– Deve conhecer – continuou Haidê. – Jorge é sobrinho de dona Ema, moradora antiga de lá.

Nesse instante, o médico empalideceu, estampando no rosto um ar de preocupação que não passou despercebido da nora e de Jorge. Recuperando-se, rapidamente, teceu ligeiro comentário:

– Dona Ema? Sim, sim, eu sei quem é. Mas há um bom tempo não a vejo.

E, agora, polidamente, tentando apagar a impressão de surpresa que, tinha certeza, deixara transparecer, disfarçou, dizendo:

– Pois fico muito contente que esteja residindo em Campo

Alto e me coloco à sua disposição para alguma eventual necessidade. A propósito, o que faz profissionalmente? Poderia ajudá-lo – disse o doutor, entregando a Jorge um cartão de visita com o número de seus telefones.

– Sou formado em Administração de Empresas e fiz muitos cursos extensivos. Depois de formado, até separar-me de minha mulher, trabalhava nas empresas de meu sogro. Depois que me separei, apesar de ter sido uma decisão em conjunto, pacífica e muito tranquila, resolvi que o melhor seria afastar-me, apesar de meu sogro e seus sócios terem insistido para que eu continuasse a trabalhar com eles. De qualquer modo, agradeço o seu interesse em ajudar-me, mas estou pretendendo descansar por uns tempos. De qualquer forma, agradeço novamente, pois não se pode dispensar nenhum tipo de ajuda, haja vista que todos necessitamos uns dos outros.

E o celular de Jorge tocou, e ele, pedindo licença, afastou-se até o portão da casa.

– É tia Ema. Com licença.

– Fique à vontade – disse Haidê.

E Jorge, após ter falado com a tia por alguns minutos, retornou, informando:

– Haidê, infelizmente, terei de voltar para Campo Alto.

– Aconteceu alguma coisa?

– É o Thor.

– Thor? – perguntou o doutor Mendonça.

– É o meu cão. Titia acabou de informar-me que ele se encontra bastante estranho, ou melhor dizendo, já devorou dois chinelos e um canto da parede, e ela está achando que deve ser carência...

– Carência? É saudade de você, Jorge! – exclamou Haidê, sorrindo.

– É... Pode ser. Ele é muito apegado a mim. Estava acostumado, quando me ausentava de casa, e nunca houve problema algum. Penso que era porque estava acostumado que eu voltava e, agora, na casa de tia Ema, lugar ainda um pouco estranho para ele, esteja sentindo a minha falta e, talvez, com a sensação de que o abandonei.

– Vá, então, Jorge, mas volte assim que puder. Quero saber mais sobre aquele método.

– Obrigado, Haidê. Eu voltarei, sim, e trarei todo o material que se encontra na casa de tia Ema. Vou passar no hotel, fechar a minha conta e apanhar minha mala.

– Boa viagem – desejou o doutor Mendonça, no fundo, satisfeito por ele ir-se, apesar de nada ter contra Jorge, mas pelo fato de ser sobrinho de Ema.

– Jorge, se quiser, quando voltar, traga o Thor e se hospede aqui na minha casa. Tenho mais um quarto nos fundos. Se não se importar, é claro – arriscou Haidê, impulsivamente.

E, em seguida, apanhou um pedaço de jornal, que se encontrava na varanda, e escreveu nele o número de seus telefones, entregando-o a Jorge.

– Você me telefona.

– Telefono, sim, Ah, anote o de meu celular e o da casa de tia Ema.

Assim feito, Jorge se despediu de todos.

– Até mais, Haidê. Até mais, Milena. E muito prazer em conhecê-lo, doutor Mendonça.

– Boa viagem, Jorge.

– Obrigado.

E Jorge, subindo no veículo, partiu, acenando para os três.

– Fantástico! – exclamou o doutor. – A Kombi ainda está em forma.

– Ela foi inteiramente restaurada, doutor Mendonça.

– Desde quando ele se encontra na cidade?

– Chegou na quarta-feira, mas o encontrei hoje de manhã na praça e como ele não sabia onde almoçar, eu e Milena o convidamos para vir comer conosco.

– Faz muito tempo que não o vê?

– Muitos anos.

– E confia nele? Convidou-o para ficar em sua casa...

– Confio, sim. É um bom homem. Pude perceber que ele não mudou nada desde os tempos de escola, aliás, penso até que melhorou muito mais.

– É que nos dias atuais devemos estar sempre com os olhos bem abertos. Há muitos aproveitadores à solta.

– Pode ficar tranquilo, meu sogro.

– De qualquer maneira, se tiver algum problema, basta telefonar-me. Não quero que nada de mal aconteça com você e, muito menos, com minha neta querida.

– Não se preocupe, vovô. Eu e mamãe sabemos nos cuidar muito bem, e gostei muito do Jorge.

– Tudo bem. Não quero me intrometer na decisão de vocês. Já são adultas e devem saber o que fazem.

– Obrigada pela confiança, doutor. E dona Jacira, como está? Ainda insiste em não sair de casa?

– Está cada vez piorando mais. Só sai uma vez por semana para tratamento com o psiquiatra. Mesmo assim, eu a levo e vou buscar de carro. A depressão, a tristeza pela morte de Mário ainda vai causar a sua morte. Para eu poder trabalhar, precisei contratar uma senhora para fazer-lhe companhia. Neste momento, Ana está com ela.

– Se Deus quiser, ela vai melhorar, doutor.

– Assim espero.

QUINZE

NA SEGUNDA-FEIRA, HAIDÊ, ATENDENDO A UMA SOLICITA-ção da secretária de Bernardo, foi ter com ele em seu escritório onde teve a triste notícia de que ele não mais necessitava de seus serviços.

– Bernardo, sei que precisa de meus serviços, sim, e sei também que está fazendo isso para me pressionar. Só porque recusei o seu convite para jantar, dizendo-lhe que tinha compromisso para todo o final de semana.

– Pois é bom que pense assim, Haidê. Você me despreza, recusa meu convite por causa daquele Jorge, e eu lhe pergunto: quem é mais importante na sua vida? Ele ou eu?

Haidê se sentiu enormemente insultada com o que acabara de ouvir e lhe respondeu de forma bastante ríspida, furiosa mesmo:

– Bernardo, por acaso está imaginando que porque me dá trabalho na sua empresa, tenho a obrigação de fazer o que você quer? Além do mais, encontrei-me com Jorge por acaso... E daí? O que você tem com isso? Pensa que me encontro à venda?

– Não lhe disse isso, mas... Oh! Meu Deus, o que estou fazendo? Tudo errado de novo. Desculpe-me, Haidê – pediu o empresário, totalmente arrependido de ter tomado a mais errada das decisões, imaginando que iria pressioná-la.

Bernardo sabia que seus impulsos acabavam sempre por prejudicá-lo, mas como era difícil, para ele, contê-los.

– Perdoe-me. É que gosto muito de você e sabe que sempre acabo tomando as decisões mais atrapalhadas. Isso mesmo. Eu sou um atrapalhado, mesmo. Como posso querer conquistá-la, pensando em forçá-la a gostar de mim e ainda ameaçando-a de dispensar os seus serviços?

– Ameaçando, não. Você já os dispensou. E nem sei o que estou fazendo aqui, tentando explicar o que fiz ou o que deixei de fazer com a minha vida. Passar bem, Bernardo.

E Haidê girou sobre os calcanhares para sair, fazendo com que o homem lhe tomasse a frente e ficasse entre ela e a porta.

– Por favor, Bernardo, deixe-me sair.

– Não vou impedi-la, Haidê. Só lhe peço que me perdoe e continue a trabalhar para mim. A empresa necessita muito de seus serviços. Por favor. Eu lhe prometo que não irei mais importuná-la. Pode acreditar em mim. Não irei mais aborrecer você. De hoje em diante, apenas lhe dirigirei a palavra se for um assunto da empresa – rogou o homem, de um só fôlego.

E, procurando se acalmar um pouco, continuou:

– Por favor, passe uma borracha sobre todas as minhas inconveniências e procure ver-me com outros olhos. Dê-me mais uma chance.

Haidê o mirou profundamente e, em seguida, desviando o olhar, acabou por decidir:

– Tudo bem, mas espero sinceramente que cumpra o que disse há pouco ou serei eu a deixar o serviço.

– Pode acreditar em mim, Haidê. Pode acreditar.

Incontinênti, até por receio de que ela viesse a mudar de ideia, afastou-se e abriu a porta para que saísse.

– Até mais, Bernardo.

– Até mais. Mais uma vez, desculpe-me e, obrigado por ficar.

NA QUARTA-FEIRA, JORGE se conscientizou de que, realmente, estava com enorme vontade de encontrar-se novamente com Haidê, de vê-la, de falar com ela, sentindo-se mesmo como um adolescente que acabara de se apaixonar. Parecia ter voltado no tempo e no espaço, com aquele garoto, tímido que fora, a insistir-lhe para não perder mais esta oportunidade, povoando sua mente com juvenis encantos e doces emoções.

E ela? Será que ainda estaria disposta em dar continuidade ao que ele interrompera com seu afastamento, há mais de vinte anos? Bem, pelo menos, parecera bastante interessada em sua experiência, dera-lhe o número de seu telefone e até o convidara a hospedar-se em sua casa.

Thor, por sua vez, já melhorara e, realmente, só poderia ter sentido a falta de Jorge, porque, assim que o viu chegar, já melhorou de humor, fazendo-lhe muita festa, principalmente correndo de um lado para outro, que era como costumava agir quando se encontrava feliz.

E nesses três dias ficara sempre ao lado de seu dono e amigo que lhe permitia sair junto com ele, sendo que, por algumas vezes, propositadamente o deixava com a tia, a fim de que ele fosse se acostumando com períodos cada vez maiores sem a sua presença.

Agora, a preocupação de Jorge era de, alguma forma, tentar fazer alguma coisa para que a tia não mais sofresse tanto com aquelas dúvidas a respeito da morte do filho. Mas o que poderia fazer? Já fazia mais de quinze anos que Rui havia falecido.

"Quem poderia me ajudar? Será que alguém viu o corpo, além de tia Ema e de tio Antônio? Preciso saber mais sobre a marca de que ela fala tanto. Por Deus, não pretendo culpar ninguém, apenas descobrir um jeito de tranquilizá-la", matutava Jorge, sentado na varanda da casa, sem perceber que sua tia se aproximava.

– Em que está pensando, Jorge? Em Haidê?

Jorge havia lhe contado sobre os seus tempos de colegial e, apesar de Ema saber tratar-se da nora do doutor Mendonça, sentia-se satisfeita pelo sobrinho ter estado com ela.

– Estou pensando em Haidê, sim, tia, mas também estava

pensando o quanto a senhora deve ter sentido a minha falta no enterro de Rui.

Jorge abriu o assunto intencionalmente com o intuito de conseguir alguma informação da tia, sem que ela percebesse seu interesse na marca encontrada no pescoço do primo.

– Senti sua falta, sim, Jorge, mas não fiquei magoada com você, se é isso que o está preocupando. Sabia que deveria estar muito ocupado, sem poder vir até aqui. Não se preocupe por isso.

– Deve ter ido muita gente, não, tia?

– Muita gente, sim, Jorge. Penso que metade desta pequena cidade esteve presente.

– Até pessoas importantes, não?

– Oh, sim. Até o Laércio, que abre a sua loja inclusive aos domingos, cerrou as portas e foi até lá com suas balconistas. Aliás, seu Laércio ajudou muito, quando da retirada do corpo do rio e até quando o acomodaram no caixão. Sou-lhe muito grata. E também a todos que lá estiveram e que nos visitaram depois, levando-nos um pouco de consolo.

– Gostaria de ter vindo, tia, porém, eu me encontrava viajando...

– Não se aborreça com isso, filho – interrompeu a pobre senhora –, pois, por nenhum momento, eu e seu tio o condenamos pela ausência. Fique tranquilo.

Jorge havia retornado ao fato de ele não ter comparecido ao

enterro, a fim de encerrar aquele assunto e não proporcionar tristes recordações à tia. E já conseguira o que pretendia.

À TARDE, COM A DESCULPA de ir ao Banco, dirigiu-se até o centro da cidade onde, facilmente, logrou encontrar a loja de seu Laércio.

– Pois não, senhor Jorge. Quer falar comigo? – perguntou o comerciante, assim que ele entrou em sua sala, anunciado por uma das vendedoras. – Em que posso lhe ser útil?

– Boa tarde, seu Laércio. Sou sobrinho de dona Ema e gostaria de falar-lhe sobre um assunto.

– Dona Ema... E como ela está?

– Aparentemente, está bem, mas ainda sofre muito com a morte de Rui.

– Pobre senhora. Ela não se conforma com a morte dele, não?

– Até se conforma, seu Laércio. O problema é a forma como ele veio a falecer.

– É... Foi uma tragédia, mesmo.

– E eu estou pretendendo auxiliá-la de alguma forma, mas preciso de sua ajuda.

– Minha ajuda?

– Sim. Tia Ema acha que a polícia acobertou alguma coisa na época.

– Conheço o assunto, senhor Jorge, pois até já conversamos, eu e seu Antônio, seu tio, mas confio plenamente no doutor Mendonça, o médico que lavrou o laudo da "causa mortis". Não sei se o conhece.

– Conheci ontem e me pareceu uma boa pessoa.

– É um bom homem, sim. Mas o que posso fazer para ajudar?

– Bem, tia Ema me disse que o senhor teve bastante contato com o corpo. Ela me relatou isso quando falava sobre a morte de Rui e dizia sentir-se muito agradecida pelo que o senhor fez, ajudando em tudo o que foi possível. E ela não tem a mínima ideia de eu estar aqui conversando com o senhor a respeito disso.

– Sua tia não tem motivos para me agradecer, pois o pouco que fiz, foi de coração. Mas tive, sim, contato com o corpo de Rui. Ajudei na retirada do rio e, depois, a vesti-lo, e todo o resto.

– E quanto à marca que ele apresentava na garganta?

– Essa marca é o que tem feito dona Ema sofrer, não? Eu sei disso também. Sabe, senhor Jorge, realmente era um hematoma bem forte, apesar de que pouco entendo sobre isso, mas a conclusão que se chegou foi a de que ele devia ter mergulhado, batido com a garganta em algum tronco ou, talvez, enroscado-se em algum cipó submerso.

– E havia algum tronco ou algo parecido onde o corpo foi encontrado?

– Não vi nada por ali, apesar de que essa pancada pode ter ocorrido rio acima, pois quase sempre, a não ser que o corpo se prenda em algo na margem, ele desce o rio, às vezes, a uma grande distância. Apesar que...

– Apesar que...

– É... Realmente, estranhei um pequeno detalhe, mas, veja bem, não estou afirmando nada e nem iria repetir isso para ninguém, aliás, acho que esse assunto já foi por demais comentado.

– As pessoas comentavam?

– Comentavam, mas sempre acreditei muito mais no laudo médico e nas averiguações da polícia.

– O que comentavam?

Laércio ficou a olhar para Jorge, pensando se deveria ou não dizer mais alguma coisa, até que Jorge interrompeu os seus pensamentos, dizendo-lhe:

– Seu Laércio, eu não pretendo trazer esse caso à tona novamente. Apenas quero ter algo em mãos para poder livrar tia Ema desse sofrimento.

– Muito bem – resolveu o homem. – As pessoas que mais conheciam o rio comentavam que Rui sempre mergulhava uns cem metros acima de onde seu corpo foi encontrado, enroscado na margem. E que era onde todos mergulhavam pelo fato de esse local ter a melhor profundidade para isso e por não haver a possibilidade de existir troncos na superfície. Era o local mais apropriado do rio para mergulhar, nadar e brincar. Alguns pescadores chegaram a percorrer um bom trecho, inclusive o de maior profundidade, desde o provável local do mergulho até onde Rui foi localizado, e nada foi encontrado. Nada mesmo.

Os dois permaneceram por alguns segundos em silêncio, até que Jorge lhe perguntou:

– E no que o senhor acredita?

O homem pensou um pouco, antes de responder:

– Se fosse uma outra pessoa, até acreditaria ter sido estrangulada, mas tratando-se de Rui, não posso crer. Era um moço muito bom, educado, que nunca se meteu em encrencas, um ótimo filho, e não consigo imaginar alguém o agredindo por algum motivo.

– Nisso, o senhor tem razão. Rui era uma ótima pessoa.

– Não sei se consegui lhe prestar algum auxílio, senhor Jorge, mas, realmente, a morte de seu primo, para mim, é uma incógnita.

– Pois eu agradeço muito pela sua atenção, seu Laércio. Infelizmente, não era isso que eu gostaria de ouvir.

– Eu sei. Você gostaria que eu lhe dissesse que era bem plausível a ideia de aquela marca ter sido fruto de um choque com alguma coisa, não?

– Isso mesmo. De qualquer forma, muito obrigado, seu Laércio.

– Prazer em conhecê-lo, senhor Jorge, e imagino que devo guardar segredo dessa nossa conversa, ou seja, sua tia não sabe que veio falar comigo.

– Isso mesmo, e fique tranquilo que nunca direi a ninguém o que o senhor me disse.

– Eu sei disso.

Dezesseis

Nessa quarta-feira, à noite, Haidê e Milena, livres de qualquer compromisso, sentaram-se na varanda da casa, após o jantar, pois desde que Jorge retornara a Campo Alto, ambas estiveram ocupadíssimas. Haidê com um serviço urgente que levara para casa, e Milena, absorvida pelos estudos, com provas até aquele dia.

O dia tinha estado muito quente, mas, agora, suave brisa soprava, chegando a agitar um pouco as folhas das diversas plantas que Haidê cultivava, assim como dona Ema, em vasos de vários tamanhos, espalhados pela varanda. Sentadas em espreguiçadeiras e com os pés apoiados numa pequena mesa de centro, sentiam-se agraciadas com aqueles momentos de tranquilidade e merecido descanso.

– Enfim, um pouco de tempo para conversarmos, não, mãe?

– Isso é muito bom. Podermos jogar um pouco de conversa fora é o que há de melhor numa noite como esta. E que assunto sugere, filha? Por favor, não quero falar de trabalho.

– E nem de estudos – complementou Milena que, estampando um sorriso maroto, sugeriu:

– O assunto "Jorge" seria de seu agrado?

– Pode ser, filha, apesar de que, mesmo atarefada, você não tem falado em outra coisa, não? – respondeu Haidê, divertindo-se com isso.

– Pois eu o sugeri como assunto para esta noite, porque há muito tempo não a vejo tão disposta e radiante, e essa inegável transformação teve início no sábado lá na relojoaria de seu Abreu.

Dizendo isso, Milena fixou um olhar inquiridor na mãe e lhe sentenciou à queima-roupa, como era de seu costume:

– Acho que a senhora está apaixonada...

Haidê devolveu o olhar para a filha, desta vez, com seriedade, explicando-lhe com muita calma:

– Filha, as coisas não andam assim tão rápidas. Eu confesso que Jorge me despertou para algo que se encontrava esquecido dentro de mim, e que eu fazia questão de manter dessa forma, mas...

E por ter permanecido pensativa por poucos segundos, Milena fê-la continuar:

– Mas o que, "dona Haidê"? A senhora, desde aquele dia, vem se comportando como uma adolescente, e confesso que estou adorando vê-la assim. Mamãe, você até rejuvenesceu! Até o esquecido aparelho de som voltou à ativa, apesar de que, sinceramente, vou emprestar-lhe alguns de meus CDs, porque os seus já poderiam estar em exposição em algum museu do som.

– Eu ainda gosto daquelas músicas, Milena.

– Tudo bem, mamãe, estou só brincando, mas diga-me: o que pretende, ou melhor, o que gostaria que acontecesse quanto a Jorge? Mas fale a verdade.

Haidê permaneceu quieta por alguns momentos para, em seguida, sua expressão facial passar da seriedade, de quem se encontrava raciocinando sobre alguma coisa, para a de quem pareceu ter descoberto a melhor solução. Olhou, então, para a filha, riu alto e lhe confidenciou:

– Você quer saber, não é? Quer saber...

– Quero saber, sim.

– Pois bem... – e deu mais uma risada, olhando para o nada, apesar de ainda encontrar-se com os olhos fixos em Milena.

E como quem toma uma grave decisão, disse, de maneira taxativa, como se desejasse, dessa maneira, deixar patente o seu pensamento, para si mesma:

– Eu gostaria de que Jorge voltasse a se interessar por mim. É o que mais desejo neste momento. E, se quer saber mais, já estou com muita saudade dele.

– Epa! Agora sim, "dona Haidê"! Gostei! Vejo vida em seus olhos!

E quase arrependendo-se de ter dito aquilo para a filha, perguntou-lhe, muito séria:

– O que você acha disso, Milena? Pois, de qualquer maneira, sinto medo. Fale com sinceridade e seriamente, por favor.

– Sabe, mamãe, estou muito feliz com o que está sentindo, principalmente, porque acho Jorge um bom homem, mas também tenho medo de que você venha a sofrer se esse seu atual sonho não vier a se tornar realidade, apesar de que, sinceramente, penso que ele também esteja sentindo o mesmo por você. Mas como ter plena certeza, não?

– Você tem razão, filha, e estou gostando da maneira como você pensa: com cuidado, sem ilusões, e com muito juízo, inclusive. Não devo me iludir, até porque, não posso parecer uma pessoa vulgar perante ele. E o melhor é deixar o tempo resolver a minha vida, com muita calma, não?

– Sim, mamãe, mas também não com muita calma, não é? – respondeu a garota, brincalhona e sorridente.

– Sempre levando tudo na brincadeira... Mas o que quer dizer com isso?

– Quero dizer que nem sempre podemos deixar o tempo resolver por nós. E me parece que vocês dois já perderam uma oportunidade por causa da timidez e por confiar no tempo.

– Isso é verdade, apesar de que o que aconteceu era inevitável.

– Está bem. Agora, diga-me uma coisa: Jorge já ligou para você?

– Telefonou-me na segunda-feira, relatando sobre a alegria do Thor e a instantânea cura do cão quando ele chegou.

– Posso imaginar. Os cães sentem saudade também. Mas o que mais ele lhe disse?

– Falou que estava pensando em aceitar o meu convite e vir no final de semana com o Thor.

– Ele disse isso?!

– Disse.

– E você?

– Penso ter sido um pouco precipitada.

– Por quê?

– Você se lembra que eu havia dito que ele poderia hospedar-se, aqui em casa, no quarto dos fundos?

– Hã, hã...

– Eu não só concordei como também lhe disse que poderia vir já na sexta-feira, pois vai ser feriado aqui e eu não iria trabalhar.

– Pois fez muito bem. Pelo menos, não agiu com tanta calma – concluiu Milena, rindo sobre a menção do que já lhe dissera, ou seja, que, por vezes, muita calma não é a melhor decisão.

– É... E também estava ansiosa para ver um material, umas fichas que ele vai me mostrar.

– Fichas?

E Haidê contou sobre a conversa que teve com Jorge no sábado.

– Mamãe... Esse homem não existe.

– Você acha mesmo?

– Claro, porque, nos dias atuais, alguém se preocupar tanto com isso, só pode ser uma pessoa muito boa e generosa. Preocupar-se com o próximo...

– Jorge sempre foi uma boa pessoa. Desde os tempos da escola.

– Pois não vejo a hora de ele chegar, além do que, quero muito conhecer o Thor, seu cão. E ele vai ocupar o quarto dos fundos?

– Não. Ele me perguntou se poderia estacionar a Kombi no corredor ao lado e dormir lá, sendo que Thor dormiria sobre uma manta que ele colocaria na parte coberta do terraço, próximo ao veículo. E que somente necessitaria usar meu chuveiro para o banho.

– E você concordou?

– De princípio não, e lhe disse que gostaria que ele dormisse dentro de casa, para sentir-se mais confortável.

– E ele?

– Insistiu para que fosse assim, até porque ainda não dormira em sua Kombi e gostaria de experimentar.

– E...?

– Acabei por aceitar. Até acho que seja melhor, pois, assim, seu avô não ficará tão preocupado quando souber, apesar de que ele ouviu quando convidei Jorge. De qualquer maneira, ele poderá fazer como achar melhor.

– Muito legal mesmo, esse Jorge, mãe. Até imagino que ele não deseje invadir a nossa privacidade, não é?

– Pode ser, filha.

– Mas tomara que ele mude de ideia, não, "dona Haidê"?

– Filha...!

E as duas começaram a rir como duas colegiais.

Dezessete

Chegou finalmente a sexta-feira tão aguardada, parecendo ter feito da quinta-feira, o mais longo dos dias vividos por Haidê. Não só o dia, mas a noite também, pois pouco conseguiu pegar no sono, tamanha a sua ansiedade.

Como haviam combinado, era perto de dez horas quando a Kombi estacionou à frente da casa. Coincidentemente, Haidê havia chegado à janela da sala para verificar se ele já estava chegando, o que vinha fazendo de cinco em cinco minutos, parando a todo o instante o que estava fazendo, ou seja, cozinhando.

Abriu a porta, com Milena chegando quase ao mesmo tempo, ao ouvir o som do motor do veículo, e ficaram aguardando Jorge descer e abrir a porta lateral para que Thor descesse também. Depois, apanhou uma mochila e veio ao encontro das duas.

– Seja bem-vindo, Jorge – recepcionou Haidê. – Fizeram boa viagem?

– Mas que cão mais lindo! – exclamou Milena, ao vê-lo aproximar-se, saltitando, alegremente.

– Bem-vindo também, Thor.

E o animal, percebendo que todos estavam contentes, inclusive Jorge, cheirou-as e docilmente se espreguiçou, deitando-se com as patas para cima, como a pedir um afago, no que as duas não se fizeram de rogadas.

A seguir, Haidê e Milena abraçaram rapidamente Jorge, e a primeira os convidou a entrarem.

Thor olhou para o dono como que a lhe solicitar permissão para entrar.

– Venha, Thor – ordenou Jorge, explicando a Haidê que antes de virem, deu-lhe um bom banho e o levou para passear, a fim de que se secasse completamente.

– Você trouxe a lista e as fichas de que me falou?

– Trouxe, sim. Estão aqui na mochila.

– Não vejo a hora de vê-las e saber mais sobre sua experiência.

– Quando quiser.

– Primeiro, tenho que terminar o almoço. A propósito, não gostaria de estacionar a Kombi no corredor?

– Oh, sim.

– Então, vamos lá.

– Podem deixar que eu abrirei o portão – disse Milena, apanhando o controle eletrônico do portão.

E Jorge, então, estacionou o veículo no início do corredor para que suas portas ficassem na direção do começo da varanda. Para tanto, entrou de marcha à ré, enquanto Milena abraçava Thor para que ele não corresse em direção à Kombi em movimento.

– Aí está bom, Jorge. Daqui a pouco, o Sol não incidirá sobre ela, pois estará protegida pela parede da casa.

– Ótimo, pois, assim, não ficará muito quente.

– Quer fazer a ligação elétrica agora?

– Se for necessário, providenciarei mais tarde. Acredito que esta noite será fresca como as anteriores. Nesse caso, não necessitarei do ar condicionado e nem das luzes, pois as dos postes serão suficientes.

– Faça como achar melhor, Jorge.

– Vou colocar a manta do Thor... Pode ser aqui neste lugar do terraço, como combinamos?

– Onde quiser, Jorge, e não me pergunte isso. Pergunte a ele – disse Haidê, apontando para o cão. E todos riram e entraram na casa, enquanto Thor, por conta própria, acomodou-se em sua manta.

– Dê-me essa vasilha que tem nas mãos, Jorge. Colocarei água fresca para ele – ofereceu a garota.

– Obrigado, Milena. Enquanto isso, vou encher esta outra com a ração que trouxe.

E depois de tudo acomodado, Haidê lhe mostrou onde poderia apanhar toalhas quando quisesse banhar-se.

– Bem, Jorge, fique à vontade, pois tenho que voltar à cozinha, senão, não irá haver comida hoje. Se quiser, poderá me acompanhar.

– Cozinhar pouco sei, mas sou eficiente com uma esponja, sabão, detergente e também com um pano de prato.

APÓS O ALMOÇO, AINDA permaneceram à mesa conversando um pouco sobre os mais variados e corriqueiros assuntos, com Jorge querendo saber mais sobre o destino dos companheiros de estudo, dos tempos de adolescentes até que, repentinamente, ele disse ter se lembrado, naquele momento, de um sonho que tivera naquela noite.

– Com o que sonhou?

– Você conhece o senhor Adauto, esposo de dona Ester, não?

– Seu Adauto e dona Ester dos pastéis da feira?

– Isso mesmo.

– Dona Ester já faleceu há alguns anos. Mas o que foi que sonhou?

– Sonhei com a dona Ester.

– Com dona Ester?

– Foi e eu gostaria de fazer uma visita ao seu Adauto. Ele deve estar vivo, com certeza...

– Não sei, Jorge. Faz tempo que não o vejo, pois não trabalha mais com os pastéis, desde que a esposa faleceu. Mas por que acha que ele deve estar vivo?

– Porque no meu sonho ou... No meu encontro com dona Ester...

– Imagino sobre o que está falando. Já li sobre isso. Num romance espírita, o autor dizia que quando dormimos, nós, Espíritos que somos, desprendemo-nos do corpo e nos encontramos com outros Espíritos, que tanto podem estar já desencarnados, que é o termo que o Espiritismo utiliza para definir o Espírito liberto do corpo material, depois da morte deste, ou, mesmo, os que se encontram ainda na carne, mas também separados do corpo adormecido. Não é isso?

– Também li esse livro, mamãe – revelou Milena. – Achei um pouco estranho, mas não me importei com isso.

– É isso, sim, Haidê – respondeu Jorge. – Esse fenômeno é denominado de emancipação da alma, que ocorre durante o sono do corpo físico, quando o Espírito se desprende, ficando ligado a ele por um cordão ou fio de luz, de natureza fluido-magnética. Geralmente, encontramo-nos com outros Espíritos, com os quais temos maior afinidade, através de nossas predileções, e que poderemos, nesse estado, praticar boas ações em benefício do próximo ou nos ocuparmos com atividades não muito dignas, normalmente ligadas a vícios de toda a ordem.

Milena, que ouvia tudo, perguntou:

– E por que não nos lembramos?

– Porque, na grande maioria das vezes, prevalece a lembrança de um sonho do cérebro material que, durante o sono, libera cenas de acontecimentos gravados na nossa memória. Acontecimentos ocorridos nesse desprendimento, também podem ser lembrados por nós, embaralhados com esse sonho cerebral.

– Você disse que podemos nos instruir nessas ocasiões, mas se não nos lembramos depois, de que adianta? – perguntou Milena, interessada.

– Realmente, não nos lembramos, mas quando esses aprendizados são importantes para nós, eles permanecem, armazenados em nosso subconsciente, prontos para agir nas nossas decisões nos momentos mais necessários. Há um grande número de casos também em que o Espírito desprendido do corpo se mantém situado a poucos centímetros deste e também adormecido.

– Mas você disse que sonhou com dona Ester. Acha que foi um simples sonho cerebral ou a encontrou durante a sua emancipação, como Espírito? – perguntou Haidê.

– Não saberia dizer. Pode ter sido apenas um sonho, fruto de minha mente.

– E vocês se falaram...

– Sim. Foi tudo muito rápido, e ela me pediu para que auxiliasse seu Adauto. Como disse, pode ter sido apenas um sonho mental, de qualquer forma, não custa averiguar, não?

– Será que ele se encontra em dificuldades?

– Não sei. Por isso gostaria de procurar por ele. Será que ainda mora na mesma casa?

– Pode ser, Jorge, mas podemos ir até lá. Você se lembra de onde ele morava?

– Penso que sim.

– Quer ir agora?

– Mãe, se vocês quiserem ir, eu cuido da arrumação da cozinha. Podem ir sossegados.

– Obrigada, filha.

– E o Thor?

– Melhor ir conosco – respondeu Jorge. – Creio que ainda não se acostumou com a casa.

JORGE DIRIGIU A KOMBI até uma pequena vila, com poucas moradias, um pouco distante do centro da cidade e, por não se lembrar mais com detalhes, foi perguntando até encontrar a casa. Desceram, enquanto Thor permaneceu dentro do veículo. Jorge bateu palmas e não demorou muito, uma voz vinda lá de dentro, pediu para que entrassem. E assim o fizeram. A casa era muito pobre, com poucos móveis, e seu Adauto se encontrava deitado num velho sofá, muito abatido, aparentando um envelhecimento bastante pronunciado. Tossia cada vez que falava; tossia e tinha dificuldade para respirar.

– Quem são vocês? – perguntou, olhando para os dois com um leve sorriso, parecendo encontrar-se tão enfraquecido que até para sorrir tinha dificuldade.

– Somos amigos.

– E o que desejam deste velho doente? – perguntou, de maneira mansa e humilde.

– Queremos ajudá-lo.

– Ajudar-me?

– Sim. Está sozinho?

– Estou.

– E quem cuida do senhor?

– Não tenho parentes, e uma vizinha me alimenta uma vez por dia, o que já é o suficiente, porque não sinto fome. E também essa mulher é muito pobre. Divide comigo o pouco que tem, além de comprar-me algum remédio para esta tosse.

– Seu Adauto – disse Jorge –, o senhor necessita de cuidados médicos e, com sua permissão, gostaria de levá-lo até um hospital para ser examinado e tratado.

– E por que quer fazer isso por mim?

– Porque quero ajudá-lo.

– Não terei como pagá-lo, meu amigo.

– O senhor não precisará me pagar nada, apenas permita que eu o ajude.

– E quem irá levar-me até o hospital?

– Eu mesmo, no meu veículo.

– Você tem certeza do que está querendo fazer? Nem me conhece. Não sou seu parente.

– Somos todos irmãos, seu Adauto.

– Bem... Você é quem sabe. Se puder fazer isso por mim, eu só poderei agradecer e orar por você.

– Para mim, já está bom.

– Iremos agora?

– Sim. Vou apenas falar com sua vizinha para que ela não fique preocupada quando não o encontrar aqui.

E Jorge foi até a casa ao lado, enquanto Haidê permaneceu com o velho. Não demorou muito e voltou com a mulher que, com lágrimas nos olhos, não se cansava de agradecer.

– Meu Deus, obrigada. Quanto rezei para que ele fosse amparado e não é que fui atendida? Apareceram dois anjos. Só podem ser anjos, enviados pelo Senhor.

E sem conseguir convencer a pobre mulher de que não eram anjos, Jorge lhe pediu:

– Dona Olga, por favor, pode nos ajudar com ele? Temos que deitá-lo na cama da Kombi.

E os três, com muito cuidado, auxiliados também por um homem que passava por ali, conseguiram deslocar seu Adauto até o veículo, colocando-o na cama, enquanto Thor se acomodava aos seus pés.

– Infelizmente, senhor Jorge, estamos sem leito disponível. Estão todos lotados, pois este hospital é pequeno. O que poderemos fazer pelo velho é acomodá-lo aqui no corredor – explicou o diretor do hospital, longe do velho Adauto.

Jorge permaneceu pensativo, tentando raciocinar se essa seria a melhor solução, até que Haidê lhe sugeriu:

– Jorge, vou telefonar para o doutor Mendonça e ver se ele pode arranjar um leito no hospital de Campo Alto.

E, dizendo isso, saiu para a rua e fez a ligação de seu aparelho celular, retornando, logo em seguida.

– O doutor Mendonça pediu que levássemos o homem para lá, pois sabe que há vagas e que ele mesmo irá atendê-lo.

– Que bom! Venha, vou deixá-la em sua casa e partir para Campo Alto. Apenas vou apanhar minha mochila para o caso de algum imprevisto. Tenho roupas nela.

– Se tudo correr bem, você volta?

– Volto. São apenas quinze minutos de viagem.

– Vou ligar para meu sogro para informá-lo que você já está a caminho.

E Jorge, após deixar Haidê em casa, partiu com seu Adauto e Thor para Campo Alto. Chegando no hospital, o doutor Mendonça já o aguardava no saguão, tomando todas as providências, auxiliado por enfermeiros, enquanto Jorge levava Thor para a casa da tia e retornava rapidamente, explicando tudo a ela, mas sem tocar no nome do médico.

– E, então, doutor? Como ele está?

– Está muito mal, Jorge. Creio que pouco será possível fazer. Ele tem parentes?

– Não tem ninguém, doutor.

– Você o conhecia?

– Sim, desde garoto.

E, omitindo sobre o sonho, explicou que fora visitá-lo e o encontrara dessa maneira, vivendo à custa da bondade de uma senhora, sua vizinha, uma pessoa muito pobre também. Disse que todas as despesas seriam por sua conta, e sobre a sua disposição em ficar ao lado do infeliz, tendo apenas que informar a Haidê e à sua tia, que passaria a noite no hospital.

– HAIDÊ? É MENDONÇA. POR FAVOR, diga-me uma coisa: Jorge tem alguma ligação com esse senhor que trouxe para o hospital? Ele está arcando com todas as despesas hospitalares. Digo hospitalares, porque não pretendo cobrar nada pelo meu trabalho.

– Não, doutor, ele conhecia seu Adauto e a esposa dele, dona Ester, já falecida, porque eles vendiam pastéis na feira. Isso quando ele morou aqui em Boaventura, mas já faz muitos anos que não os vê. O que aconteceu é que ele teve um sonho e resolveu visitar o homem. Eu fui com ele, e encontramos seu Adauto nesse estado.

– E Jorge resolveu cuidar do velho?

– Isso mesmo.

– E vai passar a noite aqui com ele...

– É isso, doutor Mendonça. Mas por que está me perguntando tudo isso?

– Porque não estou acostumado a ver pessoas fazendo isso. Esse Jorge deve ser mesmo um homem muito bom, ou não é deste mundo. Se ele nem conhecia direito esse senhor, apenas sabia de sua existência...

– Foi o que eu lhe disse.

– Bem, ainda pretendo passar pelo hospital antes de deitar-me.

– E eu lhe agradeço de coração. Ah, Milena está lhe enviando um abraço e um beijo.

– Diga-lhe que estou lhe enviando outro, Haidê. Até logo e boa noite.

– Boa noite, doutor.

Ao desligar o telefone, o doutor Mendonça teve um reconfortante pensamento:

"É realmente um homem muito bom esse Jorge. Penso que encontrei a pessoa que há tanto tempo procurava. E ainda é sobrinho de Ema".

ERAM TRÊS HORAS E QUINZE minutos da madrugada, quando Jorge ouviu seu Adauto falar com dificuldade, e já ia chamar a enfermeira quando, ao entender as suas palavras, ficou a ouvi-lo.

– É você, Ester...? Veio me buscar...? Se quero ir, minha querida...? Quero ir com você... Leve-me... por favor... o quê...? Jorge...? Agradecer a Jorge...?

– Está me chamando, seu Adauto? – perguntou, aproximando-se do campo de visão do velho.

– Você... é... Jorge?

– Sim. Eu sou Jorge.

– Ester está... aqui e... pede para agradecer... a você... pelo que me fez hoje... Ela diz que nunca o esquecerá... que rezará... por... você... Eu também... Deus o... abençoe... Jorge... E à moça... Ester... Ester...!

E seu Adauto deu o último suspiro, abandonando a vida terrena num asseado quarto de hospital, agora nos braços de Jorge, e vivendo mais esse exemplo de fraternidade e de amor ao semelhante.

Depois de todas as providências necessárias, Jorge, juntamente com Thor, seguiu para Boaventura, enquanto um carro fúnebre levava o corpo do velho. Deixou o cão com Milena e levou Haidê e dona Olga, a vizinha do pobre homem, até o cemitério, onde providenciou uma cova.

Após o sepultamento, Jorge disse a Haidê:

– Gostaria de visitar um túmulo. Você me acompanha ou prefere que eu a leve para casa? E a senhora, dona Olga?

– Se não se incomodar, prefiro ficar mais um pouco aqui, orando por seu Adauto.

– Eu o acompanho, Jorge – respondeu Haidê.

– Já voltamos, dona Olga, e eu a apanho aqui para levá-la para sua casa.

– Obrigada.

No caminho, Haidê perguntou:

– Jorge, diga-me uma coisa: dona Ester não sabia que seu Adauto iria desencarnar? E se sabia, por que lhe pediu para que o ajudasse?

– Os Espíritos mais elevados e que, em muitos casos, acolhem o Espírito liberto do corpo, podem ter esse conhecimento. No caso de dona Ester, talvez, não o soubesse. Mas mesmo que estivesse ciente disso, com certeza gostaria que ele, mesmo nos instantes finais da vida de seu corpo material, fosse amparado. Afinal de contas, seu Adauto teve a felicidade de libertar-se da carne cercado de cuidados e atenção, não foi?

– É... Realmente... – concordou Haidê, satisfeita com a explicação. – E para onde vamos indo? Seus pais se encontram sepultados aqui?

– Não. Quando mamãe morreu, ela foi sepultada na capital, pois papai assim decidiu a fim de poder cuidar do túmulo. Hoje, seu corpo também se encontra lá.

– E que túmulo você quer visitar?

– O de meus avós, pais de minha mãe. Você os conheceu?

– Não me lembro.

– Meu avô faleceu quando eu tinha apenas sete anos e minha avó, dois anos depois. Ele era sapateiro, daqueles que fazem consertos. Tinha uma oficina num cômodo de sua casa, com uma porta para a rua. Aliás, era por ali que se entrava em sua casa.

Lembro-me como se fosse hoje que ele se sentava numa cadeira baixa, tendo à frente, uma pequena mesa com repartições de madeira sobre o tampo, que continham vários tipos e tamanhos de pregos e tachas, além de outros apetrechos.

Usava um avental que lhe cobria o peito e as pernas, sobre as quais colocava uma pequena tábua e, sobre ela, um tripé de sapateiro. Era nesse tripé que ele encaixava o calçado para pregar as solas ou os saltos. Muitas vezes, fazia vários furos na sola, com uma sovela, e costurava, ao invés de pregar.

Eu gostava de vê-lo trabalhar, quando lá ia. Era um bom homem, sempre alegre, assim como minha avó, que estava sempre cantando quando lavava roupas ou cozinhava. Ainda me lembro do gosto dos deliciosos pães que ela assava.

– Bolos também, com certeza.

– Oh, sim. Bolos simples, de fubá, com coco, com bananas...

– Pode parar, pois está me dando vontade. Minha mãe também era uma excelente doceira.

E os dois sorriram, cúmplices com as lembranças.

– É este aqui – disse Jorge, apontando para um túmulo muito simples, de granito preto, onde havia dois retratos.

– Seus avós, não?

– Sim. Carlos e Maria Rosa.

– Ei! Você se parece com seu avô.

– É o que meus pais sempre diziam.

– E tem um quê também de dona Maria Rosa. Deixe-me ver... – disse Haidê, examinando o rosto de Jorge. – Já sei! Os olhos, ou melhor, o olhar. De seu avô, o formato do rosto e do nariz. De sua avó, os olhos e as sobrancelhas espessas.

– Creio que não, Haidê. Minha avó era muito bonita e meu avô era um verdadeiro galã.

– É, mas o fato de alguém ter os olhos, as sobrancelhas e o formato do rosto e nariz, não quer dizer nada – brincou Haidê.

E Jorge, sorrindo, cerrou os olhos para fazer uma prece de agradecimento aos avós que sempre foram, para ele, assim como seus pais, um exemplo a ser seguido.

Dezoito

Naquela noite, depois que Milena saiu com uma amiga para ir ao cinema, Jorge e Haidê se acomodaram na sala de estar a fim de conversarem sobre as experiências dele, não sem antes, comentarem sobre as palavras de seu Adauto, que nem sabia o seu nome e que, com certeza, repetira o que dona Ester lhe dissera.

E ansiosa por saber sobre a experiência que Jorge vinha realizando há algum tempo e que, realmente, a olhos vistos, dava-se para notar que lhe fizera muito bem, pois era uma pessoa muito tranquila e feliz, pediu-lhe para que iniciasse a sua explicação.

– E, então, Jorge, você poderia começar a discorrer sobre esse seu método e sobre as fichas que mencionou?

– Posso, sim, Haidê. Tem um tempo para ouvir-me?

– Tenho toda a noite.

Jorge, então, raciocinando um pouco sobre a melhor maneira de discorrer sobre o assunto, começou dizendo-lhe:

– Pois bem, como já lhe disse, eu me baseei em alguns livros espíritas, como as obras básicas de Allan Kardec, notadamente

O Evangelho Segundo o Espiritismo, que traz as lições de Jesus, com as devidas explicações dos Espíritos, e em dois ou três romances que li também.

– Pelo pouco que sei, foi Kardec quem compilou e codificou as mensagens dos Espíritos, através de médiuns do mundo todo, resultando nessas obras.

– Isso mesmo. E, a partir desses ensinamentos, relacionei vinte e uma normas, que eu denomino de caminhos a serem seguidos. Não são os únicos, nem posso, na minha ainda ignorância, classificá-los como os melhores, mas, no meu entender e, para mim, são os que considerei básicos para essa experiência e que me fizeram muito bem.

– E você pode dizer-me quais são?

Jorge, então, abriu um envelope que trouxera em sua mochila e dele retirou uma ficha grossa e plastificada, na qual constavam alguns escritos, enumerados, num total de vinte e um.

– Posso ler para você?

– Lógico.

– Primeiramente, eu intitulei esta relação como: *Normas básicas para a felicidade própria e dos semelhantes.*

E Jorge, então, começou a lê-las para Haidê:

1. Atenção para com as pessoas (o máximo que seu tempo permitir).

2. Polidez, afabilidade, doçura e mansuetude.

3. Voz (o volume mais agradável aos ouvidos).

4. Palavras (as mais pacíficas e apropriadas).

5. Paciência, tolerância e compreensão (lembrando-se de que cada pessoa é diferente da outra, inclusive na sua evolução e aprendizado, através de suas vidas e encarnações).

6. Contenção da cólera e da violência.

7. Prestar auxílio aos necessitados [o máximo que suas condições o permitam, pois, por menor que seja esse auxílio (material, uma palavra amiga ou, até mesmo, um pouco de atenção), ele pode ser de imenso valor para quem necessita].

8. Perdoar (ou, pelo menos, esquecer a mágoa a fim de que a pessoa o veja como alguém que sabe se sobrepor a esses sentimentos, ensinando-a pelo exemplo. E sem nenhum tipo de ostentação).

9. Procurar, ao invés de reclamar, resolver. Qualquer reclamação que não seja necessária, não resolverá nenhum problema.

10. Não julgar e não tecer, gratuitamente, comentários sobre o próximo, a menos que esse comentário venha a trazer algum benefício a alguém.

11. Não provocar a inveja.

12. Quando necessário, tecer elogios, no intuito de estimular a continuidade de atos nobres e corretos do semelhante.

13. Colocar-se na posição dos que sofrem, a fim de compreendê-los, ajudá-los e não fazer a ninguém o que não gostaríamos que nos fizessem.

14. Sempre que possível, praticar a caridade material e moral

anonimamente. Com certeza, essa prática em muito nos ajudará nas demais.

15. Não ser avaro, nem pródigo. Procurar utilizar os bens com equilibrada parcimônia.

16. Ter fé em Deus, confiando que Ele sabe o que é o melhor para nós e que nem sempre a realização de nossos desejos é o que necessitamos naquele momento de nossa vida. Lembrar-se também de que ter fé não significa passividade diante das dificuldades, pois teremos o auxílio desde que arregacemos as mangas.

17. Orar, entrando em sintonia com o Criador, agradecendo pelas dificuldades que conseguimos superar e solicitar a permissão para que Espíritos, trabalhadores de Jesus, insuflem-nos coragem e resignação, necessárias nos momentos mais difíceis de nossa vida.

18. Lembrarmos de que sempre é tempo de recomeçar, sem desistirmos, pois a vida é eterna e, por mais que tenhamos vivido, não nos é possível mensurar esse tempo, de tão ínfimo perante a eternidade. Tão ínfimo que poderemos, a qualquer instante, recomeçar a nossa caminhada.

19. Humildade (cientes de que ainda nos encontramos no início do caminho, que bem pouco conquistamos no campo das virtudes e que, se nos encontramos ainda nesse início da evolução, não podemos nos considerar os melhores, haja vista a existência de muitos outros, bem mais evoluídos).

20. Lembrarmos sempre que, deste mundo, somente levaremos o que conquistarmos moralmente e que todos os bens ma-

teriais pertencem à vida, ao planeta e, por conseguinte, a Deus. E que esses bens se encontram à nossa disposição apenas para utilizá-los, da melhor maneira possível, em nosso proveito e no do próximo. Que esses bens são apenas empréstimos do Pai e que, apesar de não ser condenável a procura do conforto, também não devemos nos escravizar a ele.

21. E, enfim, conscientizarmo-nos de que não basta não fazer o mal, mas fazer o bem até o limite de nossas forças.

Haidê se sentia enternecida ouvindo Jorge falar sobre tudo isso, o que a levava a admirá-lo ainda mais, bem como ver despertar com mais intensidade o amor que não fora totalmente apagado de seu coração durante todos aqueles anos.

– Mas isso é por demais profundo e verdadeiramente cristão, Jorge.

– Creio, realmente, que Jesus veio a este planeta para ensinar-nos a sermos felizes e demonstrou tudo isso, exemplificando. E nos deixou o entendimento de que o único bem que possuímos, concedido por Deus, é a oportunidade e o direito de sermos felizes. E Jesus nos ensinou como sê-lo.

Haidê ficou a olhá-lo, imaginando que aquele homem à sua frente deveria estar conseguindo cumprir tudo aquilo ou, pelo menos, esforçando-se muito, porque via a paz em seu semblante. E Jorge, parecendo ler os seus pensamentos, disse-lhe:

– Agora, é importante que você saiba que não descobri nada de novo, Haidê. Tudo isto é por demais conhecido pelos homens, sendo que nós, por egoísmo, vaidade, orgulho e ambição, fazemos questão de esquecer e vivemos digladiando-nos uns aos outros.

E você quer saber como tive uma comprovação da importância de seguir-se estas normas, antes mesmo de compilá-las?

– Sim...

– Foi observando que as pessoas humildes, fossem elas pobres ou ricas, porque humildade nada tem a ver com riqueza ou pobreza, sempre me pareceram mais felizes e de bem com a vida.

– Imagino que você tenha toda a razão.

– Agora, quer ver as fichas sobre as quais lhe falei?

– Quero, sim – concordou Haidê, francamente entusiasmada, além de estar gostando imensamente de ouvir a voz de Jorge. Uma voz de timbre agradável e mansa.

Jorge retirou um bloco de papel, contendo linhas e colunas, com discriminação, por escrito, do que representavam essas linhas e colunas.

– Eu mandei imprimir vários blocos como este. Veja.

E, dizendo isso, mostrou que todas as folhas daquele bloco eram iguais.

– Aqui em cima, no topo de cada folha, há um local para a data.

– Sim...

– Cada linha representa uma ação do dia, que já vou ler para você.

– Hã...Hã..

– E em cada coluna, notas de zero a menos (-) cinco.

– Estou vendo.

– Agora, para preencher cada folha desta, de preferência antes de dormir, é necessário fazê-lo com grande sinceridade, pois não podemos enganar a nós mesmos, entende?

– Pelo que estou percebendo, nas linhas horizontais, a ação; à frente, coloca-se um "x" numa única coluna correspondente à nota de zero a menos (-) cinco. É isso?

– Isso mesmo. Muito simples. E para preencher e analisar cada dia, não é necessário mais do que uns poucos minutos à noite, tempo pequeno de nosso dia para algo tão importante.

– E como funciona?

– É simples, mas este é um controle que fiz para mim e não é nada estanque ou rígido, pois cada pessoa poderá fazer de uma maneira diferente.

– Compreendo.

– Bem, esta ficha lista as seguintes questões, como se fosse um teste.

E Jorge lê cada item em voz alta:

1. <u>Atenção para com as pessoas</u>.

2. <u>Polidez, afabilidade e mansuetude</u>.

3. <u>Voz</u> (calma, tranquila e agradável).

4. <u>Palavras</u> (as mais pacíficas e apropriadas).

5. Paciência e tolerância.

6. Compreensão.

7. Conter a cólera e a violência.

8. Prestar auxílio aos necessitados.

9. Não reclamar.

10. Não julgar.

11. Não provocar a inveja.

12. Estimular o próximo.

13. Colocar-se no lugar do semelhante.

14. Praticar a caridade, sem ostentação.

15. Não ser avaro, nem pródigo.

16. Ter fé em Deus.

17. Orar.

18. Crer que sempre é tempo de mudanças.

19. Humildade.

20. Não se escravizar a bens materiais.

21. Fazer sempre o bem.

– DESSA MANEIRA, QUANDO formos, à noite, analisar como agimos em relação a esses itens, basta colocarmos um "x" na coluna que representa a nota que iremos atribuir a nós mesmos, como já lhe disse, de zero a menos (-) cinco. Agora, é importante, não atribuirmos nota em um determinado item que não nos colocou à prova nesse dia, ou seja, um item que não tivemos a oportunidade de utilizar naquele dia.

– Mas por que notas de zero a menos (-) cinco?

– É simples, Haidê. Quando não cumprimos ou se cumprimos em parte uma boa ação, devemos estabelecer uma nota negativa para nós, a fim de podermos tomar conhecimento de nossas falhas, entende?

– Sim, mas e o zero? E por que não há notas positivas?

– Colocamos um "x" na coluna do zero quando cumprimos satisfatoriamente um desses itens. E somente zero, Haidê, porque agir corretamente não é mérito, mas obrigação para com o próximo, para conosco mesmos, e para nossa própria conquista da felicidade.

– E se não tivermos tido oportunidade de cumprir um ou mais desses itens no dia?

– Simplesmente, não colocamos o "x" nesse local.

– Entendo. E essa outra ficha?

No final do mês, devemos preenchê-la – explicou Jorge, mostrando o outro cartão –, onde, aí, sim, tiraremos a média de cada questão ou ensinamento, que nos fornecerá a informação desses vinte e um itens, separadamente, para sabermos com qual estamos obtendo maior ou menor êxito.

– Compreendo.

– E sabe o que mais, Haidê? Devemos também, ao nos levantarmos de manhã, dar uma corrida de olhos no resultado apurado na noite anterior para estabelecermos um programa para o dia que se inicia.

– Para sabermos como agir, não?

– Isso mesmo. Se estivermos errando mais, por exemplo, na falta de contenção da irritação ou na aspereza em nossos atos, batalhar mais nesse tema, logicamente, sem negligenciarmos os outros. Nesta explicação bastante teórica, ainda é possível que você veja tudo isto como algo, de certa forma, burocrático, contábil mesmo, mas, na prática, não o é, porque são controles rápidos, práticos e mais ligados à nossa consciência. E sabe o que mais?

– Continuo curiosa e interessada – respondeu a moça, bastante entusiasmada.

– Percebi que quando me dispus a seguir essas normas de conduta, começaram a surgir, à minha frente, pessoas necessitadas de todo tipo de auxílio. E isso me faz acreditar que, quando estamos dispostos a fazer o bem, os Espíritos influenciam os necessitados a cruzarem o nosso caminho para que possam usufruir da nossa boa vontade. E, pode crer, isso acontece de verdade.

Tenho percebido isso constantemente. Parece que Deus, em Sua bondade, oferece-nos essa oportunidade de colocarmos em prática aquilo de que mais necessitamos.

– Isso tudo é maravilhoso, Jorge! – exclamou, concordando, mais uma vez, Haidê, deslumbrada com as palavras dele e de seu entusiasmo por tudo aquilo.

E Jorge, então, concluiu:

– E conseguimos, então, Haidê, sentir uma grande paz e

enorme alegria por estarmos cumprindo com o que há de mais importante na nossa vida, que é aprender a amar o nosso próximo. E, para encerrar, repito que, apesar de tudo isto parecer um tanto teórico, não o é. Trata-se, apenas, de registrar a prática para a avaliarmos. Uma prática que somente nos trará felicidade em nossa vida.

– E quanto à sua experiência pessoal, Jorge?

– Estou muito satisfeito e, cada vez mais, tranquilizando a minha consciência em estar aprendendo a ser feliz, E sem querer ser repetitivo, Haidê, torno a dizer que essas normas não têm a finalidade de aprisionar as pessoas nos seus atos, mas, sim, lembrá-las e alertá-las sobre as melhores atitudes e resoluções nas diversas situações de sua vida. E, com certeza, não serão apenas alguns dias ou meses que as transformarão, mas anos de prática, exercício e de sacrifícios, muitas vezes. E elas são tão importantes que, somente pelo fato de conhecê-las, já começarão a fazer parte da vida de cada um, porque sempre que agirem à revelia, elas serão lembradas principalmente pelas tristes consequências dos erros de quem não as cumpre. E, na verdade, Haidê, o próprio aprendizado já nos coloca num caminho que nos oferece uma grande felicidade, porque quando praticamos o bem, em todas as suas formas, essa maneira de viver e de ser acalma o nosso coração e o nosso sentimento, de tal modo, que passamos a nos sentir em paz e felizes.

Além do mais, estamos preparando o nosso futuro, porque ele depende do nosso presente. Certa feita, li, em um livro, uma frase que encerra isso muito bem.

– E como era essa frase?

– Ela dizia que: " Pelo dia de hoje, caminha secretamente o amanhã".

Haidê, muito emocionada, disse:

– Sabe, Jorge, estou imaginando o que sentiu, ontem à noite, antes de seu Adauto falecer, quando preencheu a sua ficha de avaliação e acompanhamento, como você me disse que faz.

– Apesar da tristeza de vê-lo naquele estado de saúde, senti-me feliz por estar proporcionando-lhe um pouco de paz, um pouco mais de esperança, de segurança e, principalmente, de mais confiança nas pessoas. E também fiquei a imaginar algo.

– O quê?

– Sobre o que sentiria dona Olga, a sua vizinha, que tanto sacrifício fez por ele, se fosse preencher uma ficha destas. O que eu fiz foi muito pouco em comparação com o que ela fez. Eu somente utilizei recursos financeiros, que não me farão falta, e ela quase não tem o que comer.

– É verdade, Jorge.

– Essa criatura, Haidê, é boa, simplesmente, porque é boa. É a verdadeira trabalhadora de Jesus, reencarnada na Terra. E se quer saber, esses trabalhadores do bem estão aí, por toda a parte, principalmente nos lugares onde se encontram os mais necessitados. Conversei com dona Olga, durante o velório, e lhe ofereci ajuda, mas sabe o que ela me disse?

– O quê?

– Que não necessitava de nada, porque conseguia sobreviver com o pouco que tinha e que era uma pessoa feliz, apesar de suas dificuldades financeiras. Agradeceu-me, pegou minha mão entre as suas e me pediu para que continuasse a fazer o bem, por menor que ele representasse para mim, porque, na prática do bem, as grandes coisas, muitas vezes, encontram-se nos pequenos atos.

– Ela lhe disse isso? Nessas mesmas palavras?

– Da maneira como estou lhe dizendo. Senti-me diante de um Espírito de luz. E, para completar o que estávamos dizendo sobre o preenchimento da ficha, ontem à noite, percebi que ainda me encontro muito distante de ser um verdadeiro cristão, apesar de estar tentando, comparando-me com esse Espírito feminino, chamado Olga. E a grande diferença é que ainda necessito preencher fichas, e ela não.

E Haidê não se conteve, diante das palavras de Jorge, e, dirigindo-se até ele, abraçou-o ternamente, apenas sendo interrompida com a chegada de Milena.

– Oh! Desculpem-me pela entrada repentina. Imagino ter interrompido algo muito importante.

– Não, filha – afirmou Haidê, sorrindo –, você não interrompeu nada. Eu e Jorge estávamos tendo uma conversa tão enternecedora e de tanta profundidade, que não me contive e lhe dei um abraço carinhoso, por suas palavras.

– Na verdade, não foram as minhas palavras, mas apenas um relato em relação a tantas criaturas que se encontram neste mundo para servir aos semelhantes.

– Tudo bem... Tudo bem... Não precisam me explicar nada. E, se querem saber, estou muito feliz por vê-los assim tão próximos – disse, com uma pitada de malícia e de satisfação, ao mesmo tempo.

– Sente-se aqui conosco, Milena – pediu Jorge –, e tome parte deste nosso diálogo.

– Obrigada, mas acho que vou para o meu quarto – respondeu a garota, sem saber que decisão tomar, pois gostaria muito de não ter interrompido algo que poderia estar surgindo entre eles.

– Sente-se aqui, filha. Você não vai nos atrapalhar em nada. Por favor.

Milena se sentou, e Haidê se acomodou novamente em sua poltrona. Jorge, um pouco constrangido, arriscou uma pergunta, a fim de livrá-la daquela sensação de estar no lugar errado e na hora errada.

– Milena, você deve gostar muito de sua mãe, não?

– Minha mãe é tudo para mim, Jorge. Eu a amo profundamente e espero que ela consiga conquistar toda a felicidade deste mundo. Que ela possa viver o que sempre sonhou e que, infelizmente, não conseguiu ainda. Não estou criticando ninguém, muito menos o meu pai, a quem sempre amei e ainda amo do fundo de meu coração. Creio que também não conseguiu realizar o seu sonho de homem apaixonado. Não temos a mínima ideia do motivo, mas sinto que papai sofreu muito, tentando nos colocar à distância de algum sofrimento muito forte que o tenha atingido, o que o fez entregar-se ao álcool.

Milena terminou essas palavras com os olhos marejados de lágrimas, o que fez com que Haidê se sentasse ao seu lado e a abraçasse carinhosamente.

– Seu pai ainda será muito feliz, Milena, porque a vida é eterna, e Deus sempre nos dá novas oportunidades – disse Jorge.

– E eu acredito nisso – concordou Haidê –, principalmente através das diversas encarnações que oferecem consolo, novos caminhos e esperança. É a maneira que Deus, misericordioso e bom, oferece-nos.

E Jorge, para alegrar um pouco as duas, fez-lhes uma proposta:

– Amanhã é domingo. Que tal darmos um passeio com a Kombi e fazermos um churrasco à beira do lago sob a sombra das árvores?

– Boa ideia, Jorge! – exclamou Haidê. – Tenho carne suficiente no *freezer* e alguns refrigerantes na geladeira.

– Ótimo, então.

– Se quiser, Milena, e Jorge concordar, poderá convidar a Telma. O que acham? Tem comida suficiente.

– Por mim, ficarei feliz – respondeu Jorge.

– Então, estamos combinados. Vamos partir bem cedo.

Dezenove

– Suba, Thor – ordenou Milena ao cão que, obediente, entrou pela porta lateral traseira da Kombi –, vamos passear.

– Aponte-lhe esse banco separado e diga-lhe: aqui, Thor!

E Milena fez o que Jorge lhe pedira, apontando para o banco e ordenando-lhe:

– Aqui, Thor.

Mais uma vez, o cão lhe obedeceu prontamente.

– Agora, Milena, por favor, prenda esse cinto em sua coleira peitoral.

– Nesta argola?

– Isso mesmo.

Jorge colocou uma cesta dentro de um armário da perua, uma caixa de isopor com gelo e refrigerantes e, abrindo a porta do carona para Haidê, rodeou o veículo, sentando-se à direção.

– Trancou a casa, Haidê?

– Tudo trancado. Podemos ir. Ah, sim, aqui está o controle eletrônico do portão. Tome, Jorge.

E, acionando o controle, fez com que o portão se abrisse e, fechando-o, em seguida, partiram com destino ao lago a alguns quilômetros da cidade, onde jantara com Adalberto e Ritinha na primeira noite em Boaventura.

A manhã estava fria, pois eram somente sete horas, e leve neblina, como consequência de forte chuva ocorrida na madrugada, tornava o horizonte, ao leste, como que tingido com leves tons de dourado e amarelo claro, numa coloração típica dos bastões pastel, utilizados em ilustrações que denotavam suavidade de cores. E o ar puro daquele início de dia, que prometia ser de céu completamente aberto e azul, enchia os pulmões dos ocupantes daquele veículo, que mais parecia ser um belo sobrevivente dos anos setenta.

– Que manhã maravilhosa, Jorge – comentou Haidê.

– Você não conseguiria imaginar as belas lembranças que ela está me trazendo, até no aroma que sinto, que parece me transportar para minha infância.

– Você costumava passear com seus pais numa Kombi bem parecida com esta, não? Já me falou sobre isso, aliás, uma das raríssimas vezes em que ousou falar um pouco mais comigo quando estávamos na escola ainda.

Jorge lhe endereçou largo sorriso, feliz por ela ter lembrado desse fato.

– Fizemos vários passeios nesse local onde iremos hoje. Um

pouco adiante do restaurante, há uma fileira de árvores muito frondosas onde estacionávamos e ali almoçávamos, pescávamos, jogávamos peteca e conversávamos bastante.

O momento que eu mais gostava era depois do almoço quando nos estirávamos em toalhas e cochilávamos. Depois, papai e mamãe ficavam conversando e eu adorava ouvi-los fazerem planos para o futuro e, principalmente, pela maneira carinhosa com que se tratavam e a mim. Depois, comecei a levar um amigo para brincarmos.

– Temos que passar na casa de Telma, mamãe.

– É mesmo – disse Jorge. – Onde fica?

– Eu ensino – prontificou-se Haidê. – Lembra-se daquele posto de combustíveis próximo à saída da cidade?

– Lembro-me, sim. Deixe-me pensar... Posto São Judas, não é?

– É esse mesmo. Ele fica numa esquina. Nessa esquina você deve virar à direita. É a terceira casa, do lado esquerdo.

– Vai ser fácil.

Mais alguns minutos, e Jorge estacionou à frente da casa, onde Telma já os esperava junto com a mãe.

– Bom dia, Lurdes.

– Bom dia, Haidê. Bom dia, Milena.

– Bom dia, Telma.

Jorge, então, saiu da Kombi, cumprimentando as duas e abriu a porta para a garota acomodar-se junto a Milena e Thor.

– Boa viagem e bom divertimento.

– Divertimento só, não. Eu e Telma vamos passear um pouco e estudar também.

– Bons estudos, então.

Mais quinze minutos, e Jorge estacionou perto das árvores a que se referira. Os raios do Sol já estavam incidindo sobre eles, mas logo desapareceria por detrás das frondes das enormes árvores que Jorge comentara haverem crescido bastante durante todos esses anos em que estivera fora.

O lago refletia os raios solares que pareciam vibrar no movimento lento, ocasionado por leve brisa nas águas represadas, e Jorge liberou Thor que, prontamente, começou a correr, indo e vindo, fazendo festas para Haidê e as garotas.

Em seguida, retirou quatro cadeiras dobráveis do interior do veículo, uma pequena mesa, de pernas retráteis, um também pequeno fogão de duas bocas e chapa de ferro fundido, e mais um botijão de gás, colocando-os protegidos do Sol pela sombra da Kombi.

– Pronto. Estamos acampados.

Então, convidou Haidê para caminharem um pouco pela margem do lago, enquanto Milena e a amiga preferiram sentar-se e conversarem um pouco.

– Bem – disse Jorge a elas –, não haverá nada de emocionante neste acampamento, mas, certamente, irão descansar bastante.

– Só um pouco, talvez, até depois do almoço – respondeu Milena –, porque iremos estudar.

– O silêncio, pelo menos, vai ser ideal – brincou Telma.

– A ideia é essa – completou Haidê: – desfrutar do som vindo da Natureza.

– Som da Natureza?

– Se apurarem bem os ouvidos, irão ouvir – completou Jorge.

– Pois iremos tentar – brincou Milena, não muito convicta.

– Eu e Jorge vamos caminhar um pouco. Thor, pelo que estou percebendo, vai preferir ficar com vocês – comentou, ao ver o cão deitado ao lado delas.

– Vamos, Jorge?

– Vamos.

E ambos saíram caminhando, aproveitando o agradável calor do Sol na ainda fria manhã.

– Sempre gostei de vir aqui, Haidê. Tenho até a impressão de que se eu olhar para o lado das árvores, verei meus pais sorrindo para mim.

– Penso que, se fosse médium vidente, com certeza, os veria.

– Pode ser e gostaria muito.

– Quem sabe, até o final do dia...

– Você é sempre assim, alegre, Haidê?

– Não, já sofri muito na vida.

– Imagino que sim.

– Mas, agora, estou aqui com você.

Jorge sorriu da observação, nada dizendo, apesar de sentir enorme alegria em ouvi-la externar isso. Mas Haidê não se conteve e lhe perguntou:

– E você?

– Não tenho razões para ser infeliz, mas devo confessar-lhe que nunca estive tão feliz desde que voltei a encontrá-la. Gosto de sua presença e de ouvir sua voz e o que diz. Sinto-me bem ao seu lado e penso que vou sentir isso cada vez mais.

– Também me sinto assim, Jorge, e espero que a timidez não consiga nos afastar mais – disse, tomando-o pelas mãos e conduzindo-o até um tronco de árvore tombado no chão, onde se sentaram, ainda de mãos dadas.

Jorge, bastante enlevado, afastou uma pequena mecha do cabelo de Haidê, que se encontrava sobre a orelha, aproveitando esse gesto para acariciar o seu rosto, fazendo com que ela o aproximasse mais perto do dele, cada um fitando os lábios um do outro.

Mas, num repente, algo saltou sobre eles, interrompendo o que mais desejavam naquele momento.

– Thor! – exclamou Haidê, explodindo num riso espontâneo e divertido. – O que ele traz na boca?

– É um disco, desses que a gente lança para o cão ir buscar. Thor gosta muito dessa brincadeira. Deve ter encontrado na perua.

– Pois vamos brincar com ele, então. Posso atirar o disco? – perguntou Haidê, animada com a possibilidade brincar com o animal que já conquistou o seu coração.

– Claro! Verá como ele é bastante ágil.

E passaram algum tempo brincando com Thor, muitas vezes, disputando com ele o disco lançado.

– Pode atirar o disco na água. Thor é um excelente nadador, como todos da sua raça.

– Não acredito! – exclamou Haidê, ao constatar o que Jorge lhe dissera.

Depois de mais alguns minutos, suplicou:

– Jorge, quero parar um pouco. Sinto-me cansada de tanto correr. Não estou acostumada a fazer tanto exercício.

– Então, vamos caminhar devagar até as meninas.

– Uma boa ideia – concordou Haidê, agora um pouco pensativa, como se estivesse escolhendo as palavras para, enfim, pronunciar-se:

– Jorge, diga-me uma coisa. Sei que já falou a respeito quando conversou com meu sogro lá em casa, mas queria perguntar-lhe novamente: o que pretende fazer de sua vida? Já decidiu?

– Tenho pensado muito e, na verdade, sinto enorme vontade de fazer alguma coisa para melhorar a vida das pessoas.

– O que, por exemplo?

Jorge refletiu mais um pouco até responder:

— Sabe, Haidê, quando fomos até a casa de seu Adauto, percebi que aquela pequena vila, ainda sem calçamento, era muito pobre e que seus moradores deviam estar passando por muitas dificuldades. Quando estávamos no velório dele, além do que já lhe contei, conversei mais com dona Olga, e ela me relatou que as pessoas que lá habitam, ou que para lá se viram obrigadas a residir, tendo em vista seus parcos rendimentos, geralmente provenientes de pequenos serviços, são muito necessitadas. Trabalham mais quando é época de safra na fazenda vizinha. A maioria nem sabe ler e escrever em pleno século vinte e um. Disse que quase todos trabalham, mas ganham muito pouco, e as crianças também não frequentam escolas, principalmente por falta de estímulo dos pais.

— E você está pretendendo fazer alguma coisa para ajudá-los?

— Estou começando a pensar seriamente nisso.

— E o que poderia ser feito?

— Estava pensando em, talvez, construir um tipo de barracão naquela vila e começar a distribuir algum alimento para auxiliá-los; logicamente, depois de realizar um cadastramento daquelas famílias. Pensei também em contratar alguém para ensiná-los a ler e a escrever.

— Poderia ter ajuda de empresários de Boaventura e de pessoas que pensam como você. O que acha?

— Pode ser, mas penso que terei que começar esse trabalho para que, com o passar do tempo, ele angarie a confiança de pessoas que possam ajudar. Porque é difícil e até compreensível que alguém se arrisque em algo que nem sabe se vai dar certo, principalmente, sendo eu, hoje, um estranho para muitos. Mas tenho a convicção de que vendo um trabalho que está sendo realizado há algum tempo, numa maneira transparente e, realmente filantrópica, muitos chegarão a oferecer-se para contribuir, seja com contribuições materiais, seja com o próprio trabalho voluntário. O que você acha?

– Acho fantástico, Jorge. Mas por que aqui em Boaventura?

– E por que não em Boaventura? Eu estou aqui, nasci aqui e estou vendo o problema aqui. Sei que existem essas necessidades e extrema pobreza em muitos lugares, mas volto a dizer: estou aqui.

– Não seria mais fácil não se preocupar com essas pessoas e viver a sua vida, Jorge? – perguntou Haidê, apenas para ouvi-lo dizer o que ela já sabia ser sua resposta.

– Depois de conhecer qual o verdadeiro caminho para a felicidade, e crer nele, tenho que me enveredar por essa estrada, se quiser ser feliz.

– Sabia que iria me responder isso, mas não resisti à tentação de perguntar-lhe. Também acredito nisso, só não tenho condições financeiras para tanto.

– Mas sabe também que existem muitas outras maneiras de realizar o bem mesmo sem ter nada.

– Sei disso, Jorge, e pretendo também seguir esse caminho. Se quiser realizar algo desse tipo, pode contar comigo, mesmo que eu tenha que sacrificar algumas horas de meu descanso.

– Tenho certeza de que vou poder contar com você.

– E pretende também iniciá-los na Doutrina Espírita?

– Penso, primeiro, em auxiliá-los no que mais necessitam materialmente e creio que, com isso, já estarão aprendendo algo muito importante, ou seja, a nunca perderem a esperança. De aprenderem que somos todos irmãos e que devemos nos ajudar uns aos outros.

– Mas não irá lhes falar sobre o caminho da felicidade, sobre os ensinamentos de Jesus?

– Vou, sim, Haidê, mas irei falar para quem quiser ouvir. Imagino que, no início, serão poucas as pessoas, mas, aos poucos, penso que começarão a aproximar-se do Evangelho.

– Vai acabar sendo um líder religioso – brincou Haidê.

– Não. Não quero ser nenhum líder, apenas quero ajudá-los e, quando formos conversar a respeito de Jesus, sentaremos em círculo para que não haja nenhum lugar de destaque. E, em cada reunião, trocaremos de lugares, nunca nos sentando nos mesmos. É assim que imagino.

– Mas falará a eles sobre a reencarnação, sobre as leis de ação e reação, sobre o porquê das inúmeras diferenças entre os homens, enfim, sobre o plano espiritual, não?

– Sim, mas tudo de maneira natural, sem qualquer conotação de um templo religioso. Será apenas um local para o auxílio material, onde também falaremos sobre Deus, Jesus, sobre os Espíritos que somos, a espiritualidade e a vida. Assim como é feito num centro espírita. Esses são os meus planos, os quais nem sei ainda se conseguirei colocar em prática.

– Está falando sério, Jorge, sobre tudo isso?

– Estou, Haidê. Falo sério. A propósito, existe algum centro espírita aqui em Boaventura?

– Há um, sim, porém, são poucas as pessoas que o frequentam e elas se reúnem apenas uma vez por semana para oferecer passes magnéticos e, a seguir, uma reunião mediúnica.

– Entendo.

– E o que mais pretende fazer, Jorge?

– Penso também em montar algum negócio, pois não conseguiria ficar parado, e esse trabalho assistencial não me tomará tanto tempo, não é? Talvez funcione nos finais de semana. Mas, veja bem, Haidê, são apenas ideias, não decidi nada ainda, até porque preciso ir mais vezes naquela vila para verificar se, realmente, necessitam, se desejam ajuda e se irão colaborar, enviando, por exemplo, os filhos para as escolas. Preciso conversar com muitos dos moradores de lá.

É uma vila bem pequena, imagino que com cerca de umas quarenta casas, não? Talvez um total de umas trezentas pessoas, conforme me informou dona Olga, entre adultos, velhos e crianças. Mais crianças, certamente. Ela estima que seriam cerca de uns cinquenta homens adultos

Haidê se encantava cada vez mais com as ideias de Jorge, principalmente, com o seu entusiasmo. Realmente, ele pretendia colocar em prática o que mais acreditava: fazer o bem ao próximo.

– E o que mais pretende, Jorge?

– Se quer saber, posso adiantar-lhe que muitas coisas mais,

porém, tenho que ir com calma, como já lhe disse, ou seja, começar devagar para poder sentir o que esses moradores realmente desejam. Não se pode querer mudar a vida das pessoas de um momento para outro.

– E quem você pensa que poderia ensinar os adultos a ler e a escrever?

– Talvez, Verônica.

– Verônica?

E Jorge relatou a sua conversa com Verônica e a sua disposição em pagar-lhe o último ano da Faculdade.

– Vai mesmo pagar para ela?

– Vou, Haidê. Não posso deixá-la perder tudo o que já investiu por causa de apenas um ano que lhe falta. E pretendo ver com ela se poderia dar essas aulas aos adultos. Primeiro, falarei com sua tia para ver se ela concorda e, depois, convido-a. E será remunerada por isso.

– Mas é fantástico, Jorge. Tenho certeza de que Verônica irá adorar esse desafio. E você tem toda a razão, Jorge, quando diz que primeiro temos que fazer algo, nós mesmos.

– Como assim?

– Você não estava com essas ideias a respeito da vila quando falou com Verônica e se ofereceu para pagar-lhe a Faculdade, não é?

– É verdade. Somente tive essas ideias no velório de seu Adauto.

– Pois, então. Você ofereceu uma ajuda a alguém e terá um retorno por isso, principalmente, porque o fez sem nenhuma outra intenção que não fosse a de auxiliar.

– Você tem razão. Acho que esse meu oferecimento a ela não foi por nenhum acaso. Isso, logicamente, se ela concordar.

– Pois vai, sim, Jorge. Conheço Verônica e sei de sua bondade.

Jorge, então, olhou para os lados da Kombi e comentou:

– Veja, Haidê, as garotas ainda estão estudando.

– Estou muito contente com Milena. Possui muita responsabilidade e tem estudado bastante.

– E Thor está gostando de ficar ao lado delas. Já chegou lá.

– Vamos apertar um pouco os passos?

– Vamos, sim, aliás, já está na hora de eu começar a preparar o almoço.

– Pois vou ajudá-lo.

Jorge ligou o fogão para esquentar a chapa, e começaram a desembalar a carne, previamente temperada, acondicionada numa caixa de isopor com gelo, juntamente com uma sortida salada. Também haviam trazido pão e refrigerantes.

Quando os bifes começaram a frigir na chapa, foi uma gritaria só;

– Meu Deus! – gritou Milena. – Que cheiro bom!

256

– E que fome! – completou Telma, enquanto Thor erguia o focinho para o alto, para melhor apurar o faro.

– Tem para você também, Thor.

Nesse momento, na cidade...

– E, então, Inácio, falou com o homem do imóvel? – perguntou Bernardo, ao telefone.

– Falei com ele, hoje de manhã, bem cedo, Bernardo, e ele pediu cinquenta por cento a mais sobre o valor que você lhe tinha oferecido.

– Cinquenta por cento a mais? Mas o que é que ele está pensando?

– O terreno vale, Bernardo. Na verdade, você lhe ofereceu um valor aquém do preço de mercado.

– Como assim, Inácio? Um terreno, num lugar daqueles, não pode valer mais do que o que foi oferecido. Você não está trabalhando direito.

– Calma, Bernardo, pois também tenho uma ótima notícia.

– E qual é?

– Agora ele está com pressa em vender, pois a mulher dele concordou.

– Está com pressa e quer aumentar o preço? Você já não tinha aumentado a minha oferta?

– Sim, e a boa notícia é que ele me confidenciou que se você não aceitasse pagar mais cinquenta por cento, que eu poderia fechar o negócio nesse preço.

– Pois lhe diga que agora já não estou mais tão interessado na compra e que vou pensar mais um pouco.

– Não está mais interessado?

– É lógico que estou, Inácio, mas vou fazê-lo me vender pelo primeiro preço. Se estiver com pressa, irá concordar, pois quem iria se interessar em comprar aquele imóvel? E para reforçar que não estou ligando tanto para comprar, diga-lhe que pode se considerar descomprometido comigo. Se quiser, poderá vendê-lo para outra pessoa.

– Você é quem sabe, Bernardo. Vou transmitir o seu recado a ele agora mesmo.

– Faça isso. Verá que ele virá correndo e pelo preço que eu quiser.

– É... Pode ser. Afinal, como você mesmo disse, quem iria se interessar em comprar aquele imóvel num lugar daqueles?

VOLTANDO AO PIQUENIQUE...

– Jorge, gostaria de fazer-lhe uma pergunta – disse Telma, após almoçarem.

– Pois não, Telma.

– Milena disse que você é espírita. É verdade?

– Tenho estudado bastante a respeito.

– Todos nós temos um Espírito? Desculpe-me a simplicidade da pergunta.

– Não seria bem assim, Telma. Na verdade, nós somos Espíritos. O que possuímos é um corpo. Um corpo que, após anos de uso, perderá o seu vigor, envelhecerá e morrerá. Mas nós, Espíritos, continuaremos a viver em uma outra dimensão, revestido de um corpo que é denominado de perispírito, que é o que nos liga a este corpo mais material e que vemos e tocamos.

– Isso quer dizer que nessa outra dimensão, para onde iremos após a morte deste corpo físico, temos um outro corpo, o perispírito? – perguntou Milena, confirmando o que Jorge havia dito.

– Isso mesmo. E torno a dizer: esse perispírito é o elo entre nós, Espíritos, e o nosso corpo físico, quando nos encontramos encarnados na Terra.

– E nós, Espíritos, enxergamos uns aos outros nessa dimensão?

– Exatamente. Nós nos vemos e nos tocamos nessa dimensão, que também é denominada de Plano Espiritual.

– E por que não vemos esse Plano Espiritual?

– Para responder-lhe de uma maneira bem simplista e rápida, Telma, vou utilizar uma explicação que li num livro, na verdade, um romance espírita, em que o autor usou de elementos bastante simples. Vocês estudaram, em Física, os estados físicos da matéria...

– Sim, sólido, líquido e gasoso.

– Muito bem. Então, devem lembrar-se, utilizando o exemplo da água, que ela é formada por um átomo de oxigênio e dois de hidrogênio...

– H_2O.

– Isso mesmo. E que essa combinação origina uma molécula de água.

– Sim.

– E que ela pode estar no estado líquido, quando suas moléculas se encontram um pouco afastadas umas das outras, mas que podem estar também muito próximas e firmemente ligadas.

– No estado sólido, no caso, o gelo.

– Isso.

– E no estado gasoso – adiantou Milena – quando essas moléculas se encontram muito distanciadas e têm mais liberdade para se movimentarem.

– Correto. E tudo isso acontece por causa da temperatura e da pressão. Se diminuímos a temperatura da água, essas moléculas tendem a juntar-se e teremos o estado sólido, no caso, o gelo. Se aumentarmos a temperatura, elas vibram mais, por força da vibração dos átomos, e então se afastam mais uma das outras, e teremos o vapor.

– É simples.

– Apenas para completar, sabemos que nesses três estados, sólido, líquido e gasoso, a água nunca deixará de ser água.

– Certo.

– Vocês me desculpem estar falando sobre tudo isso, algo que vocês sabem melhor do que eu, mas utilizei esses exemplos apenas para ilustrar, muito superficialmente, que todos os corpos possuem vibração de suas moléculas, átomos, e de seus componentes, que são as diversas partículas, mais notadamente, os elétrons, mais conhecidos por nós.

Conforme explicado naquele livro, toda a matéria do Universo que Deus, nosso Pai, criou, é formada por um fluido universal que é a matéria-prima de tudo, até dos elementos constitutivos dos átomos, que existem em várias dimensões. Estão acompanhando?

– Sim – respondeu Milena.

– Diz, ainda, que tudo o que existe aqui na Terra, onde vivemos, possui uma vibração atômica própria, dentro de uma determinada faixa vibratória, e que a matéria nada mais é do que energia tornada visível. Conclui, então, que nossos corpos são constituídos por átomos que, por sua vez, são constituídos pelo fluido universal e que vibram numa faixa vibratória própria deste nosso plano. E que os Espíritos desencarnados são revestidos de seus perispíritos que, por sua vez, também são constituídos por átomos formados pelo fluido universal, só que em outra faixa vibratória.

– Como se fossem dimensões diferentes – concordou Telma.

– Isso mesmo. O que acontece, ou seja, a diferença entre um corpo material e um perispírito está apenas no que diz respeito à vibração própria dos átomos, ou seja, a parte material do plano espiritual também é constituída por elementos, só que numa outra faixa vibratória, e que nossos sentidos não conseguem perceber.

– Estou entendendo – disse Milena, entusiasmada com a sua compreensão. – No Plano Espiritual, as vibrações dos átomos seriam diferentes das vibrações deste plano terreno, ou seja, dentro de uma outra faixa que não a nossa. Esse seria o motivo de não podermos ver ou ter contato físico, mas que os Espíritos, nesse plano, podem ver uns aos outros e até se tocarem.

– Mas e aqueles que veem os Espíritos? – perguntou Telma.

Haidê se encontrava muito satisfeita e radiante com o interesse das garotas e também por estar conseguindo entender melhor através das explicações simples de Jorge.

– Nesse caso – explicou Jorge –, os que são denominados de médiuns videntes, com essa mediunidade própria para entrar em contato visual, podem percebê-los, mas não com os olhos do corpo, e, sim, com a visão da mente espiritual.

– Também já ouvi falar de materializações. Como podem ocorrer? – perguntou Milena.

– Alguns Espíritos, Milena, conseguem, com o seu desejo, modificar as vibrações de um objeto, colocando-o a vibrar dentro de nossa faixa, e esse objeto passa, vamos dizer assim, para este plano. Ruídos, pancadas, combustões espontâneas também podem ocorrer, mas nos informam os Espíritos que é necessário, para a consecução desses fenômenos, a presença de um médium, denominado de médium de efeitos físicos, nas imediações.

– Jorge, se você diz que, no Plano Espiritual, os corpos dos Espíritos são constituídos de matéria, numa outra faixa vibratória, depreende-se que lá devam existir moradias, veículos, roupas, árvores, rios... Estou certa? – perguntou Telma.

– Existem e, muitas vezes, bem melhor desenvolvidos tecnologicamente, conforme a localização desse Plano.

– E como poderemos saber mais sobre tudo isso?

– Você pode começar a ler as obras básicas de Allan Kardec e as do Espírito André Luiz, psicografadas pelo médium Chico Xavier, estas últimas, em forma de romance, iniciando a leitura por *Nosso Lar,* e seguir a sequência. São vários livros. Se quiser, poderá começar pelo romance *E a vida continua...*

– Mamãe tem alguns desses livros em casa, Telma.

– Posso emprestá-los a você – ofereceu Haidê.

– Eu quero, sim.

– Bem, acho que já poderemos ir para casa, não, Jorge? Penso que daqui a pouco começará a chover. Veja aquelas nuvens escuras que se aproximam.

263

– Vamos, sim. Vou guardar tudo na perua e poderemos partir.

No CAMINHO DE VOLTA, Telma fez mais uma pergunta:

– Jorge, você acredita que a fé pode mover uma montanha?

Sorrindo, diante da pergunta, Jorge lhe explicou:

– Telma, essa foi uma maneira de Jesus ensinar a importância da fé. Agora, é importante sabermos que não adianta somente termos fé sem ações, compreende? Se desejarmos mover uma montanha, utilizando o tema de sua pergunta, devemos, primeiramente, saber que é preciso trabalhar para isso. Também teremos que considerar a razão para mover-se essa montanha. Será que se a movermos, isso será proveitoso para o nosso próximo ou para nós mesmos? Pergunto isso porque, muitas vezes, queremos algo que nem é bom para nós. Deus é quem sabe o que é bom para o nosso adiantamento.

– É... Você tem razão. Mas falando, simplesmente, da fé em si, o que pensa a esse respeito?

– Bem... Penso e, inclusive, li uma definição muito concernente num livro, que diz que a fé não significa apenas termos a certeza de que aquilo que desejamos, como já disse, é o melhor para nós. Por esse motivo, a verdadeira fé é aquela que advém da confiança que temos em Deus e que, aconteça o que acontecer, é o que de melhor Ele poderia nos conceder para o nosso aprendizado nesta vida, que na verdade é uma escola. E como Deus, na maioria das vezes, utiliza-se de outras criaturas para ajudar-nos quando pedimos algo que Ele sabe que nos é necessário, Ele também espera que sempre estejamos dispostos a fazer o bem, porque, de outras vezes, Ele poderá se utilizar de nós para atender aos que Lhe solicitam auxílio, através de sincera prece.

– Que linda essa explicação, Jorge –exclamou Haidê, comovida.

– E quanto aos milagres, Jorge? Acredita neles? Alguém pode ser curado através de um milagre?

– Oh, sim, temos muitos exemplos dos milagres que Jesus realizou, curando doentes e até paralíticos.

– Mas é preciso ter merecimento, não?

– Isso é verdade. Creio, inclusive, que eles ocorrem quando Deus vê uma real necessidade neles. E vou exemplificar: suponhamos que eu esteja doente, que seja portador de uma doença crônica, que já procurei muitos médicos, e nenhum deles descobriu a causa desse meu mal.

– Nesse caso, você poderia orar, solicitando a Deus um milagre?

– Sim, mas antes de solicitar um milagre, devo orar a Deus para que ele permita que os bons Espíritos me auxiliem no sentido de que eu receba alguma intuição, alguma inspiração, ou mesmo, uma ideia nova, que me permita, com meu próprio esforço e sacrifício, recorrer a algum outro tipo de tratamento que ainda não foi utilizado. Daí, se eu tiver esse merecimento e com essa minha disposição em fazer algo, em agir, em sacrificar-me em uma nova tentativa, esse auxílio, esse novo caminho, com certeza me será concedido.

– Ou seja, antes de pedirmos um milagre, devemos solicitar mais uma ajuda para que façamos a nossa parte, não é?

– Isso mesmo, Telma, porque somente Deus sabe o que é o melhor para nós. Talvez, o melhor seja conviver com esse problema por toda esta encarnação. E aí entra a verdadeira fé sobre a qual falamos há pouco.

– Obrigada, Jorge. Sinto-me satisfeita com essa explicação.

VINTE

Nessa mesma noite, Isadora falava com seu pai por telefone.

– Papai, Jorge terá que assinar alguns documentos, pois fazem parte de um contrato firmado antes de ele desligar-se da empresa. Estão com data anterior ao seu pedido de demissão.

– E você sabe onde ele se encontra agora?

– Sei. Jorge ia passar uns tempos na casa de sua tia Ema, em Campo Alto.

– Pois ligue para ele e lhe pergunte se podemos enviar alguém até lá para que assine esses documentos.

– É que... Bem... Eu estava pensando...

– Sei o que está pensando, filha. Quer ir pessoalmente, não é?

– É isso e penso em ir sem avisar, porque Jorge será bem capaz de querer vir até aqui, rapidamente, e voltar. E eu gostaria de conversar um pouco com ele.

– E que, talvez, com a facilidade que você tem em conseguir o que deseja, Jorge a convide para passar uns dias lá, não é?

– O senhor lê pensamentos, pai?

– Não, ainda não leio, mas a conheço bem. Diga-me uma coisa, Isadora, já chegou a uma conclusão a respeito de seu amor por Jorge? Lembro-me de que você parecia ainda em dúvida...

– Não sei, papai, mas sinto falta dele.

– Bem, quer que alguém a leve até lá e depois vá buscá-la?

– Não. Quero ir sozinha e fazer-lhe uma surpresa. Irei amanhã de manhã.

– Tudo bem, filha, espero que faça uma boa viagem e que ela lhe seja bastante proveitosa.

– Obrigada, papai.

Isadora partiu bem cedo, na segunda-feira, por volta das cinco e trinta da manhã, já que se encontrava ansiosa para encontrar-se com Jorge. A estrada estava tranquila, e ela ligou uma seleção de músicas românticas no aparelho de som de seu carro esporte, lançamento recente. Um carro importado, modelo de pouca circulação pelas ruas e muito admirado por onde passava.

"Jorge... Jorge...", pensava. "Será que fiz a coisa certa, forçando a nossa separação? Você é tão bom que fico a pensar que levarei muito tempo para encontrar outro igual, isso se eu conseguir. Pelo menos, de todos os homens de meu círculo de amizades, solteiros ou casados, não vejo ninguém como você. Não chegam a ser pessoas ruins. São educadíssimos, atenciosos, cavalheiros, mas lhes falta algo, ou quase tudo, para poderem ser comparados a você, Jorge. Mas será que eu conseguiria viver feliz com você? E o apelo das festas, dos paparicos sociais, dos jantares? Sei que não gosta de nada disso, apesar de que, de tão bom, sempre se sacrificou e me acompanhou. Mas também não gosto de vê-lo fazer isso: sacrificar-se por mim".

Nesse preciso instante, em que os pensamentos de Isadora estavam a ocupar-se da intensa vida social que levava, surgiu, em seu íntimo, como uma mudança brusca nas profundezas de sua mente, algo que a desnorteou, algo repentino, voraz, contundente, estranho e arrebatador, tentando fazer com que grande modificação se operasse.

E Isadora tentou afastar aquele pensamento, não só invasivo como terrivelmente insistente. Procurou afastá-lo, porque sabia que aquilo era passageiro e que dificilmente seria capaz de render-se por muito tempo a essa sensação que considerava uma intrusa momentânea.

E esse desconhecido fenômeno nada mais era do que um verdadeiro vazio de entusiasmo que se lhe instalara na mente a respeito das festas e recepções sociais.

Repentinamente, começara a não sentir mais tanta vontade, tanto entusiasmo, tanto desejo para com essa vida regada a champanha, luzes, sons, e os tão agradáveis e necessários elogios, alimento maior desses acontecimentos.

"O que foi isso?", pensou, não assustada, mas um pouco intrigada. "Não posso, de repente, estar pensando dessa maneira. Isso não vai vingar, não vai permanecer. Até gostaria, porque me daria forças quanto a Jorge, mas sei que não será algo duradouro".

A menos de uma semana, haveria um desses acontecimentos grandiosos e anuais que lhe tomavam muito tempo com planejamentos quanto ao que vestir, as joias a serem usadas, o penteado, sempre na preocupação de impressionar os demais.

Isadora era uma mulher que muito bem cumpria seu papel profissional nas empresas, mas sempre conseguia um horário para dedicar-se a si mesma, principalmente, às vésperas de um grande acontecimento festivo.

Mas uma dúvida começou a povoar o seu pensamento: "Se Jorge já se sacrificou tanto, se já cedeu a todas essas minhas incontroláveis vontades, por que eu não poderia também ceder um pouco? Mas seria eu capaz disso? Realmente, preciso pensar a esse respeito. E sinto agora que o meu amor por ele é muito maior que qualquer coisa. Sinto tanto a sua falta".

E durante toda a viagem, carregava consigo um verdadeiro embate entre o seu amor e os incontroláveis chamamentos para a satisfação de toda uma vida de *glamour*.

AO CHEGAR EM CAMPO ALTO, Isadora, que havia verificado na agenda telefônica de sua casa o número do telefone e o endereço da casa de Ema, informou-se num comércio no centro da cidade como fazer para chegar àquela rua e para lá se dirigiu, procurando pela numeração. Não demorou muito para encontrá-las: a rua e a casa. Estacionou a cerca de uns vinte metros e caminhou com passos decididos até o portão de entrada, acionando a campainha. Não demorou muito e uma simpática senhora veio lá de dentro, enxugando as mãos em seu avental.

– Pois não?

– A senhora não me reconhece?

Ema semicerrou os olhos e, timidamente, perguntou-lhe:

– Isadora?

– Sou eu.

– Oh, filha, desculpe-me se não a reconheci de imediato. É que faz tanto tempo... Mas, por favor, entre.

– Não precisa se desculpar, dona Ema. Eu, sim, é que preciso me penitenciar por não ter vindo nunca aqui – disse Isadora, já abrindo e fechando o portão de grade da entrada da casa. E as duas se abraçaram. Ema, então, a fez entrar e sentar-se numa das poltronas da sala, enquanto se sentava em outra.

– Eu compreendo, filha. Você, com certeza, é muito ocupada, assim como Jorge.

– Isso é verdade, pois na Capital quase não temos mais tempo para nada.

– Mas, por favor, espere só um pouquinho, que vou lhe trazer algo para beber. O que prefere? Um suco ou uma água?

– Um copo d'água, dona Ema. Estou com muita sede.

– Trarei também um café. Acabei de passá-lo.

E a senhora se retirou, voltando em pouco tempo com uma bandeja com copos, uma jarra d'água, xícaras, uma garrafa com café e algumas bolachinhas.

– Sirva-se à vontade, Isadora.

– Obrigada. E Jorge? Encontra-se por aqui? Tenho alguns papéis para ele assinar, assunto ainda das empresas.

– Infelizmente não, filha. Jorge passou alguns dias comigo, depois foi para Boaventura.

– Boaventura é a cidade em que ele nasceu, não?

– Isso mesmo. Uma pequena cidade vizinha, a uns quinze minutos de viagem.

– Foi rever velhos amigos?

– Sim. Ele já esteve lá, mas voltou anteontem para trazer um senhor, de idade avançada, muito pobre, e que se encontrava muito doente. Imagine você, que ele passou quase toda a noite no hospital até que o homem veio a falecer. Jorge pagou todas as despesas e ainda voltou a Boaventura para providenciar o seu sepultamento.

– Isso é bem próprio dele, dona Ema. Já o vi fazer isso em outras ocasiões. Ele não pode ver ninguém em dificuldades. E a senhora sabe onde ele se encontra hospedado lá?

A mulher pensou por alguns segundos para saber qual seria a melhor resposta. Se deveria dizer-lhe que ele se encontrava acampado com a Kombi na casa de Haidê ou nada lhe diria a esse respeito. E, rapidamente, respondeu o que achara melhor, sem que Isadora pudesse perceber essa sua dúvida.

— Deve estar acampado com sua Kombi em algum lugar da cidade. Da primeira vez, foi sozinho e ficou hospedado no único hotel da cidade, mas o pobre Thor ficou tão estranho com a sua ausência, apesar de todo o meu cuidado e carinho, que Jorge veio buscá-lo. Foi quando me disse que iria arranjar algum lugar para ficar, porque não aceitariam um cão no hotel.

— Compreendo.

— Mas você pode ligar para ele.

— Eu prefiro não ligar, dona Ema, pois desejo fazer-lhe uma surpresa. E, por favor, não o avise.

— Pode ficar tranquila, que não o avisarei. E ele não vai se incomodar por eu não ter telefonado, já que você quer fazer uma surpresa.

— Muito obrigada.

Ema sorriu para ela e, não conseguindo se conter, perguntou:

— Está com saudade dele?

Isadora lhe devolveu o sorriso e respondeu:

— Muito, dona Ema. Penso estar arrependida pela separação.

"Pobre Isadora!", pensou Ema. "Arrependeu-se, mas agora, não sei, não... Jorge parece ter reencontrado um antigo amor. Vi como ele passou aqueles dias aqui, sempre com a cabeça nas nuvens. Só poderia estar pensando nela, com seus olhos iluminando-se cada vez que falava a respeito de Haidê".

E Isadora, despedindo-se de Ema, partiu em direção a Boaventura.

Algumas horas antes, bem cedo, como sempre fazia, Bernardo passou defronte da casa de Haidê e teve um sobressalto quando viu a Kombi de Jorge estacionada no largo corredor da casa e, pior ainda, quando os viu juntos, sentados na varanda, cada um com uma xícara na mão e conversando animadamente.

"Parece que Haidê não se encontra muito preocupada com o trabalho hoje", pensou, irritado. "Com certeza, deve ter mudado o horário com algum de seus clientes, só para ficar conversando com ele".

Percebeu, ainda, um fio que saía do *motor-home* e entrava na casa através de uma janela da sala. Enorme inquietação e temor lhe invadiram o peito, transformando-se, rapidamente, em incontrolável raiva. Na sua ideia, apaixonado que se encontrava por Haidê, via nisso uma traição de sua parte, pois fora o primeiro a oferecer-lhe seu amor e uma vida tranquila ao seu lado. Por que esse homem, que sabia tê-la abandonado quando jovem, contraído matrimônio e nunca mais ter vindo a Boaventura, agora, divorciado, resolvera procurá-la?

E a raiva chegou a avermelhar-lhe a face quando, estacionando a alguns metros de distância, no meio-fio da calçada oposta, viu Haidê passar o dorso de sua mão sobre a face de Jorge, num visível gesto de carinho.

Louco de ciúme, partiu com o veículo, fazendo os pneus cantarem no asfalto, num incontrolável desejo de afastar-se dali.

"Ingrata! Pensa que vai ficar assim?! Sou capaz de fazer uma loucura! Não vou permitir que esse "almofadinha", que se enriqueceu com um casamento, retorne, para roubá-la de mim! Que raiva!", exclamou, intimamente, Bernardo. "Ele vai ver só! Quem ele pensa que é?!"

Dirigiu até o centro da cidade, estacionando defronte do bar e café do Souza e desceu do veículo, fechando a porta com violência.

– Bom dia, Bernardo – cumprimentou Souza, o proprietário.

– Bom dia, uma ova! – rosnou o homem, ainda nervoso.

– O que aconteceu? Parece nervoso.

– E estou...

E Bernardo parou a frase no início, quando um belo carro esportivo, nunca antes visto por ele, estacionou logo atrás do seu e uma linda senhora, que o dirigia, desceu, entrando no bar.

– Pois não, minha senhora – atendeu, solícito, o proprietário.

– Gostaria que me servisse um café e me desse uma informação.

– Pois não, já vou preparar o café. A senhora o quer com leite?

– Sim, por favor.

– Quanto à informação...?

– Estou procurando por uma pessoa. Na verdade, bastaria que eu ligasse para seu telefone celular, sabe? Mas é que prefiro lhe fazer uma surpresa, pois não sabe que estou na cidade.

– E quem a senhora procura?

– O senhor poderia me dizer se, por acaso, viu uma Kombi, vermelha e branca, na verdade, transformada em *motor-home*, estacionada em algum lugar da cidade?

– A senhora está procurando por Jorge? – antecipou-se Bernardo, antes que Souza abrisse a boca.

– O senhor o conhece?

– Sim, até conversei com ele sábado passado.

– E o senhor saberia informar-me onde ele estaria estacionado ou acampado?

– A senhora é parente dele?

– Sou sua esposa, quero dizer, sua ex-esposa. Meu nome é Isadora.

– Pois muito prazer, dona Isadora – cumprimentou Bernardo, sem revelar o seu nome. – Na verdade, eu acabei de ver sua Kombi.

– E é longe daqui?

– Não muito e, se quiser, após tomar o seu café, posso levá-la até ele. Vou com o meu carro, e a senhora me acompanha com o seu. Mas não deseja se sentar, antes de irmos? Para falar a verdade, gostaria muito de conversar com a senhora sobre Jorge.

– Conversar comigo a respeito dele?

– Isso mesmo. Podemos nos sentar naquela mesa? – perguntou Bernardo, indicando um lugar mais afastado.

– Tudo bem, posso conversar com o senhor.

– Ei, Souza, prepare um café para mim também.

– Já os levo – respondeu o homem, sem incomodar-se com Bernardo e a mulher. Pelo menos, o humor dele mudara.

O bar se encontrava vazio naquele horário, e os dois se sentaram no local indicado por ele.

– O senhor pode falar, senhor...

– Bernardo – revelou, sem ter como fugir a essa identificação.

– O senhor parece estar querendo falar alguma coisa importante. Estou certa? – perguntou Isadora, de maneira altiva, pois sempre soubera fazer-se superior, facilidade que tinha de impor-se, quando desejava, acima das pessoas.

Bernardo percebeu isso e procurou usar palavras adequadas, com muito cuidado, notando que Isadora já se posicionara alguns degraus acima dele.

– Ou o senhor apenas está querendo ser gentil, oferecendo-me esta mesa? Mas não é o que vejo em seu semblante. Até me parece um pouco nervoso. Por acaso tem algo a ver com Jorge?

Realmente, Isadora era bastante perspicaz e havia notado que Bernardo se encontrava perturbado, principalmente, por sua reação facial quando a ouvira referir-se a Jorge e, mais profundamente, quando revelara ser sua ex-esposa.

O homem pigarreou, limpando a garganta e, num grande esforço, porque não desejava perder essa oportunidade, tomou coragem e entrou no assunto pela forma que achou a mais conveniente.

– Minha senhora, por favor, poderia dizer-me alguma coisa a respeito de seu ex-marido? Não o via há muitos anos e gostaria muito de saber sobre ele.

– E qual o seu interesse, senhor?

Bernardo pensou um pouco até decidir que teria que abrir o jogo se quisesse extrair alguma informação da mulher.

– Por que se separaram?

Isadora fixou profundamente seu olhar nele e, apenas aguardando que o dono do bar terminasse de depositar as duas xícaras de café sobre a mesa, contra-atacou com outra pergunta:

– O senhor não acha que está sendo um tanto inconveniente, deselegante e, por demais curioso? Por que acha que eu deveria lhe responder? Ademais, se é amigo dele, por que não lhe pergunta?

– Na verdade, não sou tão amigo assim. Apenas lhe disse que o encontrei e nos falamos. Nada além disso.

– O senhor não gosta de Jorge, não é?

O homem arregalou os olhos diante de tanta segurança da mulher em adivinhar os seus sentimentos, percebendo que não teria mais como modificar o rumo da conversa, confessou:

– Senhora, digamos que, pessoalmente, não tenho nada contra ele. O meu problema é outro e é por isso que lhe fiz essa pergunta. Necessito saber se o motivo da separação de vocês teria algo a ver com algum tipo de mau-caratismo dele. Pergunto isso porque estou pretendendo proteger uma pessoa muito cara ao meu coração.

Nesse momento, Isadora foi invadida por uma preocupação desconhecida e, se havia algo que detestava, eram incógnitas que a envolvessem ou a Jorge. Por isso, resolveu ceder às perguntas de Bernardo, no intuito de descobrir o que estaria acontecendo.

– Não, senhor Bernardo, nossa separação não teve nada a ver com algum mau-caratismo de Jorge. Muito pelo contrário, meu ex-marido é o homem mais maravilhoso que já conheci em toda a minha vida, tanto que já me sinto arrependida de ter pedido o divórcio, cuja causa tem apenas a ver comigo e não com ele. Também não pretendo entrar em detalhes sobre isso.

– Não haverá necessidade, senhora. Já estou muito satisfeito em saber que a senhora ainda tem intenções de voltar com ele.

Bernardo passou, então, da preocupação a uma enorme euforia e felicidade, pois se conseguisse agir corretamente, talvez, houvesse uma esperança a respeito de Haidê e de seu amor por ela.

– Tudo bem, senhor. Agora, por favor, diga-me: por que o senhor tem tanto interesse em que eu pretenda voltar com Jorge? Além de uma alegria estampada no seu rosto, uma euforia mesmo, notei um certo alívio também.

– Pois vou lhe dizer.

E Bernardo, então, relatou tudo a Isadora. Começou pelo fato de ser também divorciado e de sua paixão por Haidê, desde os bancos escolares, sendo, nesse momento, interrompido por ela:

– E quem é essa Haidê?

– Haidê, minha senhora, foi um antigo amor de seu marido. Eram apaixonados, quando adolescentes, apesar de que a timidez de ambos não chegou a permitir que namorassem, até porque Jorge foi embora para estudar.

"Esse homem parece estar falando a verdade, pois Jorge sempre foi muito tímido, apesar de, hoje, já não o ser tanto", pensou Isadora.

– Continue, senhor.

– Quando ele partiu, Haidê sofreu muito, o tempo passou e ela acabou casando-se, apesar de minha esperança de que isso não acontecesse. Depois, casei-me e tenho duas filhas, mas, insatisfeito e frustrado, passei a ter pequenos casos com outras mulheres até que minha esposa não suportou mais essa situação e me pediu o divórcio. Estou sendo muito sincero com a senhora.

– Estou percebendo.

– Há cerca de um ano e meio, o marido de Haidê faleceu, vítima de um desastre automobilístico e me pareceu que a vida, enfim, voltara a sorrir para mim. Ela, agora viúva, estava livre, e nada me impedia de tentar conquistá-la e chances não me faltavam, pois ela trabalha com programas de computação e presta assistência em várias empresas, inclusive para a minha. Na verdade, sou, financeiramente, o seu maior cliente.

Isadora sentiu, com essas palavras, enorme repulsa por aquele homem à sua frente, porque imaginava o que ele deveria estar fazendo para tentar algo com Haidê. Mas, querendo saber mais e, já muito preocupada com o que poderia estar ocorrendo entre Jorge e essa mulher, animou-o a continuar.

– E, pelo que estou depreendendo em suas palavras, o senhor acha que Jorge está se envolvendo novamente com ela?

– Ele mal chegou à cidade e, na manhã seguinte, já estavam na sorveteria juntos. E, se quer saber, neste momento, eles se encontram na varanda da casa dela. Sua Kombi está estacionada num largo corredor ao lado da residência, na parte interna, e vi que uma ligação elétrica foi feita para que ele tenha eletricidade, o que me faz supor que deva ter passado esta noite lá. Esta ou mais noites, não sei.

– O senhor viu um cão com ele?

– Se estava lá, não vi.

Agora, Isadora estava realmente preocupada, mas sem dar mostras dessa preocupação, calmamente continuou a fazer-lhe perguntas.

– E o que o faz pensar que estejam se envolvendo? Pode ser que ela lhe tenha oferecido um local para estacionar seu veículo.

– Pelo que vi agora de manhã... – respondeu Bernardo, não conseguindo disfarçar um semblante deveras torturado.

– E o que foi que o senhor viu?

– Bem, eles estavam sentados na varanda, e Haidê, bem no instante em que eu os observava, sem ser visto, obviamente, fez-lhe um gesto de carinho.

– Um gesto de carinho? E que gesto foi esse?

– Ela lhe passou o dorso da mão em seu rosto, parecendo-me bastante íntimos.

– Ela tem filhos?

– Tem uma filha, Milena, de dezessete anos de idade.

Isadora permaneceu em silêncio, pensando: "O que devo fazer? De qualquer maneira, preciso levar-lhe os papéis para serem assinados, mas não tenho coragem de ir até lá e, de repente, ver-me frente a frente com o que eu não gostaria de ver. É preferível que lhe telefone e peça para que me encontre. Daí, sim, poderemos conversar a sós. Oh, Jorge, que fui fazer? Mas será que você já havia estado com ela? Já lhe havia ligado antes de vir para cá? Não creio. Jorge só pode tê-la encontrado por acaso.

Disso tenho certeza. De qualquer maneira, tenho que fazer alguma coisa".

Nesse instante, seus pensamentos foram cortados por Bernardo:

– A senhora não vai dizer nada? O que pretende fazer?

Havia enorme expectativa nas palavras do homem, e Isadora não gostaria de que ele estivesse por perto quando fosse conversar com o ex-marido.

– Bem, senhor Bernardo, vou falar com meu ex-marido e, assim que tiver alguma novidade, eu me comunicarei com o senhor. Poderia deixar-me o número de seu telefone?

Bernardo tira do bolso um cartão de visita e lhe entrega.

– A senhora pode ligar para este celular. Poderia fornecer-me o seu?

– Eu ligarei para o senhor. Pode ficar tranquilo.

– Onde a senhora irá se hospedar?

– Não sei ainda, senhor Bernardo.

– Há um hotel próximo daqui.

– Pode ser que eu me hospede lá. Somente lhe peço para que não me procure. Eu o procurarei. A propósito, escreva aqui no verso de seu cartão o endereço de Haidê. O senhor sabe o nome da rua e o número da casa? Tenho que levar alguns papéis para ele assinar, assuntos da empresa que ficaram pendentes.

– Sei, sim senhora – respondeu, fazendo a anotação no cartão e, ainda ansioso, pergunta, num visível tom de súplica:

– A senhora, por favor, responda-me: vai tentar voltar com seu ex-marido?

– Vai depender dele, senhor.

– Não irá lutar pelo seu amor?

– Digamos que farei o possível.

– Por favor, senhora... – suplicou Bernardo, com tanta agonia, que chegou a causar comiseração em Isadora.

– Se depender de mim... Mas eu ligarei para o senhor.

– A senhora não quer que eu a leve até lá?

– Prefiro não ir agora. Deixe-me agir do meu modo.

– Mas não perca tempo, pois tenho certeza de tudo o que disse. Vi seus olhares quando estavam na sorveteria.

– Bem, senhor Bernardo – disse Isadora, levantando-se e estendendo-lhe a mão –, agradeço pelo seu interesse, mas devo ir agora. Eu entrarei em contato com o senhor. Um bom dia.

E saiu, entregando ao dono do bar uma cédula de dinheiro mais que suficiente para pagar os dois cafés.

– Fique com o troco, senhor.

– Obrigado, senhora.

– Você tem certeza disso, filha? – perguntou o senhor

Haroldo a Isadora, ao telefone, cerca de meia hora após ela ter conversado com Bernardo no bar.

– Tenho que fazer alguma coisa, pai. E não pode ser aqui em Boaventura.

– Pois faça o que achar melhor. Não quero me intrometer nesse seu assunto. De qualquer maneira, sabe que terá sempre o meu apoio para que seja feliz.

– Obrigada, papai.

E Isadora retornou para a Capital no mesmo instante, passando primeiro em Campo Alto, dizendo a dona Ema que, assim que chegasse na empresa, ligaria para Jorge.

Vinte e um

NA SEGUNDA-FEIRA...

– Então, você não vem para almoçar? – perguntou Haidê, dirigindo-se ao seu carro, estacionado na garagem, enquanto Jorge acomodava Thor na Kombi, pronto para sair também.

– Não, Haidê. Preciso tratar de uns negócios particulares. Depois eu lhe conto, mas venho para o jantar.

– Tudo bem e um bom dia.

– Obrigado. Bom trabalho para você.

– Tchau.

E Jorge partiu com a Kombi.

– Vamos, Milena, ou vou chegar atrasada e tenho muito serviço hoje.

– Vamos, mamãe. Desculpe-me pelo atraso.

– Ah, estava esquecendo-me. Zilda!

– Pois não, dona Haidê... Um momento – respondeu a empregada que cuidava da casa e da comida para Haidê. – Pois, não – atendeu, surgindo à porta, enxugando as mãos.

– Deixei dinheiro em cima da geladeira e uma lista do que comprar.

– O senhor Jorge também me deu um dinheiro e eu coloquei junto ao que estava lá. Pode ir tranquila. Daqui a pouco irei até o supermercado.

– Jorge deixou dinheiro com você? E você pegou?

– O que eu podia fazer, dona Haidê? Não sabia que não era para aceitar.

– Tudo bem, Zilda. Depois eu converso com ele. Vamos, então, filha.

E partiram em direção ao centro da cidade, onde Haidê deixou Milena na escola e seguiu para a loja de Augusto, comerciante na área de roupas, armarinhos, brinquedos e diversos artigos. Augusto, assim como Bernardo, era divorciado e tinha interesse em Haidê, apenas com a diferença de não ser tão atrevido e inconveniente.

– Bom dia, senhor Augusto. Está com problema no programa?

– Sim, Haidê, mas, por favor, não precisa me chamar de senhor, afinal de contas, não sou tão velho assim. Tenho apenas cinquenta e dois anos.

– Desculpe-me, Augusto. É que suas funcionárias o tratam assim e acabo fazendo o mesmo.

287

As balconistas se entreolharam e prenderam o riso, sendo que o comerciante percebeu que se divertiam.

– Meninas, por favor, prestem atenção no que vou lhes dizer. De agora em diante, não precisam mais me tratar por senhor. Podem me chamar, simplesmente, de Augusto. E isso é uma ordem.

Todas riram, e até Haidê não se conteve.

– Vocês riem, porque não estão apaixonadas como eu.

– Augusto, por favor – pediu Haidê. – Bem, qual o problema?

– Penso que o sistema deva estar muito carregado e, por esse motivo, muito lento. O que acha?

– Vou fazer alguns testes, senhor... Quer dizer, Augusto.

– Depois que terminar, por favor, passe na minha sala, pois preciso falar-lhe.

– Passarei por lá... Augusto.

– Assim está melhor. Obrigado, Haidê.

Depois de vinte minutos, Haidê conseguiu resolver a situação e foi até a sala do homem.

– Boa sorte, Haidê – cochichou uma das funcionárias.

Haidê fez um pequeno movimento com a cabeça e os ombros como quem queria dizer: *o que posso fazer?*

– Pois não, Augusto. Já está tudo resolvido, e aqui está o relatório do serviço prestado e o valor.

– Correto e obrigado, Haidê. No final do mês, como sempre, farei uma transferência do valor para sua conta bancária.

– Obrigado, Augusto, e um bom dia para você.

– Sente-se um pouco, Haidê. Gostaria de falar-lhe.

– Sobre o assunto de sempre? Já lhe disse que não estou interessada em envolver-me com ninguém.

– Sei disso, mas...

– Mas o quê, Augusto?

– Ando preocupado com você.

– Preocupado? E posso saber o porquê?

– Estou sabendo que Jorge está na cidade e que se separou recentemente da esposa.

– Sim, também sei e o que é que tem ele ter se separado? Você também não o é?

– Sim, mas você sabe tudo sobre mim. O que sabe dele?

– Onde está querendo chegar, Augusto?

– Não pude deixar de notar, até mesmo porque passo defronte de sua casa todas as manhãs, que a Kombi dele estava estacionada no corredor. E vi um fio de eletricidade que sai de sua casa até o veículo dele, que pareceu ser um *motor-home*.

– Sim, Jorge está dormindo na Kombi. E daí? – perguntou Haidê, agora, de maneira desafiadora.

– Por favor, Haidê, não se zangue. Já lhe disse que estou preocupado por você.

– E poderia me dizer o motivo?

– Bem... É que... Ele se separou da esposa e fiquei sabendo, aliás, já sabia, que ela é muito rica e...

– E...?

– Pode ser que ele tenha saído desse casamento com uma mão na frente e outra atrás, como se diz comumente. E pode estar querendo se aproveitar de você, já que se encontra viúva.

– Eu nem vou lhe responder, viu, senhor Augusto?! – contestou, muito zangada com a petulância do homem. – Já não chega Bernardo que vive me atazanando? Agora, o senhor?

– Não me leve a mal, Haidê. Como lhe disse, estou preocupado por demais com isso.

– Pois não precisa se preocupar, senhor Augusto.

– Por favor, Haidê, pare de me chamar de senhor. Não percebe que gosto de você? E quem gosta, preocupa-se.

– Pois eu lhe agradeço por essa sua preocupação, Augusto. Um bom dia.

– Espere.

– O que é agora?

– Prometa-me que se precisar de ajuda, virá procurar-me.

Haidê fez um muxoxo com o rosto e lhe respondeu:

– Tudo bem, quando necessitar de sua ajuda e de seu socorro, virei procurá-lo, mas só quando precisar, está bem?

– Está bem, Haidê, e, por favor, não fique zangada comigo. As minhas intenções são das melhores.

– Está bem, Augusto, não estou mais zangada. Afinal, somos bons amigos.

– Sinto-me melhor agora.

– Tchau.

– Tchau, Haidê.

ERAM QUASE DEZOITO HORAS E trinta minutos quando Jorge chegou à casa de Haidê, estacionando a Kombi no corredor e liberando Thor que, mansamente, foi beber água fresca, que Milena acabara de trocar na sua tigela.

– Jorge chegou, mamãe – anunciou a garota, saindo para a varanda.

– Oi, Milena.

– Oi, Jorge. Oi, Thor. Acabei de trocar sua água.

O cão se aproximou dela, como sempre, abaixando a cabeça para receber seu carinho. Jorge, imediatamente, retirou da Kombi um recipiente com tampa, no qual carregava sempre ração quando saía com ele e encheu o outro recipiente.

– Já deve estar com fome de novo, não é, Thor?

E o cão começou a alimentar-se.

– Oi, Jorge – cumprimentou Haidê, chegando junto a eles – Deu tudo certo? Quero dizer... o que foi fazer.

– Pois tenho uma grande novidade para contar-lhe.

– Novidade? Quero saber.

– Mas vai ter de esperar até depois do jantar, pois quero contar-lhe com muita calma.

– Quer tomar um banho? Eu e Milena já tomamos.

– Gostaria muito.

– Então vá. Enquanto isso, vou preparar o que comer.

MAIS TARDE, OS TRÊS JANTAVAM tranquilamente, e Milena sentia-se muito feliz em ver a alegria estampada no rosto de sua mãe, além da satisfação em ver como Jorge era sereno, gentil e comedido em suas atitudes, percebendo que ele somente decidiria um relacionamento mais sério com sua mãe no momento em que percebesse que não haveria mais nenhuma dúvida por parte dela. Milena imaginava que, por ele, o momento já havia chegado, mas que, talvez, estivesse querendo ter certeza quanto a Haidê.

E como na noite anterior, após o jantar, retiraram pratos, talheres e a toalha da mesa, enquanto Haidê lavava, Jorge enxugava e Milena guardava. Depois, foram sentar-se na varanda, e a garota, como sempre, preferiu permanecer na sala, assistindo à TV.

– E, então, Jorge? Estou curiosa e não tenho a mínima ideia do que está para revelar-me. Terá algo a ver com os seus planos quanto à vila?

– Pois tem tudo a ver, Haidê. E me desculpe se não lhe disse o que iria fazer hoje, mas é que não tinha certeza se teria êxito.

– E o que é? Não me mate de curiosidade.

– Bem, quando saí daqui, fui até a casa de dona Olga.

– Até a casa de dona Olga?

– Isso mesmo.

– BOM DIA, DONA OLGA.

– Bom dia, senhor Jorge. Que alegria em vê-lo. Bom dia para você também, Thor.

E o cão, como sempre, aproximou-se para ganhar um carinho.

– Mas o que o traz aqui tão cedo?

– Gostaria de conversar um pouco com a senhora.

– Pois, entre. Minha casa é simples, mas gosta de receber boas visitas.

– Obrigado. Thor, espere aqui.

– Não, senhor Jorge. Ele pode entrar.

E Jorge entrou na humilde casa. A mulher lhe indicou uma cadeira, sentando-se em uma outra, e não foi difícil perceber que ali não havia nenhum sofá ou poltronas.

– Gostaria de oferecer-lhe um café, mas ainda não comprei o pó.

– Não precisa se preocupar.

– Mas o que deseja? Pode falar.

– Dona Olga, eu gostaria muito de ajudar os moradores desta pequena vila.

– Ajudar, senhor Jorge? Por quê?

– Bem, pelo que já conversamos lá no velório de seu Adauto, fiquei sabendo que os moradores daqui passam por muitas dificuldades financeiras.

– Isso é verdade. São todos muito pobres, sendo que, às vezes, alguns nem têm o que comer e é necessário que outros lhes emprestem um pouco de arroz, de feijão, enfim, todos aqui se ajudam muito.

– E sofrem muito com isso, não?

– Para falar a verdade, senhor Jorge, sofrimento é uma palavra muito pesada. É verdade que sofrem a dor da fome e, principalmente, uma dor maior ainda que chamamos de dor na alma.

– Dor na alma?

– Isso mesmo: dor na alma. É a dor que vem do fato de não compreenderem porque são diferentes das outras pessoas. E quando digo outras pessoas, estou me referindo àquelas que, no mínimo, sempre têm com o que se alimentarem.

– Compreendo.

– Mas são felizes, mesmo assim, e sabe por quê?

– Por que, dona Olga?

– Porque se completam, porque se ajudam, porque são amigos fiéis e, se quer saber, são muito honestos. Dificilmente, deixará de ver um sorriso em seus lábios. A necessidade fez com que nos uníssemos numa só família. Somos todos como irmãos. Às vezes, senhor Jorge, chego a pensar que é bem mais fácil ver o amor ao próximo entre os mais necessitados. Falo do amor ensinado por Jesus no Novo Testamento.

– A senhora lê o Novo Testamento?

– Leio as lições de Jesus. Gosto de ler.

– Pois acabei de aprender algo muito importante com a senhora.

– E qual, filho?

– Que se quisermos aprender os ensinamentos de Jesus na prática, basta procurarmos um pobre feliz.

– Pois pode ter certeza disso. Mas o senhor disse que gostaria de nos ajudar.

– Isso mesmo. É que eu tenho condições, dona Olga, e gostaria muitíssimo de doar uma cesta básica de alimentos, mensalmente, para todas as famílias desta vila.

– O senhor fala sério, senhor Jorge?

– Falo, dona Olga.

– Por quanto tempo?

– Por quanto tempo for necessário e desde que eu tenha condições, o que acredito que poderei fazer isso por um bom número de anos, até porque imagino que outras pessoas, com o passar do tempo, irão colaborar também.

– E quando pretende começar?

– Bem, se a senhora achar conveniente, gostaria de dar início a esse trabalho já no sábado que vem.

– Sábado próximo?

– Sim, e precisarei de sua ajuda.

– Minha ajuda...

– Isso mesmo, porque gostaria que a senhora falasse com essas pessoas e também que preenchesse algumas folhas com o nome dos moradores das casas.

– Uma ficha?

– Isso, mas seria uma coisa simples. Trouxe no meu carro muitas folhas em branco e caneta. A senhora sabe escrever, não? Pelo menos, ler, já sei que sabe, pois lê o Novo Testamento.

– Sei escrever também, senhor Jorge.

– Pois, então, a senhora colocaria o nome do dono da casa, de sua esposa, dos filhos, a idade de cada um e, se permitirem, o quanto ganham por mês. Também o nome da rua e o número da casa. Só isso.

– O nome da rua será o mais fácil. Já deve ter reparado que esta pequena vila, como a chamamos, só tem uma rua.

– Percebi, sim, e a senhora também deverá ser incluída nessa lista para receber a cesta básica. E penso em pagar-lhe pelo trabalho.

296

– Senhor Jorge, a cesta eu aceito, mas pagamento, não. Farei com muita satisfação esse serviço.

– E tenho alguns outros planos, mas sobre isso falarei em outra ocasião.

– E onde pretende fazer a entrega?

– Bem, se a senhora permitir, gostaria de fazer a entrega aqui na casa da senhora. Pode ser?

– Lógico, filho.

– E tem mais um outro detalhe. Percebi que existe um pequeno armazém na esquina.

– Sim. É do seu Joaquim. Compramos quase tudo o que podemos lá.

– Pois gostaria de conversar com ele e ver se ele poderia montar essa cesta. Pelo menos, não sairá perdendo as vendas, o que com certeza ocorreria se eu comprasse em outro lugar.

– O senhor tem razão. Se quiser, levo o senhor até lá e combinamos um bom preço.

– Tem outra coisa, dona Olga. Não sei o que comprar para montar essa cesta. A senhora não poderia fazer uma lista e a quantidade? Confio na senhora.

– Eu farei uma lista, senhor Jorge, e obrigado pela confiança. Se quiser, podemos fazê-la agora mesmo. Quer ir até o armazém depois?

– Quero, sim. Só me preocupa se o senhor Joaquim conseguirá esses produtos para o sábado.

– Tenho certeza de que conseguirá.

– Não acredito, Jorge, que você já deu início nesse seu plano! – exclamou Haidê, muito entusiasmada.

– Pois pode acreditar.

– E seu Joaquim? Falaram com ele?

– Na mesma hora, dona Olga me levou até o armazém.

– Bom dia, seu Joaquim.

– Bom dia, dona Olga. O que deseja?

– Quero apresentar-lhe Jorge. Ele quer lhe falar.

– Como vai, senhor Joaquim?

– Muito bem e me sinto feliz em dar-lhe a mão. Soube o que fez pelo seu Adauto, inclusive o sepultamento. Estive no velório, mas não tive a oportunidade de cumprimentá-lo.

– Não fiz nada de mais, seu Joaquim, e também sinto prazer em conhecê-lo.

– Muito bem. Agora que já nos conhecemos, diga-me o que deseja. Estarei pronto a servi-lo.

– O senhor Jorge gostaria de comprar algumas cestas bási-cas, inclusive já tenho a lista dos produtos. Ele vai pagar à vista e quer saber se o senhor teria condições de montá-la até sábado.

– E quantas cestas seriam?

– Quarenta e duas, não é, dona Olga?

– Isso mesmo.

– Quarenta e duas?!

– Foi o que Jorge disse.

– Bem, deixe-me ver a lista – pediu Joaquim e, examinando-a com cuidado, coçou o queixo, olhou para os dois, e perguntou: – Quarenta e duas?

– Sim, seu Joaquim, uma para cada morador da vila e não será somente para este sábado, não. Ele pretende doar todos os meses.

– Para os moradores da vila? E por muitos meses?

– Foi o que eu disse.

– Pois podem contar comigo. Na verdade, já tenho algumas dessas mercadorias. As que faltam, para este sábado, apanharei com o meu irmão que tem um armazém na cidade. Para os próximos meses, comprarei direto do distribuidor.

– E quanto custará cada cesta, seu Joaquim?

– Já vou fazer o cálculo. Aguardem um momento.

E o homem consultou sua lista de preços, telefonou para o irmão, fez cálculos e deu o preço para dona Olga e Jorge.

– O que o senhor acha? – perguntou a mulher para Jorge.

– Penso que está bom para mim.

– Negócio fechado, senhor Jorge? – indagou o comerciante.

– Negócio fechado, seu Joaquim.

– E onde deverei entregá-las?

– Na casa de dona Olga. Será lá que faremos a primeira distribuição. Depois, ela fará uma pesquisa junto aos moradores, apenas como um cadastro para que possamos ter um controle de quem está recebendo.

– Inacreditável, Jorge! Sábado agora? Quero estar presente.

– Eu gostaria muito, Haidê.

– E onde almoçou hoje?

– Comprei algumas coisas no armazém para completar o almoço de dona Olga, e almoçamos juntos.

– Não acredito...

– Pois pode acreditar, e a mulher cozinha muito bem.

– E depois, Jorge? – perguntou Haidê, querendo saber mais. Afinal, ele tinha ficado o dia todo sem dar-lhe notícias.

– Depois? Agora é que não vai acreditar, mesmo!

– Mais novidade?

– Você não faz ideia. Quando acabamos de almoçar, ficamos algum tempo conversando até que eu me levantei para vir embora. E foi aí que tudo aconteceu.

– O que foi que aconteceu, Jorge?

– Eu estava saindo da casa de dona Olga quando nos deparamos com um carro estacionado, bem próximo dali, à frente de um terreno, cuja rua terminava nele. Daí, vimos um homem que começava a afixar uma tabuleta, na qual estava escrito "vende-se", com um número de telefone.

– Era grande o terreno?

– Um bom terreno, com trinta metros de frente por quarenta de fundos, ou seja, mil e duzentos metros quadrados. Na verdade, o único terreno disponível naquela vila, de uma única rua, porque uma das fileiras de casas faz divisa com uma fazenda, a outra, faz divisa com um rio, e a rua termina numa estrada de terra que vem até a cidade e o terreno, fechando a rua, também divisa com a fazenda. Na verdade, essa rua havia sido uma colônia da antiga fazenda que, desapropriada parte dela pelo município, passou a ser, como condição, de propriedade de seus antigos moradores e que nela trabalhavam como lavradores.

– E...? – perguntou Haidê, presumindo o que poderia ter acontecido.

– Daí que, após uma longa conversa com o homem, acabamos entrando num acordo e...

– E...?

– Fomos até o cartório, lavramos um documento, dei-lhe um cheque, liguei para o Banco no qual tenho aplicações financeiras na Capital, solicitei um resgate do valor e...

– E...? – perguntou Haidê, novamente, rindo da maneira como estavam conversando.

– E o terreno é meu!

– Não acredito.

– Sabe que sou incapaz de mentir, com exceção das menti-
ras brancas.

– Sei disso, Jorge, e não acho que esteja mentindo, só que
não consigo acreditar que isso tenha acontecido. E, pelo que posso
imaginar, pretende construir um barracão lá, nesse seu plano de
auxiliar aquelas pessoas.

– Isso mesmo. Para poder guardar os mantimentos, colocar
mesas e lousa para a alfabetização dos adultos, local para reuniões,
e muitos outros planos que tenho em mente. Mas quero fazer tudo
isso de maneira bem planejada.

VINTE E DOIS

– Alô, Jorge?

– Sim, sou eu.

– É Isadora.

– Oi, Isadora, tudo bem?

Haidê, ao perceber que ele estava falando com a ex-esposa, retirou-se da sala a fim de deixá-lo conversar a sós com a mulher. Jorge até lhe deu um sinal para que ficasse, mas ela apenas sorriu, afastando-se.

Eram sete horas da noite, já haviam jantado e estavam conversando quando seu telefone celular tocou. Milena se encontrava na sala de jantar, contígua à de estar, e a um sinal de Haidê, foi para a varanda com ela.

– O que será que ela deseja com ele, mãe?

– Não sei, filha, mas presumo que seja algo relacionado com o divórcio deles.

– E como vocês estão, mãe? Quero dizer, acha que ele está

correspondendo ao amor que você sente ou, pelo menos, chega a perceber que tem ainda interesse por você?

– Não saberia lhe dizer, Milena. Conversamos ontem, mas pouco ainda. Jorge está sendo bastante atencioso, gentil e, na verdade, fui eu quem mais demonstrou um certo carinho para com ele. Você sabe. Sábado, eu o abracei, até de maneira fraternal, porque acabei emocionando-me com o que ele dissera e, hoje de manhã, durante uma conversa, não me contive e toquei, carinhosamente, o seu rosto com a mão.

– E ele...?

– Como disse, está se mostrando muito gentil para comigo, mas não saberia lhe dizer. Chego a perceber, em seu olhar, um sentimento mais profundo e, às vezes, penso que está retornando-lhe o que sentia por mim, quando adolescente. Porém, percebo que ele não está querendo agir com precipitação e, por vezes, comporta-se como aquele garoto tímido que era.

– Talvez não esteja percebendo o que você sente por ele. Acho que você deve tomar a iniciativa.

– E como, filha?

– Demonstrando, mais efetivamente, o que sente por ele. Não perca tempo, mamãe, e faça algo. Pelo menos, não ficará com essa dúvida. Encontre alguma forma de demonstrar-lhe isso.

– Acho que tem razão, filha. Na primeira oportunidade... Penso até em criar uma.

– Assim é que se fala, "dona Haidê". Seja prática.

– Bem, vou tentar.

– E, se quer saber... – continuou Milena, mas foi interrompida pela chegada de Jorge à varanda.

– Era Isadora – revelou, de uma maneira muito natural, tranquilizando o coração de Haidê, que preferiu não lhe perguntar qual a causa do telefonema.

Jorge, então, sentou-se numa das cadeiras e retornou ao que estava dizendo.

– Terei que ir até a Capital amanhã.

– Aconteceu alguma coisa?

– Tenho que assinar alguns papéis referentes a um contrato que firmamos, antes de eu pedir demissão das empresas. Você acredita que Isadora chegou a vir até Campo Alto à minha procura?

– Ela veio até Campo Alto? E por que não veio até Boaventura? Sua tia Ema, com certeza, deve ter-lhe dito que estaria aqui. Não estou entendendo.

– Também achei estranho, mas imagino que ela não quisesse me incomodar à toa.

– Ainda não compreendo.

– É simples. Isadora foi até Campo Alto e minha tia disse a ela que eu estava aqui em Boaventura. Então, resolveu vir para cá com a intenção de telefonar-me, assim que chegasse, trazendo-me os papéis que tenho que assinar. Acontece que, antes de sair de Campo Alto, percebeu que os tinha deixado numa outra pasta em sua casa. Então, resolveu voltar para apanhá-los e me ligou.

– Ela não poderia ter mandado alguém trazer esses papéis? – perguntou, Milena, intempestivamente.

– Milena... Não temos nada com isso, filha – disse Haidê, repreendendo-a.

– Você tem razão, Milena – disse Jorge. – Também não entendi por que ela veio trazer-me. Poderia ter enviado um funcionário da empresa.

– Talvez ela quisesse vê-lo. Ver como está – comentou Haidê, numa tentativa de encerrar o assunto com uma explicação, justificando a ex-esposa.

– Pode até ser, mas simplesmente, poderia me ligar. De qualquer modo, ofereci-me para ir até lá, pois ela deu a entender que, viajar novamente, seria muito cansativo para ela.

– Vai com a Kombi e Thor?

– Vou, sim.

– Se quiser, poderá ir com o meu carro – ofereceu Haidê.

– Prefiro ir com a Kombi mesmo. Até por causa de Thor.

– E pretende voltar logo?

– Vou fazer o possível, mas ligo para você.

– Vai amanhã cedo?

– Oh, sim, gostaria de viajar bem cedinho. Assim, chego mais rápido. Talvez consiga retornar amanhã mesmo. E irei passar na casa de tia Ema para apanhar algumas roupas mais adequadas. Na capital, nunca se sabe do que poderemos necessitar.

– Bem, Jorge, estaremos aqui aguardando-o e fique à vontade. Não vá retornar tarde da noite ou se estiver cansado.

– Ligarei para você quando chegar lá.

– A que horas quer o café da manhã?

– Não precisa se preocupar com isso, Haidê. Farei o desjejum num restaurante na estrada. Pretendo sair por volta das cinco e trinta.

– Faço questão, Jorge. Ninguém sai de minha casa, de madrugada, sem alimentar-se – brincou. – Às cinco, a mesa estará posta.

ERAM SETE HORAS DA MANHÃ quando Haidê saiu de sua casa pela porta do abrigo, a fim de entrar no carro. Jorge já havia partido, como combinado.

E já estava para entrar no veículo quando ouviu uma voz, vinda do portão de entrada.

– Bom dia, Haidê.

Ela olhou para trás e se assustou ao ver Bernardo.

– Bom dia, Bernardo. Deseja alguma coisa? Pensei que tivesse me pedido para passar na empresa, não que viria aqui.

O homem sorriu.

– Não precisa mais – respondeu gentilmente. – Já resolvi o que queria, de outra maneira.

– Isso é bom, pois estarei muito ocupada hoje. Mas o que veio fazer aqui?

– Nada. Estava passando, vi você saindo e resolvi estacionar e desejar-lhe um bom dia.

– Muito obrigada.

– A propósito, Jorge foi embora?

– Você anda me espionando, Bernardo? Como sabe que ele estava aqui?

– Apenas por coincidência. Dia desses, passei por aqui e vi a Kombi estacionada nesse corredor, com uma ligação elétrica saindo de sua casa. Ele deve ter dormido aqui, não?

– Dormiu, sim. Dormiu na Kombi.

Bernardo insistiu na pergunta:

– E ele já foi embora?

– Teve que ir para a Capital para assinar uns papéis.

– Estou sabendo que Jorge tem de assinar uns papéis.

– Está sabendo? Como?

– Conversei com Isadora, a ex-esposa dele, ontem, no bar do Souza. Ela estava perguntando se alguém poderia lhe informar se havia visto a Kombi dele estacionada em algum lugar. Disse que poderia telefonar para ele, mas que queria lhe fazer uma surpresa. E aí, como eu lhe disse que sabia onde essa Kombi estaria estacionada, sentamo-nos e tomamos café juntos. Foi quando me disse que precisava encontrá-lo para que ele assinasse uns papéis que trazia consigo.

– Trazia consigo...? Não estou entendendo... – disse Haidê, visivelmente confusa, o que não passou despercebido de Bernardo.

– O que você não está entendendo? Tomei um café com ela, conversamos e eu lhe dei a informação, passando-lhe, inclusive, o seu endereço para que viesse trazer os papéis.

– E daí?

– Bem, percebi que ela pareceu não ter gostado muito de saber que Jorge estava hospedado em sua casa, quer dizer, na casa de uma mulher, logo nos primeiros dias de sua vinda para cá.

Bernardo fez pequena pausa, examinando o semblante de Haidê, e continuou, satisfeito com o rumo que a conversa estava tendo.

– Para falar a verdade, também percebi uma ponta de ciúme por parte dela.

Haidê não se conteve e perguntou com a voz alterada:

– O que você falou sobre nós, Bernardo?!

– Calma, Haidê. Eu até justifiquei o fato de Jorge estar aqui.

– Como assim?

– Eu disse a ela que vocês foram muito amigos, durante os

tempos de escola, e que era por esse motivo que você deveria tê-lo convidado a ficar aqui na sua casa.

– Que mais lhe disse?

– Mais nada, Haidê. O que fiz foi apenas tentar descobrir por que essa mulher ficara tão perturbada pelo fato de Jorge estar com você.

– E o que descobriu? – perguntou Haidê, num misto de preocupação e de revolta, porque podia muito bem imaginar o que aquele homem poderia ter dito e até mesmo inventado para a ex-esposa de Jorge.

– Ela me disse que se sentia muito arrependida de ter se separado e teceu muitos elogios a ele. Mas, diga-me uma coisa, Haidê: por que Jorge foi para a Capital? Isadora não veio procurar por ele?

– Os papéis estavam com ela?

– Ela disse que sim.

– Mas tem certeza de que conversou com Isadora no bar do Souza?

– Tenho certeza, Haidê. Ela me disse que se chamava Isadora e que era a ex-esposa de Jorge. Só não me mostrou nenhum documento e nem haveria de fazer isso. Qual a dúvida? Por acaso, acha que estou mentindo para você?

– Não, Bernardo, nem me passou isso pela cabeça. Está tudo bem. Agora, com licença, vou ter que ir. Conversaremos outro dia.

– E Jorge? Vai voltar quando?

– Não sei. Talvez quando assinar todos os documentos que precisam de sua assinatura.

– Ele viajou com a Kombi?

– Sim.

– Ela também perguntou sobre um cão. Ele estava com um?

– Estava aqui, mas foi com ele.

– Bem, vou indo, então. Um bom dia.

– Um bom dia, Bernardo.

Haidê esperou que o carro se afastasse e, desligando o motor do carro, sentou-se numa das cadeiras da varanda. Não conseguia entender tudo aquilo. Alguém deveria estar mentindo. Com certeza, não seria Bernardo, pois não iria inventar ter conversado com Isadora, uma mentira que seria descoberta assim que Jorge retornasse e que somente deporia contra ele. Não, ele não estava mentindo. Até perguntou sobre o cão e, quando Bernardo nos encontrou na sorveteria, não sabia que ele tinha um, pois não tinha vindo na ocasião. A menos, que ele o tivesse visto... Não... Bernardo não iria inventar algo assim. E se ele não está mentindo, Isadora veio, realmente, a Boaventura, mas...

– Bom dia, mamãe – cumprimentou Milena, ainda de pijamas.

– Hoje não terá aulas, não é?

– Hoje não... Mas... Ei, que cara é essa? E o que está fazendo sentada aqui?

E Haidê contou à filha toda a conversa que tivera com Bernardo.

– E a senhora não consegue entender, mãe?

– Confesso que não.

– Pois sou capaz de dizer-lhe o que deve ter ocorrido.

– É...?

– Sim. Isadora realmente estava com os papéis e iria trazê-los para Jorge assinar. O que aconteceu é que ela se encontrou com Bernardo, conversaram, e ele, com certeza, deve ter falado coisas a seu respeito, talvez, até mentido. E a mulher, nisso eu acredito, arrependida da separação, resolveu voltar para a Capital e pedir a Jorge para que fosse até lá, inventando ter se esquecido dos documentos.

– Você acha?

– Tenho quase certeza e digo mais: ela quis afastar Jorge daqui para tentar convencê-lo a voltar para ela.

– Pode ser... – disse Haidê, com tristeza no olhar.

– Não fique assim, mamãe. Se for como estou imaginando, não significa que ela vai convencê-lo.

– É... No mínimo, irá comunicar-me. Jorge é muito honesto.

– Ele vai voltar por você, mãe. Fique tranquila.

– Bem, vou trabalhar.

– Vou ficar estudando e, se por acaso não estiver bem, não trabalhe hoje. Volte para cá.

– Pode ficar sossegada, Milena. Não sou de me abater, sabe disso, e não costumo sofrer por antecipação. Apenas me preocupei um pouco.

– Dá quase na mesma, não?

– A vida não pode parar, filha. E não nos espera.

– Falou a voz da filosofia! – exclamou a garota, tentando animar a mãe.

Vinte e três

Eram dez horas e trinta minutos quando Jorge entrou no jardim da mansão onde morara e que agora era habitada somente por Isadora. Gertrudes havia acionado o portão para ele e o aguardava à porta.

– Seja bem-vindo, senhor Jorge. Você também, Thor. Estava com muita saudade dos dois – disse a governanta, sendo abraçada pelo ex-patrão e fazendo mimos para o cão. – Vou anunciar a sua presença para dona Isadora.

– Obrigado, Gertrudes, mas antes vou colocar comida para Thor na tijela e água fresca.

– Está bem.

Jorge, então, serviu a comida e a água no alpendre da casa e entrou. E após lavar as mãos no lavabo, dirigiu-se até a sala de estar, que percebeu encontrar-se da mesma forma como a deixara. Nada havia sido mudado, percebendo também que as fotos ainda se encontravam afixadas no *hall* que antecedia a larga escada que levava aos quartos.

Mais alguns segundos, e Isadora desceu pela escada com largo sorriso nos lábios.

– Jorge! Que bom que chegou. Nem fui trabalhar para esperá-lo, pois sabendo que costuma viajar bem cedo, imaginei que poderíamos almoçar juntos. E o Thor?

– Está no alpendre, alimentando-se.

E Isadora abraçou o ex-marido carinhosamente, tocando-lhe o rosto com as mãos e dizendo:

– Você me parece muito bem, Jorge.

– Você também.

– Vou dar uma olhada no Thor e já volto.

– Faça isso, pois ele vai gostar muito.

E Jorge ouviu a festa que ambos fizeram ao se encontrarem:

– Thor, como você está bonito. Mamãe estava com saudade.

E o cão gania de alegria, e Jorge ficou a imaginá-lo, correndo de um lado para o outro, vindo deitar perto dela para ganhar carinho.

Quando Isadora entrou, também se dirigiu, antes, ao lavabo para lavar as mãos. Na verdade, esse era um costume da casa, e que Jorge teve que adotar: toda vez que vinham de fora, lavavam as mãos.

– Sente-se, Jorge – convidou Isadora, sentando-se à sua frente no largo sofá verde-musgo, e dizendo, logo em seguida, com um divertido e alegre sorriso: – Não precisa fazer cerimônia, sinta-se em casa.

– Obrigado, Isa. Tem os documentos com você, para eu assinar?

– Estão com papai, mas ele vai trazê-los, pois virão almoçar conosco. Ele teve que sair com mamãe e pediu para que o aguardasse, pois quer vê-lo. E mamãe, também. Tudo bem?

– Oh, sim. Gostaria muito de vê-los.

– Na verdade, estão chegando. Estou ouvindo o portão ser aberto. Papai tem o controle.

E Isadora foi recebê-los à porta. Quando entraram, seu Haroldo abraçou Jorge, ternamente, e dona Mariluce chegou a derramar algumas lágrimas, num amplexo demorado e de muita emoção.

Jorge lhe beijou as mãos e fê-la sentar-se, enquanto Isadora, também muito comovida, viu, com otimismo e esperança, a reação de sua mãe que, com certeza, deveria ter tocado o coração de seu ex-marido.

– E, então, Jorge? Ainda está em Boaventura? – perguntou Haroldo.

– Estou hospedado na casa de uma antiga colega de escola. Nós nos encontramos, e ela ofereceu um bom espaço ao lado de sua casa para que eu acampasse com minha Kombi.

– E você dorme na Kombi? – indagou Isadora.

– Durmo. Haidê insistiu para que eu ocupasse um quarto,

mas eu lhe disse que não comprei essa Kombi à toa – respondeu Jorge, rindo.

– E Thor?

– Thor dorme na manta. Do lado de fora da perua, é claro.

– Coitado...!

– Ele ronca muito.

– Só ele, Jorge?! – perguntou Isadora, divertida.

– É...

– Diga-me uma outra coisa: Haidê é o nome de sua colega de escola? – perguntou a ex-esposa, apesar de já ter ciência, através da conversa com Bernardo.

– Esse é seu nome.

– Você deve ter se encontrado com muitos amigos lá, não?

– Ainda não encontrei todos. Apenas... Deixe-me ver... Adalberto, Ritinha, Verônica, dona Meire, seu Abreu, Bernardo e Haidê.

– Sua tia me contou que você providenciou a internação de um senhor muito pobre e que, infelizmente, veio a falecer. E que até arcou com as despesas do velório, enterro e tudo o mais.

– Não fiz nada de especial. Apenas ajudei um senhor, já de idade avançada, que conhecia quando lá morava. Era um feirante que comercializava pastéis na feira, ele e a mulher.

– Você é muito caridoso, Jorge – disse dona Mariluce.

– Insisto em dizer que nada fiz de excepcional. Estou em

boas condições financeiras e pouco significou para mim aquele gasto.

– Mas soube que até passou a noite no hospital, e que ele morreu em seus braços.

– Fiz muito pouco por ele, Isadora. Inclusive, devo dizer que me encontro muito bem financeiramente graças a todos vocês.

– Pois eu não concordo com isso, Jorge – interrompeu Haroldo. – O que você tem, fez por merecer. Trabalhou muito pelas nossas empresas e nos deu muito lucro. E, se quer saber, e estou falando com toda a sinceridade, ainda não encontramos alguém, à sua altura, para ocupar o seu lugar. Na verdade, gostaria que repensasse a proposta que lhe fiz para voltar a trabalhar conosco.

– Agradeço muito por suas palavras e por sua oferta, seu Haroldo, mas tenho outros planos em mente.

– Não vai me dizer que está pensando em trabalhar para nossos concorrentes, não?

– Não, seu Haroldo, não recebi nenhuma proposta e, se viesse a receber, não iria aceitar.

– Já sei. Pretende montar o seu próprio negócio, não?

– Realmente, penso em montar alguma coisa para não ficar parado, mas penso em algo bem simples, talvez um comércio, um pequeno estabelecimento comercial.

Com essas palavras de Jorge, uma ponta de preocupação começou a expandir-se e tomar conta de Isadora.

– Em Boaventura, Jorge?

– Creio que sim, porque terei uma outra atividade lá, de grande importância.

– E o que seria, Jorge? – perguntou-lhe dona Mariluce.

– Bem, eu adquiri um bom terreno lá...

NAQUELE PRECISO MOMENTO, Bernardo recebeu um telefonema.

– Alô?

– Bernardo?

– Sim, sou eu – respondeu, reconhecendo a voz de Inácio. – Novidades quanto ao terreno?

– Nada boas, meu amigo – informou o corretor, com um tom de voz denotando preocupação.

– O que aconteceu, homem?

– Assim que acabei de falar com você, liguei para o senhor Gilberto, dando-lhe o recado.

– Sim. E daí?

– O homem me pareceu ter ficado muito chateado e isso me animou, pois percebi que ele estava querendo vender o terreno rapidamente. E pensei que tínhamos ganho mais essa, pois, com certeza, ele não demoraria a me ligar, aceitando sua proposta.

– E o que deu de errado, Inácio?

– Ele me ligou agora há pouco.

Inácio fez uma pausa.

– Ele ligou para você, Inácio... Vamos, homem, desembuche! O que aconteceu?!

– Ele me informou que vendeu o imóvel na segunda-feira e que somente me ligou hoje, porque estava aguardando a compensação do cheque pelo Banco e queria ter certeza de que teria a devida provisão de fundos.

– O quê?! Ele vendeu?! E por que preço?! E para quem?!

– Ele vendeu, Bernardo. Não quis falar sobre o valor, mas me informou quem o comprou.

– E quem comprou?

Agora, Inácio demorou um pouco mais para responder. Não era por receio de ter perdido o negócio, pois, afinal de contas, ele não teve culpa e, no momento propício, ainda diria isso ao intragável do Bernardo. Era por prazer mesmo, porque, apesar de não ter podido ganhar sua comissão na transação, teria, neste momento, o prazer de encolerizar o empresário. Bernardo, para ele, sempre fora uma boa fonte de ganho nas transações que ele mediava, mas só por isso, porque detestava o modo como era tratado pelo amigo.

– Quem comprou, Inácio?!

– O Jorge.

– Jorge?! Mas será possível que esse cara veio da Capital

para apoquentar-me aqui em Boaventura?! Mas por que ele comprou aquele terreno, Inácio? Uma porcaria de imóvel. Eu somente o estava comprando para satisfazer um capricho.

– Não sei lhe responder, Bernardo, mas vou tentar descobrir. E quando souber, tornarei a procurá-lo. Bom dia, meu amigo.

– Bom dia... – despediu-se Bernardo, vermelho de raiva. "Jorge... Miserável! Deve ter sabido da intenção daquela estrada rural ser asfaltada para ligar as duas rodovias, encurtando o caminho entre elas. Vai haver um bom movimento ali, e esse único terreno irá valer um bom dinheiro. Mas como ele ficou sabendo disso? Tive informações diretamente de um político. Só se seu sogro também tem acesso a essas informações. Não, deve ter sido coincidência, mas se não foi por esse motivo, por qual razão teria comprado? Diabos!"

E VOLTANDO À CONVERSA de Jorge com Isadora e seus pais:

...e pretendo desenvolver uma atividade assistencial numa vila muito pobre, onde cerca de trezentas pessoas, contando adultos, velhos e crianças, quase nem têm o que comer.

– Atividade assistencial? – perguntou Isadora, visivelmente perplexa, apesar de muito bem conhecer a índole caritativa do ex-marido.

– Isso mesmo, Isadora. Sábado que vem, começarei a distribuir cestas básicas para eles e pretendo fazer uma edificação, onde poderão aprender a ler e a escrever, porque a grande maioria dos adultos não sabe.

Também condicionarei a entrega dessas cestas ao envio de suas crianças a uma escola. Depois, com o tempo, tentarei incentivar os empresários de lá e até alguns habitantes mais abastados da cidade a colaborarem nesse projeto.

E Haroldo lhe perguntou, curioso:

– Diga-me uma coisa, Jorge. E se esses moradores se acostumarem com o alimento de graça e, achando que isso seria o suficiente para eles, resolvessem não fazer mais nada, ou seja, não procurarem nenhum tipo de serviço, de trabalho?

– Já pensei nisso, seu Haroldo, mas, em primeiro lugar, vejo as dificuldades por que estão passando, muitas vezes, sem terem o que comer e dar para seus filhos. Por isso, creio que terei que iniciar meu trabalho, alimentando-os. Depois, tentarei conscientizá-los da necessidade de se ocuparem, de serem úteis, e de se lembrarem de que não sabem por quanto tempo poderei fazer o que estou lhes fazendo, até porque não sou eterno. Tentarei fazê-los pensar no futuro de seus filhos e tenho convicção de que conseguirei, principalmente, se tiver a chance de passar-lhes os ensinamentos de Jesus e da Doutrina Espírita. Saberão que a vida é eterna, que não termina com a morte do corpo físico e que todos teremos que responder, no futuro, pelos nossos atos do presente.

– Você vai conseguir, Jorge – afirmou dona Mariluce, emocionada.

E Jorge continuou:

– Ainda não sei no que vai resultar tudo isso, mas foi uma oportunidade que me surgiu e que não vou deixar escapar. Com certeza, Deus, na Sua infinita bondade, de alguma forma, irá abençoar esse trabalho e sei que auxílio não faltará.

– Mas por que em Boaventura? – perguntou Isadora.

– Simplesmente, porque eu estou lá, nasci lá e estou vendo o problema lá. Sei que existem essas necessidades e extrema pobreza em muitos lugares, mas volto a dizer: estou lá. Inclusive, foi assim que respondi a essa mesma pergunta a Haidê.

Com essa resposta de Jorge, Isadora viu diluir-se sua intenção de reatar com ele e procurou disfarçar a tristeza que invadiu seu coração.

– Você acha que vai poder fazer frente a esses gastos, Jorge? – perguntou-lhe dona Mariluce.

– Acredito que ele vai, sim – respondeu Haroldo. – Ele tem recursos suficientes e sabe lidar muito bem com as finanças, não é, Jorge?

– Tenho, sim, seu Haroldo, e, como disse, creio que, com o tempo, conseguirei colaboradores.

– Mas vai gastar seu dinheiro, Jorge – insistiu dona Mariluce que, apesar de ter também atitudes bastante caridosas, contribuindo sempre para boas causas, queria ouvir o que ele tinha a dizer.

– E que sacrifício estaria eu fazendo, que caridade estaria

exercitando se apenas me dispusesse a empregar o que é supérfluo? De qualquer maneira, esse dinheiro não irá me fazer falta.

– O que você pensa sobre o dinheiro, Jorge? – perguntoulhe, agora, a mulher, na certeza de que aprenderia algo de muito bom com sua resposta.

– Penso que ele seja uma bênção, dona Mariluce, se bem empregado, assim, como pode nos ser um mal, se mal-empregado. Li, certa feita, que muitas pessoas veem o dinheiro como algo que deva ser cultuado, colocando-o num verdadeiro pedestal, como se fosse o que de mais importante existisse na vida, utilizando-o com a única intenção de sobressair-se perante os demais. E isso é contrário aos ensinamentos de Jesus, porque aquele que deseja ser admirado, o deseja com a intenção de querer colocar-se acima dos outros, muitas vezes, provocando a inveja em seus semelhantes.

Não sou contra o fato de se trabalhar para obter um pouco mais de conforto, de poder dar estudo aos filhos, possuir uma condução, mas devemos lembrar-nos sempre que necessitamos auxiliar ao nosso próximo para nos tornarmos ricos espiritualmente, como cristãos. E bendito aquele que emprega o dinheiro para gerar empregos, preocupando-se com seus funcionários e suas famílias, como seu Haroldo sempre o fez.

De qualquer forma, mesmo com muito dinheiro, poderemos ser humildes e, se realmente quisermos ser felizes, deveremos fazer todo o possível para nos desapegarmos de tudo o que nos torna dependentes dele. Podemos possuir, mas não podemos ser possuídos pelo que temos.

E o dinheiro pode ser transformado numa ferramenta de auxílio, porque ele pode não trazer a verdadeira felicidade, mas a sua falta pode trazer muito sofrimento, no que se refere a necessidades fundamentais como, por exemplo, uma mãe com um filho doente sem a moeda para oferecer-lhe o medicamento necessário, um pai de família desempregado que não tem como dar de comer aos seus. Enfim, devemos ter em mente a importância de nossa responsabilidade em face da moeda que nos sobra.

– Gostei do que disse, Jorge – concordou dona Mariluce –, e procurarei pensar mais ainda a esse respeito.

– E sobre a felicidade? Existiria a possibilidade de o homem ser feliz, passando por dificuldades? – perguntou, agora, Isadora.

– Já vi muitas pessoas, que pouco possuem de material, serem mais felizes do que as que têm muito. E sabe por quê? Simplesmente, porque aprenderam, com a própria vida, que a felicidade pouco tem a ver com contentamentos.

– Contentamentos? Como assim?

– Porque a grande maioria de nós age como a criança que ganha um brinquedo novo e fica contente. Mas se trata de uma alegria, um contentamento, passageiros, pois a partir do momento em que se cansa do brinquedo, já deseja outro. Agora, o mesmo não acontece com a felicidade dessa criança, advinda do carinho, da atenção e da dedicação de seus pais. Podemos depreender, então, que a felicidade é perene, mas o contentamento é passageiro. O contentamento pode ser comprado, mas a felicidade não.

Li também que a vida não é contra o fato de o homem adquirir contentamentos, mas, sim, contra o seu exagero. E, confundindo felicidade com contentamento, muitas vezes, passa toda a sua vida comprando-os e sempre buscando mais, de uma tal maneira, que nem tem tempo para ser feliz. De outras vezes, procura proporcionar contentamentos à sua família quando o que ela realmente deseja é felicidade.

– Sabe, Jorge – disse Isadora –, eu mesma penso ter trocado uma vida que poderia ser muito feliz por breves contentamentos festivos e sociais.

– Não deve se culpar por isso, Isadora. Até acredito que deva possuir a necessidade dessas descontrações para poder fazer frente à vida de muito trabalho que leva. Não é condenável se divertir. Talvez o mais errado tenha sido eu, até porque somos todos diferentes uns dos outros e que, por força de uma característica minha, consigo descontrair-me melhor de maneira diferente.

Nesse momento, Haroldo olhou bem nos olhos de Jorge e lhe disse:

– Filho... Posso chamá-lo assim, não?

– Claro, seu Haroldo. Eu o considero como um segundo pai para mim, e dona Mariluce, como a uma segunda mãe.

– Tudo o que você disse hoje, tocou-me profundamente o coração. Tanto que vou procurar ser mais caridoso e procurar por instituições filantrópicas, que sejam realmente sérias, e oferecer meu auxílio financeiro.

– Pois o senhor não pode imaginar o bem que estará fazendo. Existem muitas instituições que passam por profundas dificuldades e, por consequência, por muito sofrimento pelo fato de não poderem atender aos que mais necessitam. E são muitos os necessitados. E o verdadeiro caminho da felicidade é esse: o de auxiliar.

– Você acha mesmo, Jorge?

– Aprendi num livro e, sempre que posso, falo sobre isso, que a verdadeira felicidade é desejar e alegrar-se com a felicidade do próximo, porque se nos alegrarmos apenas com o que nos acontece de bom, essa alegria seria muito pequena, se comparada à alegria que podemos sentir cada vez que virmos ou tivermos feito alguém feliz. Isso porque a felicidade que tivermos somente com o que nos ocorre é limitada, mas a felicidade que sentirmos com a felicidade do nosso próximo é uma somatória infinita, haja vista ser infinito o número de irmãos, filhos de Deus.

– Você realmente acredita que é dessa maneira que se conquista a felicidade, Jorge? – perguntou a senhora.

– Penso que a felicidade não se conquista, pois ela, simplesmente, é a consequência da felicidade que proporcionarmos ao nosso semelhante. Por outro lado, a dor que impingirmos ao próximo, essa, sim, será conquistada por nós, tornando-nos infelizes.

– Você está mesmo inspirado hoje, Jorge – exclamou dona Mariluce.

– Eu sei que Jorge pensa assim, mamãe. Ele é assim – confirmou Isadora.

Nesse momento, Thor começou a latir do lado de fora, e Jorge se levantou.

– Com licença, preciso ver o que está acontecendo.

Então, chegando à porta, virou-se e informou:

– Por favor, vou precisar de alguns minutos. Thor deve estar sentindo minha falta.

– Mas já?

– Ele ainda não se acostumou com todas as mudanças. Vou caminhar um pouco com ele aqui no jardim.

– Fique à vontade, Jorge – disse Isadora.

Jorge saiu, e dona Mariluce se voltou para a filha e lhe perguntou:

– Isa, você ainda tem a intenção de tentar reatar com ele?

– Por que me pergunta, mamãe?

E foi Haroldo quem lhe respondeu, perguntando-lhe, por sua vez:

– Filha, você estaria disposta a abandonar a sua vida, o seu convívio social, para ir viver com ele em Boaventura?

– Não sei, papai. Não sei.

– Então, por favor, filha – pediu-lhe a mãe –, não tente nada enquanto não tiver plena certeza.

Isadora baixou o olhar e disse:

– A senhora tem razão. Preciso pensar um pouco mais.

Mais tarde, após almoçarem, Jorge assinou os documentos e se despediu, dizendo que iria passar a noite na casa de sua tia Ema e que, no dia seguinte, rumaria para Boaventura, sendo que, antes de partir, recebeu uma promessa de Haroldo e sua esposa, quando este lhe disse:

– Jorge, por favor, conte com o nosso apoio nessa sua bendita tarefa de auxiliar os necessitados. Não poderemos estar presentes, mas gostaríamos de colaborar financeiramente.

– Muito obrigado pela oferta e pela compreensão pelo que desejo realizar. Quando necessitar, eu os procurarei.

E, saindo da mansão, chamou o cão:

– Venha, Thor, ainda temos muito que viajar.

Vinte e quatro

Assim que Jorge partiu, Haroldo e sua esposa conversaram por muito tempo com Isadora, aconselhando-a a refletir bastante, antes de tomar qualquer decisão de tentar fazer com que Jorge voltasse para ela, pois ele se encontrava resoluto a levar adiante seus planos em Boaventura.

E, com a promessa da filha de que iria analisar a questão por todos os ângulos possíveis, despediram-se.

Isadora foi para o quarto e se deitou. Estava exausta e com os pensamentos desalinhados e confusos. Será que seu amor por Jorge seria maior do que todas as conveniências de uma vida social? Seria capaz de sacrificá-la por amor e ir morar com ele naquela pequena cidade do interior? Ou será que conseguiria demovê-lo de seus planos e, talvez, convencê-lo a colocá-los em prática na Capital?

"Isso seria quase impossível", pensou. "Jorge se encontra muito disposto a concretizar essa ideia. E Haidê? O que será que ela está representando para ele? Bernardo me disse que eram apaixonados quando estudavam juntos. Bernardo! Oh, meu Deus! Fiquei de ligar para ele. Mas não sei o que dizer. Ainda não decidi nada. Mas tenho de falar com ele. Onde será que coloquei o seu cartão com o número do telefone?"

Isadora remexeu em sua bolsa até encontrar o cartão, ficando a olhá-lo.

"Um homem asqueroso e, com certeza, perigoso! Deve estar cego de amor e paixão por Haidê... Será que ele será capaz de fazer algum mal a Jorge? Preciso ter cuidado com o que irei falar. Mas tenho que resolver logo isso".

Apanhou o telefone e digitou o número.

"Tomara que não atenda".

Alguns poucos segundos se passaram e...

– Alô?

– Senhor Bernardo?

– Sim, é ele mesmo.

– Aqui é Isadora.

– Oh, dona Isadora, como vai a senhora? Não imaginei que já fosse me telefonar.

– Acabei de falar com Jorge aqui em minha casa.

– Ele ainda está aí? – perguntou Bernardo, sem incomodar-se em esclarecer, porque não se encontrava surpreso pelo fato de Jorge ter ido lá, fato que soubera através de Haidê.

– Já foi. Vai dormir na casa de sua tia, em Campo Alto, e amanhã seguirá para Boaventura.

– E, então, deu tudo certo?

– Bem, falamo-nos, mas não tive ainda a oportunidade de tocar naquele assunto, apesar de que imagino que, logo, logo, poderei ter algum sucesso – mentiu Isadora, pois resolvera que o melhor seria ganhar algum tempo.

– E quando isso acontecerá? – perguntou o homem, contrariado, mas disfarçando.

– Ainda não sei, senhor Bernardo. Qualquer dia destes, irei até aí.

– Não gostaria de esperar tanto, dona Isadora. Estava muito esperançoso com essa viagem dele até a sua casa.

– Nem tudo pode ser como a gente deseja, senhor Bernardo.

– Sabe, dona Isadora, eu poderia dar-lhe uma ajuda.

– Ajuda?

– Isso mesmo. Se a senhora autorizar-me, poderei fazer com que Jorge e Haidê percam o interesse um pelo outro.

– E como o senhor faria isso?

– Bem... Tenho meus métodos. Posso criar uma história na qual os dois acreditem e acabem por fazê-los perder o mútuo interesse.

– Não gosto nada disso, senhor Bernardo.

– Mas gostaria que Jorge voltasse para os seus braços, não?

– Gostaria, mas que fosse de livre e espontânea vontade dele e não através de uma mentira, se é que seria algo assim que o senhor estaria pretendendo criar. Além do que, não quero que nenhum dos dois venha a sofrer com isso.

– Talvez apenas um desgosto, uma decepção, o que seria o melhor para nós dois, pois poderíamos consolá-los, dando-lhes o braço amigo.

– Mas o que pretende fazer? – perguntou a mulher, agora, já um pouco interessada.

– Tenho uma ideia, mas não posso lhe falar no momento, porque ainda tenho que desenvolvê-la um pouco mais.

– Sem nenhum tipo de violência, senhor Bernardo.

– Dona Isadora, sou um homem, muitas vezes, grosseiro, mas não violento, e nem teria coragem de machucar ninguém, quero dizer, fisicamente. Até porque, Jorge teria que estar intacto quando voltasse para a senhora, e Haidê também. E, então?

– Não sei, senhor Bernardo. De qualquer maneira, antes de o senhor colocar em prática esse seu método, gostaria de saber mais sobre ele. Sem isso, não aprovarei e nem o apoiarei.

– Pois lhe dou minha palavra que a senhora ficará sabendo de tudo, assim que eu tiver tudo planejado.

– Mas poderei aceitar esse seu plano, ou não.

– Deixarei a senhora à vontade. Mas não posso perder muito tempo, pois Jorge comprou um terreno, aqui, que me interessa muito, e somente ele indo embora, talvez concorde em vendê-lo para mim, apesar de que penso que não o fará.

– E por que, senhor Bernardo? – perguntou Isadora, fingindo nada saber, para ver o que ele diria.

– Não poderei lhe revelar, mas posso dizer que desejo muito essa área. Ele não lhe disse nada sobre o porquê de tê-lo comprado?

– Disse. E esse é um dos motivos pelos quais, talvez, eu concorde com o que o senhor está pretendendo fazer, desde que não seja nada violento.

– E que motivo é esse que a leva a ficar tentada a concordar com o meu plano de separá-los?

– Porque se ele construir o que está pretendendo, nada o fará sair dessa cidade.

– Construir?! Mas o que ele está querendo construir naquele local? Por acaso, seria um posto de combustível?

– Posto de combustível? Não, senhor Bernardo. Ele pretende construir um tipo de barracão e fundar uma instituição de assistência a moradores de uma vila pobre.

– O que a senhora está me dizendo? Uma instituição filantrópica?

– Sim, foi o que eu disse.

– Então, não podemos perder muito tempo, dona Isadora, porque se ele chegar a fazer isso, com toda a certeza vai querer residir aqui e o que é pior: com a minha Haidê!

– Tenha calma, senhor Bernardo. O senhor está me parecendo muito furioso.

Bernardo, então, procurou controlar-se e disse, da maneira mais serena que podia:

– A senhora me desculpe, dona Isadora. Não estou nervoso. Somente fiquei preocupado. Bem, vou pensar na minha ideia e, assim que desenvolvê-la... Ah, sim, vou precisar do número de seu telefone celular para falar com a senhora.

Isadora pensou um pouco e decidiu informar-lhe o número.

– Eu ligo para a senhora, dona Isadora. Passar bem.

– Até mais, senhor Bernardo.

Assim que desligou, Isadora se encheu de preocupações.

"Meu Deus! Será que estou fazendo o certo? Esse homem, no fundo, está me parecendo perigoso. O que será que ele estará planejando?

E para acalmar-se, justificou para si mesma:

"Bem, se eu não gostar da ideia, direi a ele que não concordo e que não o apoio e, se for alguma coisa que eu achar pesada demais, conto tudo a Jorge. De qualquer maneira, poderá até dar certo. E se Jorge voltar para mim..."

"DIABOS! – ESBRAVEJOU BERNARDO – Jorge quer construir no terreno, apesar que isso é o de menos, agora, para mim. O mais importante é tentar separá-lo de Haidê, mesmo porque se ele fundar essa instituição, daí que não sairá mais daqui e a perderei para sempre. Miserável! Por que teve que voltar?! Mas e se essa Isadora não concordar com o meu plano? Bernardo, Bernardo, cuidado com essa mulher! É isso mesmo: vou colocá-lo em prática e depois digo a ela ou apenas lhe comunico quando tudo estiver terminado".

– ACHEI ISADORA MUITO TRISTE – falava Jorge, como se estivesse conversando com seu cão, enquanto dirigia em direção a Campo Alto, pois havia combinado com sua tia de passar a noite lá, depois de grande insistência dela ao telefone. – Isadora parecia estar querendo me dizer algo. Sabe, Thor, chego a pensar que ela se arrependeu de ter pedido a separação. O que acha, Thor?

E o cão deu uma latida, não porque tivesse entendido a frase de seu dono, mas porque assim o fazia toda vez que havia uma entonação de interrogativa, seguida de seu nome. Sobre algumas outras palavras, por certo, havia aprendido o significado.

– Sabe, Thor, eu senti muito quando nos separamos, porque gostava muito dela, mas o amor verdadeiro, aquela chama que deve existir entre um casal, já havia desaparecido há algum tempo. De qualquer forma, eu teria continuado com ela para o resto de minha vida, com amor também, mas com um amor diferente, que iria me satisfazer muito bem, mesmo sacrificando-me um pouco com as suas festas, mas seria bom também se ela abdicasse um pouco de algumas delas em favor de nosso relacionamento. Mas não quis e preferiu o divórcio. O que posso fazer?

Jorge pensou mais um pouco e continuou a falar com o cão.

– Mas, agora, Thor, tudo mudou e penso até que Isadora ia falar alguma coisa e só não o fez porque lhe disse ter comprado o terreno, por ter falado sobre os meus planos e que, obviamente, iria morar em Boaventura. Com certeza, ela não iria querer voltar comigo e morar lá.

De qualquer maneira, parece que voltei a viver, a encontrar uma alegria muito grande, pois voltei, realmente, a amar. Sabe, Thor...?

Agora, um ganido mais leve, pois a entonação foi mais fraca.

– Estou apaixonado. Apaixonado como nunca estive antes, mais ainda do que quando era adolescente. Haidê, Thor! Haidê!

Outro latido, agora, um pouco mais forte.

– Não vou dizer que me arrependo pelo que vivi durante todos esses anos, desde que iniciei meu namoro com Isadora. Cheguei a amá-la e, não fosse ela, não teria condições de realizar o que estou planejando. Sinto pena dela, se porventura estiver pensando em voltar a viver comigo, mas penso que ela irá encontrar alguém melhor do que eu. Alguém que lhe seja uma companhia constante naquilo que mais gosta, e que não critico, porque cada um tem suas próprias preferências. Também posso ser alvo de críticas por gostar mais do sossego de um lar.

De qualquer forma, peço a Deus que ela, realmente, encontre um bom homem, que a faça muito feliz, assim como tenho certeza de que serei com Haidê, quer dizer, se ela quiser-me. Você está me ouvindo, Thor? – brincou.

Dois latidos.

– Obrigado pela paciência em me ouvir, meu bom amigo.

Permaneceu por alguns segundos em silêncio, e Thor já estava começando a relaxar para dormir quando Jorge continuou:

– Se quer saber, Thor, não quero forçar nada, sem antes ter plena certeza de que Haidê se interessa por mim, que me ama. Aí, sim, poderei declarar o meu amor por ela. E vou ter que pedir a sua mão para Milena, não é, Thor?

– Au!

– Também quero ser um ótimo amigo de Isadora e de seus pais. O que acha, Thor?

– Au!

– Mais uma vez, obrigado pelo apoio, companheiro.

Mais um bom tempo de viagem, e Jorge chegou na casa de sua tia, que nem acreditava que seu sobrinho querido já havia chegado. Abraçou-o ternamente, fez muitos afagos em Thor e, satisfeita, viu confirmada a promessa dele em passar a noite em sua casa.

Jorge, então, telefonou para Haidê.

– Oi, Haidê! É Jorge. Já estou na casa de minha tia em Campo Alto. Amanhã, bem cedo, irei para Boaventura.

– Que bom! E como foi na Capital?

– Correu tudo bem. Almocei com Isadora e os pais dela, assinei os papéis e vim para cá.

– A que horas pensa em chegar amanhã?

– Pretendo ir bem cedo, quer dizer, se tia Ema permitir que eu vá sem almoçar com ela. Vamos ver. Ela está tomando banho agora.

– E Thor?

– Manda um abraço para você e para Milena – brincou.

– Outro para ele, Jorge, e um bem apertado para você. Meu e de Milena. E, por favor, diga à sua tia Ema que estamos lhe enviando um abraço também.

– Eu direi, Haidê. Então, até amanhã.

– Até amanhã. Estamos com saudade.

– Eu também.

Ema acabara de sair do banho e viu quando Jorge desligou o telefone.

– Falou com Haidê?

– Acabei de falar, e Haidê e Milena lhe enviaram um abraço.

– Quando encontrá-las amanhã, diga que estou lhes enviando um grande beijo. Ah, lembrei-me de uma coisa. Uma moça ligou, procurando por você.

– Uma moça?

– Disse que era sua amiga.

– Ela lhe disse o nome?

– Não me lembro, Jorge, mas penso que não.

– Engraçado... Não me lembro, tia, de ter informado o número de seu telefone para alguém, a não ser para Haidê. Isadora também o tem.

– Não era Isadora.

– Não? E o que essa moça queria?

– Ela me disse que precisava falar com você amanhã e gostaria que eu lhe desse o número do telefone de Haidê.

– E a senhora lhe informou?

– Sim, Jorge. Por quê? Não podia?

– Não há mal nenhum, tia. Só não estou conseguindo imaginar quem poderia ter ligado, até pelo fato de estar sabendo que eu me encontro hospedado lá.

VINTE E CINCO

ERAM DEZ HORAS DA NOITE QUANDO O TELEFONE TOCOU na casa de Haidê.

– Alô?

– Alô... Quem fala?

– Com quem você deseja falar? – perguntou Haidê.

Era uma voz feminina que lhe falava do outro lado da linha.

– Quero falar com Jorge.

– Ele não está. Quem quer falar com ele?

– É Margô.

– Quem lhe deu este número de telefone?

– Foi a tia dele, hoje à tarde. Eu disse a ela que telefonaria amanhã, mas resolvi ligar agora.

– Bem, Jorge ainda não chegou. Talvez, chegue amanhã. Você quer deixar algum recado? – perguntou Haidê que, propositadamente, não lhe informou que Jorge se encontrava na casa da tia, no intuito de saber quem seria aquela mulher e o que desejava.

– Diga-lhe que Margô ligou e, por favor, peça-lhe que entre em contato comigo. Ele sabe o meu telefone. Já faz alguns dias que não nos falamos. Ah, a propósito, ele conseguiu comprar um terreno aí?

– Terreno? Por que quer saber?

– Ele comprou?

– Escute, Margô, você disse que faz alguns dias que não fala com ele, mas Jorge resolveu comprar um terreno ontem. Resolveu ontem, entendeu? Como ficou sabendo sobre essa compra?

– Acontece que ele foi para Boaventura com a finalidade de comprar esse terreno. Não é um terreno que está localizado numa vila muito pobre?

– Sim, ele comprou e até já concluiu o negócio no cartório daqui – respondeu Haidê, na intenção de saber mais. Mas se Jorge teve a ideia de comprar aquele terreno no dia anterior, como essa mulher, que disse fazer dias que não tinha contato com ele, poderia saber sobre isso? – Você disse que Jorge veio para Boaventura já com a intenção de comprar um imóvel?

– Um, não. A intenção era a de comprar justamente esse que fica nessa vila pobre. Não foi lá que ele comprou?

– Foi – respondeu Haidê, visivelmente atônita com essa informação –, mas não estou entendendo. Afinal de contas, quem é você?

– Já lhe disse que me chamo Margô e, por favor, não se es-

342

queça de lhe dizer que fiquei muito contente por ele ter conseguido adquirir esse terreno. Realmente, ele terá muito valor daqui a um ou, no máximo, dois anos.

– Por que ele vai valorizar tanto?

– Jorge não lhe contou?

– Falou qualquer coisa sobre isso, mas não prestei muita atenção – mentiu Haidê, com receio de que a mulher não lhe respondesse à sua pergunta.

– Bem, não sei se lhe deveria contar, mas se ele já lhe falou alguma coisa a respeito e se o negócio já foi fechado, não vejo mal algum. O que acontece é que vai passar uma estrada por detrás desse local, que ligará duas importantes rodovias e esse é o único terreno do lado dessa estrada, pois, com exceção dele, o restante do trajeto dessa via se encontra margeado por área de preservação ambiental. Sabe do que estou falando, não?

– Sei, sim.

– Então, ele será muito valorizado, é óbvio. Afinal de contas, haverá um grande fluxo de veículos que economizarão uma boa quilometragem e, talvez, um posto de combustíveis...

– Com certeza. E Jorge sabia disso, não?

– Pois ele foi até aí para comprar esse imóvel por qualquer preço.

– Mas, diga-me uma outra coisa: ninguém aqui em Boaventura estaria sabendo disso? Nem o Prefeito da cidade?

A mulher riu do outro lado.

– Ninguém. Jorge ficou sabendo através de um amigo político que lhe devia um favor. Mas isso é um segredo, e somente nós duas estamos sabendo, hein?

– E quem é você, Margô? É parente de Jorge?

– Parente? Não, não sou parente. Digamos que somos grandes amigos. Amigos íntimos, se é que me entende. Bem, tenho que desligar e não se esqueça de lhe dar os parabéns. Diga-lhe também que lhe envio um abraço e que me ligue. Tchau... hum... como é mesmo seu nome?

– Haidê.

– Tchau, Haidê.

– Tchau.

Haidê ficou paralisada, estática, e até tentou voltar a falar com a mulher:

– Alô! Alô! Alô!

Mas ninguém respondeu. Margô já havia desligado.

Haidê se deixou cair pesadamente, lívida mesmo, numa das poltronas da sala, e sem conseguir raciocinar direito no que aquela mulher lhe revelara. Parecia que o mundo havia desaparecido debaixo de seus pés.

Milena entrou no exato momento em que a mãe se sentara e, percebendo a sua fisionomia, perguntou-lhe, preocupada:

– O que aconteceu, mamãe? Quem estava ao telefone?

Haidê se limitou a olhar para a filha, sem conseguir emitir

um só som, uma só palavra. Milena se acomodou no braço da poltrona e, enlaçando-a pelos ombros, insistiu:

– Mãe, o que foi? Fale alguma coisa.

– Nem sei o que dizer, filha, porque nem sei o que pensar.

– Alguma coisa a ver com Jorge?

– Sim. Tudo a ver, mas é inacreditável. Não posso aceitar.

– Conte-me, mamãe.

E Haidê lhe narrou toda a conversa que tivera com Margô. Tinha na filha, apesar de seus apenas dezessete anos de idade, uma boa ouvinte e, muitas vezes, uma boa conselheira.

– O que acha disso, filha?

– Muito estranho. É algo que não dá para acreditar, mas tudo se encaixa: Jorge lhe disse que somente ontem tivera ideia de comprar o terreno, mas essa Margô falou que já sabia e até apontou o grande motivo desse interesse. Mas há alguma coisa que não está se encaixando, mãe.

– O quê, filha?

– Não dá para imaginar Jorge fazendo isso. Por que motivo iria enganar você? Por que iria inventar a construção de uma edificação para atender aos pobres? Para que faria a distribuição das cestas de alimentos?

– Talvez, porque imagina vir a precisar do auxílio daqueles moradores, até mesmo para alguma construção.

– Mas não precisaria inventar tudo isso. Bastava dizer que

comprara aquele terreno, porque via nele um bom negócio, que ouvira dizer que por ali passaria uma estrada e que queria ajudar aquelas pessoas e contratá-las para o serviço. Não haveria nada de mais.

– Eu compreendo tudo isso, Milena, mas por que mentiu? E não posso acreditar que ele tenha algum negócio escuso.

– Vai perguntar-lhe, mamãe?

– Não sei o que fazer, Milena. E depois... Essa Margô... Disse que era uma amiga íntima dele, dando a entender que essa intimidade seria mais do que uma simples amizade. E se ela sabia... Se ele já havia confidenciado a ela... Quem é essa mulher?

– Terá que tocar nesse assunto com ele, mãe.

– Vamos ver, Milena. Vamos ver...

No dia seguinte, Jorge chegou a Boaventura por volta das duas horas da tarde, presumindo que nem Haidê e nem Milena estivessem em casa e também não quis lhe telefonar, pois não desejava interromper o seu trabalho. Então, foi até o Banco e, verificando que o seu cheque já havia sido cobrado, dirigiu-se até o Cartório, cujo funcionário, muito solícito, telefonou para o proprietário do terreno, pedindo-lhe para que viesse assinar a escritura, juntamente com a esposa, no que foi atendido prontamente.

Após tudo legalizado, Jorge se despediu e resolveu ir para a casa de Haidê. Ao chegar, quem o atendeu foi Milena.

– Oi, Jorge – cumprimentou ela, da porta.

– Oi, Milena. Tudo bem? – perguntou, notando, pelo semblante da jovem, que alguma coisa havia acontecido – Podemos entrar?

– Oh, sim – respondeu, não conseguindo disfarçar uma certa relutância, que não passou despercebida por ele. – Espere um pouco. Vou apanhar a chave do portãozinho.

"Do portãozinho...?", pensou Jorge. "Poderia abrir o portão maior para que eu entrasse com a Kombi... O que será que está acontecendo?"

Nisso, Milena retornou com a chave e, encabulada, perguntou-lhe, enquanto ele tirava Thor da perua, deixando lá sua mala:

– Quer que eu abra o portão maior?

– Agora não, Milena. Talvez eu tenha que sair ainda – mentiu, para não piorar mais as coisas para a jovem, ainda encabulada.

– Entrem, então. Oi, Thor.

E fez vários afagos no cão. Jorge entrou e se sentou na varanda, com Thor a seus pés.

– Não quer entrar na sala? – perguntou Milena, agora um pouco mais à vontade, apontando para a porta.

– Obrigado, mas prefiro ficar um pouco aqui fora.

– Como foi de viagem?

– Foi tudo bem. E vocês? Estão bem? Quero dizer, você e sua mãe.

– Tudo. Bem, se me der licença, vou voltar aos meus estudos.

Jorge, então, cerrou os olhos e fez sentida oração, rogando ao Alto que o auxiliasse e às duas, porque estava percebendo uma pesada vibração naquele momento.

E, por força de sua prece, não demorou quase nada, e três Espíritos, trabalhadores do bem, aproximaram-se, acompanhados por Jamil e Elisa. Enquanto seus pais se aproximavam dele, aplicando-lhe passes reconfortantes, os outros três entraram na casa, logo deparando-se com duas entidades, daquelas que se comprazem em trabalhar para o mal, com certeza, cumprindo ordens de alguma facção inimiga de Jesus.

Quando esses dois Espíritos conseguiram visualizá-los, levaram grande susto, demonstrando, em seguida, enorme animosidade.

– *O que estão fazendo aqui?! Este lugar é nosso! Temos um trabalho a fazer!*

– *Queremos apenas ajudá-los.*

– *Ajudar-nos?! Não queremos ajuda de vocês! Não queremos nada e nem precisamos de nada dos "das luzes", como vocês são conhecidos! Vão embora!!!*

– *Tenham calma, meus irmãos.*

– *Não somos seus irmãos!!!*

– *Mesmo que não queiram, são nossos irmãos, porque somos todos filhos de um mesmo pai, que é Deus.*

– *Não acreditamos nesse Deus de vocês. Nem nele e nem em Jesus.*

– *Somente queremos libertá-los.*

– *Libertar-nos?! Ah! Ah! Ah! E poderiam nos dizer de que ou de quem iriam nos libertar? Não somos prisioneiros. Veem alguma algema, correntes, ou outro tipo qualquer de amarra em nós?*

– *Vemos as amarras do sofrimento. Vemos as amarras da revolta, do ódio. Vemos as amarras do temor que sentem por aqueles que os comandam.*

– *Ninguém nos comanda!*

– *Ah, não? E por que estão aqui? Poderiam estar fazendo algo melhor em outro lugar.*

– *Queremos nos vingar!*

– *Por acaso, conhecem Jorge... Haidê... Milena?*

– *Conhecemos o homem, e ele é nosso inimigo.*

– *O que foi que ele fez a vocês?*

– *Está se metendo onde não é chamado.*

– *Na vila?*

– *Isso mesmo, na vila.*

349

– E por qual motivo não desejam que ele auxilie aquelas pessoas pobres e sofridas?

– Quem ele pensa que é?

– Apenas um filho de Deus que quer servir a Jesus, para poder encontrar a paz e a felicidade.

– Isso não existe! – berrou o outro.

– Ah, você também fala? – perguntou o Espírito do bem, com muito carinho, sem nenhuma conotação de ironia ou de afronta.

– Falo, não! Ajo!

– Mas não em seu próprio benefício.

– O que sabe de mim?! O que sabe sobre nós?!

– Sei que sofrem. Sei que já não aguentam mais o que fazem. Sei que têm medo. Sei que se encontram sedentos de amor, de carinho, de amizade sincera. Sei que sentem saudades. E sei que quando estão enfurnados no mais baixo grotão das entranhas da Terra, na completa escuridão, derramam lágrimas.

– Quem lhe contou?!

Nesse momento, a entidade espiritual percebeu que acabara de confessar que chorava e tentou encontrar uma forma de consertar o que perguntara, mas o Espírito benfeitor tomou a dianteira e lhe respondeu:

– Sua mãe.

– Minha mãe?! Não meta minha mãe nessa história! Além do que, não acredito em vocês!

– Sua mãe chora por você e por seu irmão. Assim como sei que vocês dois foram irmãos na última encarnação, não foram?

– Você sabe tudo, é?! Quem é você?! Um feiticeiro?!

– Não, meu irmão, sou apenas alguém que quer trabalhar para Jesus, apesar de todos os meus defeitos e minhas falhas.

– Não acreditamos no que diz. Você quer nos envolver com a sua lábia. Aliás, estamos percebendo que vocês três estão nos retirando as forças. Estamos nos sentindo muito enfraquecidos. Parem com isso!

– Vocês não estão ficando fracos. Apenas estão ficando mais calmos.

– E por que estamos ficando mais calmos? – perguntou, agora, o outro, já com algumas lágrimas nos olhos.

– Porque sua mãe se encontra bem ao lado de vocês. Afaga os cabelos de ambos e lhes beija a face, rogando que a deixem ajudá-los. Ela também sabe que se encontram por demais cansados dessa vida que levam a serviço do mal.

– Não acreditamos nisso.

– Pois, então, acompanhem-me numa prece e poderão vê-la e senti-la.

– Temos vergonha de que ela nos veja assim, com esta aparência, com estes trapos com que cobrimos o nosso corpo.

– Mas há muito tempo ela os vê, pois não desistiu um só segundo de salvá-los dessa vida de sofrimento. Por favor, cerrem os *olhos e pensem em Jesus, na maneira como podem se lembrar de sua imagem, seja num quadro, seja numa ilustração.*

– Mamãe tinha um quadro em nossa casa.

– Pois, então, procurem mentalizar essa imagem. E vamos orar a Deus, nosso pai e criador, e a Jesus, nosso querido mestre, para que os abençoe e permitam que, neste momento, em que se encontram tocados pela saudade materna, possam ver a querida mãezinha.

E, nesse preciso instante, a cena foi de muita emoção, quando aquelas pobres entidades, obrigadas a praticar o mal, conseguiram ver a mãe que os abraçava e fazia sentida prece de agradecimento, levando-os, em seguida, com ela.

Os Espíritos, então, saem da casa e, juntamente com Elisa e Jamil, oram mais uma vez, solicitando proteção para aquele lar.

Milena, sem saber o porquê, dirigiu-se até a varanda e ficou a olhar para Jorge que, com os olhos cerrados, parecia encontrar-se em prece. E ela não pôde deixar de sentir uma calma, uma paz e uma tranquilidade invadir-lhe todo o ser naquele momento, somente interrompida pela chegada de Haidê que, nervosa que ficara o dia todo, quando vê Jorge e a filha, também se acalma, apesar de manter ainda todas as dúvidas a respeito do estranho telefonema de Margô.

– Oi, Jorge – cumprimentou, já perto da varanda, quando ele se levantou para beijar seu rosto, como era costume, toda vez que se encontravam. Porém, desta vez, apesar de Haidê corresponder, educadamente, ele percebeu que foi um gesto muito rápido e sem a empolgação de sempre.

– Você não quer entrar?

– Creio que devemos conversar, não?

– Sim – respondeu Haidê, tristemente. – Milena, pode nos deixar a sós por uns momentos?

– Vou para o meu quarto.

– Entre aqui, Jorge – convidou, polidamente.

Jorge a atendeu e se sentaram cada um em uma poltrona da sala de estar enquanto Thor permanecia na varanda.

– Haidê – iniciou Jorge a conversa –, estou percebendo alguma coisa estranha em você e em Milena. Não estou reclamando, não, por favor, entenda-me. Milena me tratou muito bem, mas percebi algo. E agora você chegou, e não sei se é impressão minha, mas sinto que aconteceu alguma coisa. E, sinceramente, não faço a menor ideia do que se trata. Ontem, você estava tão alegre ao telefone...

Haidê permaneceu por alguns segundos em silêncio, procurando as palavras certas e lhe perguntou:

– O que está escondendo de mim, Jorge?

– Escondendo, Haidê? Não estou escondendo nada. Por que me pergunta isso?

– Tem certeza, Jorge?

– É claro que tenho certeza. Mas, afinal, o que aconteceu?

– Por que você comprou aquele terreno?

– Por que comprei aquele terreno? – repetiu a pergunta, até para entendê-la melhor – Comprei porque quero construir uma instituição para auxiliar aquelas pessoas necessitadas que ali vivem. Por que a pergunta?

– Não há nada além disso, Jorge?

– Continuo sem entender, Haidê. Por favor, seja mais clara. O que está acontecendo?

Haidê raciocinou mais um pouco e fez a pergunta que não queria fazer:

– Você conhece Margô, Jorge?

– Margô?

– Sim, Margô.

– Não conheço ninguém com esse nome, Haidê.

– Não conhece mesmo, Jorge?

– Estou lhe dizendo. Nunca ouvi falar.

– Por que está mentindo para mim?! – perguntou, agora, com os olhos marejados de lágrimas, num misto de decepção e uma ponta de revolta. Não estava acreditando nele, pois todas as evidências falavam mais alto. Aquela mulher sabia que ele iria comprar o terreno. Forneceu até detalhes do local e o porquê do interesse na compra.

– Não estou mentindo, Haidê. Por favor, explique-me o que está acontecendo ou o que aconteceu para que eu possa esclarecer.

– Não acredito em você!

– Tudo bem, Haidê – insistiu Jorge, com muita calma na voz. – Vamos fazer o seguinte: você está muito nervosa, e eu nem sei do que está falando. Penso que seja melhor eu ir embora para que você pense melhor e, finalmente, revele por que está fazendo isso comigo.

– Estou fazendo com você, Jorge?! Ou você está fazendo comigo?!

– Mamãe! – chamou Milena, entrando na sala, atraída pela voz alta e nervosa de Haidê.

Jorge se levantou e lhe disse:

– Haidê, eu me vou. E vou aguardar até que você decida me dizer sobre o que está falando. O que a está deixando tão revoltada desse jeito.

E, não se contendo, confessou:

– Eu a amo, e só lhe peço que não me deixe sofrer e que não sofra por algo desconhecido para mim.

Haidê se limitou a baixar o olhar e aguardar que ele se retirasse. Jorge saiu, chamou Thor e partiram, deixando as duas a sós.

– Mamãe, o que aconteceu? – perguntou, abraçando-a. Haidê soluçava.

– Ele está mentindo para mim, Milena.

– O que ele disse?

– Que apenas comprou o imóvel para construir uma instituição de auxílio.

– E quanto a essa mulher, Margô?

– Disse que nunca ouviu falar de alguém com esse nome.

– Acho tudo isso muito estranho, mamãe, porque não sou capaz de imaginar Jorge fazendo algo de errado, mentindo para você.

– Mas ele está mentindo, Milena. Ele está mentindo.

Vinte e seis

Jorge, bastante preocupado com o que estava acontecendo, principalmente por não poder se defender do que nem sabia o que seria, rumou até a casa de dona Olga na vila.

– Oi, Jorge, tudo bem?

– Mais ou menos, dona Olga. Será que seria possível estacionar minha Kombi defronte de sua casa? Eu e Thor teremos que dormir aqui, e penso ser este um lugar bastante seguro.

– Pois é claro, Jorge, e não precisa estacionar na rua. Pode estacionar aqui deste lado da casa. Faz parte do meu quintal – respondeu a mulher, sem perguntar o motivo, sentindo que aquele não era o momento adequado para lhe fazer perguntas, apenas o de auxiliá-lo.

– Deus lhe pague, dona Olga. A senhora está me ajudando muito.

– Se quiser tomar um banho, Jorge, pode usar o meu banheiro. É ali, daquele lado de fora de casa e também com água fria. E não precisa se preocupar com a água, porque não pagamos. Nem temos medidor, pois a Prefeitura não nos cobra.

– Está ótimo, dona Olga. Estou precisando de um banho, sim. Mesmo com água fria. Posso colocar a manta do Thor aqui?

– Certamente, Jorge.

– E seu Joaquim? Vai conseguir entregar os alimentos?

– Vai, sim, Jorge. Na sexta-feira, tudo estará aqui, mas teremos que dividir e colocar os mantimentos nas sacolas.

– E essas sacolas? Onde posso comprá-las?

– Seu Joaquim já providenciou isso também e virão junto com os mantimentos, sendo que serão incluídas no preço total. Se você concordar.

– Tudo bem. Com o tempo, organizaremos melhor. E onde poderemos armazenar tudo quando chegar? A senhora tem algum lugar?

– Estava pensando em usar este quartinho aqui da frente.

– E a senhora teria onde colocar o que tem dentro dele?

Dona Olga deu uma divertida risada e respondeu:

– Não se preocupe, Jorge. Não tenho quase nada ali. O que eu preciso é fazer uma faxina nele, jogar uma água, entende?

– Posso ajudá-la e quero alugar esse quartinho.

– Alugar?

– Enquanto eu não construir o barracão no terreno, pretendo alugar um local para guardar os mantimentos. E como a senhora tem esse lugar, gostaria de alugá-lo da senhora.

– Não está pensando em pagar-me, não é? Já está fazendo muito e sei que irá fazer muito mais por nós.

– É o que pretendo, dona Olga, se Deus permitir, mas quero que aceite, até porque já está trabalhando para a instituição, não é? Já começou a tomar nota dos nomes e dados pessoais dos moradores?

– Comecei ontem, Jorge. Na sexta-feira, você terá todos esses dados. Mas, voltando ao aluguel...

– Estamos combinados, dona Olga. Ah, e pensei também se poderia permitir que eu almoçasse com a senhora. Comprarei o que for necessário. O que me diz?

– Você quer almoçar comigo, aqui, nesta casa tão pobre e que, há anos, não vê uma pintura? Ela é limpa, mas está muito feia.

– Pois pode acreditar, dona Olga e, se está bom para a senhora, estará melhor para mim.

Nesse preciso momento, ouviram gritos na rua, e um homem, completamente nu, tentava correr, de um lado para outro, mas só conseguia um arremedo de corrida, devagar, quase caminhando, e bastante assustado.

– Pare, Benício, volte para casa! Espere! – gritava um casal, chamando-o.

E quando ele ia passar pelos dois, dona Olga entrou na frente dele, tomando-o pelas mãos. O homem, de cabelos desalinhados, dentes bastante estragados, barba por fazer e muito malcheiroso, ajoelhou-se à frente dela, apenas emitindo sons guturais. Parecia estar querendo dizer alguma coisa, mas não conseguia se fazer entender. Nisso, a mulher e o homem, que estavam em seu encalço, chegaram e, abraçando-o carinhosamente, fizeram-no levantar-se.

– O que ele tem? – perguntou Jorge. – É parente de vocês?

E a mulher lhe respondeu com muita tristeza no olhar:

– Não sabemos. Já faz uns quatro anos que ele apareceu na vila. Dormia junto ao rio e vinha até aqui apenas para pedir comida, apenas com gestos. Um dia, choveu muito forte, e eu e meu marido resolvemos ir buscá-lo e levá-lo para um ranchinho que temos no quintal de nossa casa.

– Ele não raciocina direito?

– Às vezes, até fala um pouco, mas é raro. Pelo que descobrimos, ele não sabe mais quem é. E tem alguns ataques.

– Ataques?

– Já precisamos amarrá-lo para que não viesse a ingerir as próprias fezes.

– Meu Deus! – exclamou Jorge. – Ele precisa de tratamento, precisa ser internado. Além do mais, é difícil para vocês também.

– Precisa, sim, mas já fomos atrás disso e nada conseguimos.

– E onde pretendiam interná-lo?

– Em Campo Alto.

– Em Campo Alto? Mas lá oferecem esse tipo de tratamento?

– Sim, junto ao hospital há uma ala para pessoas assim, como Benício.

– Como sabem o nome dele?

– Porque encontramos um documento em seu bolso. Mostramos a ele, mas não pareceu nem um pouco interessado e nós guardamos esse documento.

– Precisa urgentemente de internação e de medicamentos – insistiu Jorge.

– Seria bom, mas o que podemos fazer, a não ser cuidar dele como podemos?

E Jorge se comoveu imensamente com a disposição daquele casal, já de meia-idade, em cuidar daquele infeliz.

– Bem, vou ver o que posso fazer – disse, decidido.

E retornou com dona Olga, que lhe perguntou:

– Terá solução, Jorge?

– Vou tentar, mas, engraçado, esse homem não me é estranho... Sua fisionomia... E esse nome: Benício.

– Acha que o conhece?

– Não consigo me lembrar.

Após o jantar, Jorge fez uma tentativa: ligou para o doutor Mendonça, sogro de Haidê.

– Doutor Mendonça? Aqui é Jorge. Nos conhecemos na casa de Haidê.

– Oh, sim, Jorge. Sei quem é, ó bom samaritano.

– O que é isso, doutor?

– É... Pensa que não leio o Evangelho? Você fez com o pobre velho, o que o bom samaritano fez na parábola de Jesus.

– Não fiz mais do que minha obrigação, doutor – explicou-se, com muita humildade.

– Mas em que posso servi-lo, Jorge?

– Doutor Mendonça, fiquei sabendo que aí, em Campo Alto, há um anexo ao hospital que funciona como uma clínica psiquiátrica.

– Sim, e eu sou um dos conselheiros da instituição. Você está precisando de alguma coisa com relação a essa clínica?

– O que acontece é que eu estou procurando auxiliar os moradores de uma vila muito pobre aqui de Boaventura e me deparei com um senhor que presumo necessitar ser internado. Ele não sabe quem é, não tem noção das coisas, vive quase sempre nu e quem está cuidando dele é um casal que não tem condições para isso, apenas são muito caridosos e vejo neles, os verdadeiros cristãos. Então, gostaria que o senhor verificasse para mim qual o custo, porque não posso deixá-lo nessa situação, até perigosa.

– Vou resolver o seu problema, Jorge – afirmou o médico.

– Vai?

– Sim. Hoje de manhã, houve uma alta na ala daqueles a quem destinamos gratuidade no tratamento e na internação. Isso porque somos filantrópicos e, nessa condição, temos que reservar uma porcentagem de nossos leitos para os que não têm condições para arcar com as despesas. Na verdade, não temos muitos leitos, pois se trata apenas de uma ala psiquiátrica. Mas temos a vaga.

– Isso é fantástico, doutor!

– Mas são necessários alguns procedimentos que vou enumerar para você para que se proceda à internação. Mas irei ajudá-lo nisso também. Você disse que esse senhor não sabe quem é e que ninguém o conhece...

– Isso mesmo.

– Ele tem algum documento?

– O casal diz que guardou a identidade dele.

– Então, fique tranquilo. Vou telefonar para o juiz de Boaventura e pedir-lhe para que, se for possível, providencie uma ordem de internação. Por favor, informe-me o número de seu telefone celular. Falarei com o juiz e depois lhe telefonarei, dizendo o que tem a fazer. Pode ser assim?

– Está ótimo, doutor.

– Jorge...

– Pois não.

– Qualquer dia, gostaria de falar com você particularmente. Pode ser?

– Quando quiser, doutor.

– Eu ligo.

VINTE E SETE

"É... CUMPRIU O COMBINADO", PENSOU SILVIA, DIRIGINDO-se à saída do Banco, com o extrato de sua conta corrente nas mãos. "Não é muito, mas é um bom dinheiro, apesar de que a metade servirá só para eu pagar as minhas dívidas. Mas vai sobrar um pouco".

– Espere, Sílvia, quero falar com você – chamou Priscila, sua amiga e funcionária daquela casa bancária.

– Oi, Priscila. Tudo bem?

– Escute. Chegaram umas novas instruções, aqui no Banco, que irão resolver o seu problema com a dívida.

– Penso que não vou precisar mais, Priscila. Consegui ganhar um dinheiro e vou pagar tudo o que devo.

– Pois acho que não deveria gastar o que ganhou. Neste novo plano, você poderá quitar a dívida em até trinta prestações e com juros baixos. Se quiser, entre aqui, que eu calculo para você.

– Fiquei interessada – concordou Sílvia, pois, acostumada a fazer prestações, poderia quitar a dívida com o Banco, que já a estava pressionando, e poderia gastar todo o dinheiro depositado.

– O QUE ACHA, SÍLVIA?

– Adorei!

– Então, vou fazer o seguinte: preencho o contrato com seus dados, imprimo, você assina e, hoje à noite, sua dívida com o Banco estará liquidada. Mas, por favor, não vá deixar de pagar as prestações, está bem?

– Pode ficar tranquila.

– Você disse que conseguiu ganhar um bom dinheiro que dava até para pagar tudo o que devia. Como conseguiu ganhar esse dinheiro, amiga?

– Isso é segredo.

– E de onde veio, virá mais?

– Pode ser, mas não creio, porque foi apenas um serviço e, como foi muito bem feito, já teve o resultado desejado. Por certo, quem me pagou, já não precisará mais de mim.

– Mas que mistério, Silvia!

– Não posso lhe contar nada, Priscila. E é até melhor que você não saiba – disse, não conseguindo conter um soluço e um pequeno marejar de lágrimas nos olhos.

– O que foi, Silvia?! Está chorando? O que precisou fazer para ganhar esse dinheiro? Porque, se for analisar bem, nem se trata de nenhuma fortuna. Dá apenas para comprar algumas roupas.

– Como sabe o quanto ganhei?! – perguntou, nervosa.

– Eu não sei, mas você disse que ele seria suficiente para pagar a sua dívida aqui no Banco.

– Desculpe-me, Priscila. Para você não há segredo, veja.

E Sílvia lhe mostrou o extrato bancário para a amiga que, ao ver a quantia, reafirmou:

– Foi o que eu disse: não é nenhuma fortuna. E ainda não me respondeu sobre o que precisou fazer para ganhar esse dinheiro. Está até chorando.

Sílvia enxugou algumas lágrimas com um pequeno lenço e pediu para a amiga que fosse até sua casa à noite, que ela lhe contaria tudo.

– E, ENTÃO, SÍLVIA, O QUE foi que precisou fazer? Conte-me, pois penso que isso a está deixando muito angustiada.

A moça olhou para a amiga, permanecendo em silêncio, sem conseguir decidir se deveria desabafar ou mesmo aconselhar-se com ela, até que, finalmente, tomou uma decisão, por sinal, a mais acertada.

– Fiz uma coisa horrível, Priscila.

– Eu já estava imaginando. E o que foi?

– Ganhei esse dinheiro em troca de uma mentira.

– Mentira?

– Sim, e pelo que pude perceber, uma mentira que vai, talvez, destruir um relacionamento.

– Um relacionamento? Como assim?

– Penso que um relacionamento de amor.

– Você poderia ser mais explícita?

– Eu não entendi muito bem. Apenas falei o que me foi instruído.

– Com quem você falou?

– Com uma mulher.

– Com uma mulher... E, com certeza, mentiu sobre seu marido ou namorado, não?

– Isso mesmo.

– Mas e se ela descobrir que foi uma mentira? Como você vai ficar?

– Foi por telefone, e dei um nome falso.

– E se ela tiver um identificador de chamadas em seu telefone? Vai saber que foi você quem lhe ligou.

– Falei de um telefone público.

– Meu Deus, Sílvia! E agora está arrependida, não é?

367

– Estou, principalmente, porque a conheço e sei que é uma boa pessoa.

– E por que concordou?

Sílvia esfregou as mãos, nervosamente, antes de responder:

– Foi tudo muito rápido. Uma pessoa me ofereceu esse dinheiro para que eu fizesse uma brincadeira, como se fosse um trote, sabe?

– Sim...

– E que depois iria desfazer a brincadeira, e que eu não precisava me preocupar.

– E ela não cumpriu o prometido, não é?

– Quando terminei a conversa pelo telefone, liguei para essa pessoa, dando conta de que havia terminado o "serviço", narrando-lhe como havia sido o diálogo, e ela me disse que hoje o dinheiro estaria na minha conta corrente.

– E como sabe que essa pessoa, que você parece não querer revelar o nome para mim, não fez o desmentido?

– Por que eu vi a mulher, hoje, na cidade, e percebi o resultado da minha ligação telefônica. Ela estava com uma fisionomia muito triste e bastante abatida.

– E o que fez?

– Telefonei para o mandante e relatei a ele o que vi, perguntando-lhe se ainda não tinha contado à mulher que tudo não passara de uma brincadeira.

– E o que foi que essa pessoa respondeu?

– Mais uma vez, falou para que eu não me preocupasse, pois isso seria feito no momento adequado. Mas estou achando que isso não irá acontecer.

– E você está com a consciência pesada, não?

– Muito, Priscila.

– E o que pretende fazer?

– Estou pensando em procurar essa pessoa, devolver-lhe o dinheiro e dizer-lhe que vou contar à mulher que foi tudo mentira. Farei isso por telefone, é claro, e nem vou lhe revelar quem foi que me pagou para eu fazer isso.

– Penso que é o melhor caminho, Sílvia. E o quanto antes, porque você não tem condições de prever o que essa mentira pode ter causado ou poderá vir a causar.

– Até uma tragédia, não, Priscila?

– E pode mesmo.

– Pois vou agora mesmo cuidar disso.

– O que vai fazer?

– Vou telefonar para quem me pagou e dizer-lhe sobre a minha resolução e que, amanhã, sacarei o dinheiro e o devolverei.

– Pois faça isso, Sílvia. Eu vou embora agora para deixá-la agir. Tchau, Sílvia, e boa sorte.

– Tchau, Priscila, e obrigada pela sua compreensão e pelo apoio.

– Você é minha melhor amiga.

– Alô?

– Bernardo?

– Ele mesmo.

– É Sílvia.

– Olá, Sílvia! Tudo bem? Já viu o depósito do dinheiro?

– Vi, e é sobre isso que quero lhe falar.

– Não está tudo certo?

– Quero saber se você já desmentiu tudo para Haidê.

– Fique tranquila, Sílvia. Não vai acontecer nada.

– Mas você disse que era só um trote e que iria lhe revelar que tudo não passara de uma brincadeira.

– Por que está tão preocupada? Posso saber?

– É porque, como já lhe disse, eu a vi hoje e percebi o quanto essa mentira a abalou. Estava como que escrito em sua fisionomia.

Bernardo permaneceu em silêncio, tentando descobrir alguma forma de convencê-la.

– Alô?

– Estou aqui. Sabe, Sílvia, isso é muito importante para mim.

– Não vai lhe contar, Bernardo?!

– Posso dar-lhe mais dinheiro, se quiser. Ou, melhor, diga quanto quer. Eu lhe dou.

– Não quero dinheiro, Bernardo. Quero que tudo isso seja desfeito. Vamos fazer o seguinte: eu ligo para ela e lhe digo que tudo não passou de uma mentira e não lhe direi que foi você quem me pagou para fazer isso.

– Não, Sílvia. Se fizer isso, ela vai descobrir, na mesma hora, que fui eu quem lhe pagou para mentir.

– Mas você me prometeu!

– Acalme-se, por favor.

– Não vou me acalmar, Bernardo! Estou muito arrependida. Além do mais, tenho receio de que isso venha a causar uma desgraça na vida dela.

– Então, vamos fazer o seguinte: amanhã, bem cedo, irei até a casa dela e verei como ela está. Depois, conto tudo a você. Dê-me essa chance, por favor, e eu lhe prometo que, se eu perceber que ela se encontra muito mal com isso tudo, contarei a ela toda a verdade. Prefiro eu mesmo confessar. O estrago será menor se ela vier a saber por mim, pois poderei lhe pedir que me perdoe e que só fiz isso por amor.

– Por amor, Bernardo? Ninguém faz uma coisa dessas por amor.

– Eu sei, Sílvia, mas, por favor, dê-me essa chance. Até amanhã à noite, terei resolvido isso.

– Você promete que vai desmentir?

– Se eu vir que ela se encontra muito deprimida, eu o faço. Fique tranquila, por favor. Eu ligarei para você à noite.

– De qualquer maneira, amanhã você vai receber um envelope com dinheiro, no valor que depositou na minha conta bancária.

– Pode ficar com ele, Sílvia.

– Não quero, Bernardo.

– Tudo bem, mas dê-me esse tempo.

– Está bem e boa noite.

– Boa noite.

"O que vou fazer agora?", pensou Bernardo. "Estava tudo encaminhando-se tão bem. Até pretendia ir visitá-la, amanhã de manhã, e perguntar por Jorge, para sentir a sua reação. Ontem à noite, de madrugada, e hoje de manhã, a Kombi de Jorge não se encontrava em sua casa. Isso pode não significar que romperam o relacionamento, mas preciso ter certeza. Pode ser que ele esteja viajando".

Bernardo continuou a raciocinar, até decidir que não seria de bom alvitre falar com Haidê, pelo menos até Sílvia desistir da ideia de que ela deveria saber a verdade.

"Se porventura, acontecer o pior", imaginou, ainda, "e eu tiver que lhe dizer a verdade, o que não gostaria nada de fazer, pelo menos não a procurei antes disso, ou seja, não ficará a má impressão de que minha visita também fazia parte dessa mentira. Mas será que mais uma vez agi precipitadamente, como sempre faço? Tomara que não".

372

Vinte e oito

No dia seguinte, Bernardo passou algumas vezes com o carro defronte da casa de Haidê. A Kombi não se encontrava lá e tudo estava muito quieto, com as janelas ainda fechadas. De repente, a empregada de Haidê surgiu numa das esquinas e, apressadamente, alcançou o portãozinho da casa.

Tirou um molho de chaves do bolso, abriu-o e também a porta da frente, entrando. E, nem bem entrou, Haidê saiu apressada, talvez, atrasada para o trabalho e ligou o motor do carro, enquanto ajeitava sua bolsa no banco ao seu lado.

Por pouco, não viu Bernardo transitando com o seu veículo lentamente, Este, por sua vez, continuou pela rua, de olho no espelho retrovisor e, qual não foi sua surpresa quando Haidê, ao invés de vir pela sua retaguarda, como era o hábito de todos os dias, saiu do abrigo, tomando direção contrária.

"Mas aonde estará indo?", perguntou-se e, realizando uma manobra, começou a segui-la, a uma certa distância, até que, depois de chegar ao final da cidade, ela tomou uma estreita estrada de terra, seguindo em frente.

"Mas ela está indo para a vila. Por que não pensei nisso antes? Jorge deve estar com sua Kombi estacionada por lá. O que será que Haidê quer com ele? Será que Sílvia deu com as língua nos dentes, contou tudo, e este seja o motivo de ela estar indo procurá-lo?"

Continuou a segui-la até que a viu estacionar no começo da rua, na verdade, numa clareira, ao lado da estrada, onde havia grandes árvores. Bernardo, por sua vez, estacionou mais atrás, bem escondido também pelas vegetações.

Saiu do carro no mesmo instante que Haidê e, surpreso, confirmou que, realmente, a Kombi de Jorge se encontrava estacionada num pequeno espaço ao lado de uma das últimas casas daquela rua. Viu também o terreno que desejara comprar com vistas a uma grande valorização em pouco tempo.

"Não posso permitir que ela me veja", pensou. "Vou estacionar um pouco mais no meio destas árvores".

E assim o fez, retornando, após, a um ponto no qual conseguia ver Haidê e a Kombi. Passados alguns poucos minutos, viu Jorge sair e dirigir-se a uma outra casa, onde uma mulher lhe entregou um envelope pequeno. Em seguida, acompanhado de seu cão, entrou na Kombi e começou a dar ré, fez uma manobra e se dirigiu até a estrada em que ele e Haidê se encontravam escondidos.

"Por que será que Haidê o está espionando? Será que ela veio ver onde ele estaria passando as noites? Com isso, só posso crer que ela, apesar de tudo, ainda se encontra interessada nele, ou se encontra em dúvida quanto à verdade do telefonema de Sílvia, quer dizer, de Margô."

E após Jorge passar com o veículo, Bernardo aguardou que Haidê passasse também por ali para, só depois, sair com o carro de volta à cidade. Com certeza, Haidê deveria ter mantido uma boa distância dele para que não a visse, pois reconheceria o seu carro. E o mesmo fez Bernardo, dando uma boa vantagem a ela.

Ao entrar na cidade, ainda deu para avistar a Kombi, distante, e Haidê estacionar defronte de uma firma comercial, presumindo que ela iria começar com o serviço ali. E resolveu seguir Jorge para ver o que iria fazer antes de ir para seu próprio trabalho.

Já passava das oito horas da manhã, e a maioria dos estabelecimentos já se encontrava com as portas abertas. Viu que Jorge estacionou defronte de uma operadora de xérox, saindo em poucos minutos com algumas folhas de papel na mão. Depois, rumou para o Fórum de justiça local, permanecendo lá por cerca de uns vinte minutos. O cão havia ficado do lado de fora da Kombi, e Bernardo já se encontrava cansado, mas não resistia à curiosidade e permaneceu para ver aonde Jorge iria, após sair do Fórum.

"O que será que ele veio fazer aqui? Eu deveria ter espionado mais de perto. Teria vindo conversar com quem? Com o juiz, com o promotor de justiça? É muito cedo ainda".

Mas se surpreendeu quando viu que Jorge estava saindo juntamente com o juiz, conversando, animadamente, um com o outro. Despediram-se, e o juiz apanhou seu carro e partiu.

"Será que o juiz veio cedo para cá apenas para atendê-lo? Só pode ser, porque foi embora. Mas o que Jorge tem a ver com ele?", pensou, curioso, percebendo também que Jorge tinha nas mãos um envelope de cor branca, o qual, mesmo à distância, parecia-lhe conter o timbre da justiça.

Nesse exato momento, antes de entrar na condução, Jorge resolveu abrir o envelope e retirar dele uma folha, ficando a examiná-la com atenção, sendo que Bernardo pôde perceber claramente que ele parecia, pelos próprios movimentos de cabeça e gestos com as mãos, ter descoberto algo de muito importante. Bateu com os dedos da mão direita no papel, que segurava com a esquerda, e Bernardo também pôde constatar uma reação de que ele ficara muito feliz, com certeza, com essa misteriosa descoberta. Foi o que lhe parecera.

E, sem que Bernardo ouvisse, Jorge, ao colocar o cão na Kombi e sentar-se ao volante, disse em voz alta:

– Eu sentia que o conhecia de algum lugar. Mas, será? Pois vou verificar agora mesmo.

E dizendo isso, partiu com o veículo, sendo seguido à distância por Bernardo, que quase entrou em pânico ao ver Jorge estacionar defronte de seu escritório, e lá entrar.

"Mas por que diabos ele entrou no meu escritório? Estará me procurando? Será que descobriu toda a verdade do telefonema e quer falar comigo?"

Um pouco temeroso, mas, ao mesmo tempo, impaciente, Bernardo resolveu enfrentar o inevitável e, após estacionar o carro na garagem lateral do prédio, entrou pela porta dos fundos, indo até sua sala.

No caminho, seus passos foram interrompidos por sua secretária, chamando-o:

– Senhor Bernardo, há um homem, chamado Jorge, na recepção, que deseja lhe falar e diz ser urgente.

– Por favor, mande-o entrar.

– Pois não.

Passaram-se alguns segundos, e a secretária bateu de leve, com os nós dos dedos na porta, abrindo-a em seguida.

– Senhor Bernardo, o senhor Jorge está aqui.

– Peça-lhe para que entre.

– Bom dia, Bernardo – cumprimentou Jorge, sorrindo, o que fez com que o outro visse dissipar a sua preocupação quanto a ele ter sabido algo sobre o telefonema.

– Bom dia, Jorge. Entre e sente-se aqui – convidou Bernardo, dando-lhe um aperto de mão. – A que devo o prazer de sua visita?

Jorge se acomodou na cadeira estofada à frente da escrivaninha, enquanto Bernardo sentou-se à sua, do outro lado.

– Bernardo, por favor, desculpe-me vir incomodá-lo tão cedo, mas achei que seria importante trazer-lhe o que imagino ser uma boa notícia para você.

– "Será a respeito do terreno?", pensou Bernardo. "Será que quer vendê-lo a mim?"

– Pois fale, Jorge.

– Bem, pelo que me lembrei, agora há pouco, você tem um irmão, não?

Bernardo baixou os olhos, com repentina tristeza, e respondeu:

– Tenho.

– Ele, por acaso, chama-se Benício?

– Sim, Benício de Almeida.

– E faz muito tempo que não o vê?

– Meu irmão era solteiro, morava em São Paulo, tendo um razoável emprego, mas, de um momento para o outro, ninguém mais teve notícias dele. Fiz de tudo, acionei os préstimos da polícia, mas tudo em vão. Até contratei detetives particulares, que vasculharam todos os albergues da capital, mas, ainda assim, nada. Isso deve fazer já uns sete anos. E sinto muita saudade dele, Jorge, pois sempre o amei muito. Mas por que me pergunta isso?

– É este seu documento? – perguntou Jorge, alegre, colocando a Carteira de Identidade de Benício sobre a mesa, à frente de Bernardo.

– É ele!!! É de meu irmão! Onde encontrou esta Carteira?

– Não só a Carteira, como encontrei o seu irmão.

– Encontrou o meu irmão?! Encontrou Benício?! Mas onde?! Onde ele está?!

– Na vila, Bernardo.

E Jorge, então, contou-lhe tudo, desde as suas ideias quanto à compra do terreno para constituir uma instituição de auxílio, até ter tido contato com Benício, falado com o doutor Mendonça, conseguido a autorização do juiz para que pudesse fazer a internação e que também bastaria um telefonema seu para que uma ambulância viesse de Campo Alto para buscá-lo na vila.

E Bernardo, visivelmente emocionado, levantou-se, aproximando-se de Jorge.

– Você fez tudo isso, Jorge, sem saber quem ele era? Fez isso apenas para ajudá-lo?

– Fiz a minha obrigação.

E Bernardo entrou em prantos, cada vez mais emocionado por Jorge ter encontrado aquele que ele tanto amava: seu irmão Benício.

– Posso vê-lo, antes de a ambulância levá-lo?

– Mas é claro, Bernardo. É seu irmão e, se quiser, poderá vir comigo, pois pretendo acompanhar a internação dele em Campo Alto.

E Jorge ligou, solicitando a ambulância, levando Bernardo com a Kombi até a vila.

Bernardo não se cansava de abraçar o irmão, dizendo-lhe:

– Você vai ficar bom, Benício. Vai ficar bom, meu irmão querido. Vou fazer de tudo para isso. Vou cuidar de você.

Ao mesmo tempo, abraçava Jorge, agradecendo-lhe, sem

parar, por ele ter lhe proporcionado essa imensa alegria, esse reencontro, porque sabia que, se não fosse a sua bondade, o seu altruísmo, seu espírito cristão, não teria sabido da sorte do irmão querido, mesmo porque já estavam na mesma cidade havia quatro anos.

Cerca de cinquenta minutos se passaram, e a ambulância, por fim, chegou. Enfermeiros, devidamente capacitados, conseguiram acomodar Benício no veículo e partiram em direção a Campo Alto, seguidos por Jorge, Bernardo e Thor. Antes, porém, Jorge havia dito a dona Olga que, talvez, fosse necessário que passassem a noite por lá e que, se isso ocorresse, no dia seguinte estaria de volta, de manhã, bem cedo. Dona Olga lhe disse que fosse sossegado, pois ela cuidaria dos preparativos para a entrega da sacola de alimentos.

Bernardo, por sua vez, já havia telefonado para sua secretária, suas filhas e esposa, e pedido para que um motorista da empresa fosse para Campo Alto, pois, se fosse preciso, voltaria com ele, ou para qualquer outra necessidade.

No caminho, não se cansava de agradecer a Jorge, dizendo-lhe, por fim, que saberia retribuir a sua grande ação, que lhe trouxera tanta felicidade, e um tratamento adequado para o irmão.

– Jorge, você é um bom homem. Eu, por minha vez, sempre fui uma má pessoa: egoísta, prepotente e ardilosa.

– Não pense assim, Bernardo. Todos nós temos os nossos defeitos, e Deus sempre nos dá oportunidades várias para nos modificarmos.

– Nunca me esquecerei disso, mas gostaria de saber o que é que faz um homem fazer o bem sem esperar retribuição alguma.

– Sabe, Bernardo, estou tentando encontrar a felicidade através dos ensinamentos de Jesus.

– De Jesus, Jorge?

– Sim, Jesus. Por tudo o que nos ensinou, deixou bem patente que só atingiremos a felicidade quando começarmos a encontrá-la na felicidade do próximo.

Bernardo permaneceu por uns instantes pensativo, até pronunciar-se:

– Preciso aprender esse caminho, Jorge. Você me ensina?

– Com todo o prazer, meu irmão.

E, em pouco tempo, chegaram ao hospital de Campo Alto onde, com o auxílio do doutor Mendonça, foram realizados todos os procedimentos para a internação.

– QUANDO PODEREI VIR visitá-lo, doutor? – perguntou Bernardo.

– Dentro de quinze dias, Bernardo. Apesar de seu irmão encontrar-se alheio ao mundo, é importante que você o veja somente após esse prazo.

– Tudo bem, doutor.

E dirigindo-se a Jorge, disse-lhe:

– Se você quiser visitar sua tia, poderei retornar com meu motorista, até porque tenho algo importante a fazer em Boaventura.

– Pode ser, Bernardo,

– Então, até mais ver, Jorge, e Deus o recompense pelo que fez.

– Ele irá nos recompensar a todos.

– Até logo, então, meu irmão – despediu-se, dando um forte abraço em Jorge.

E o doutor Mendonça, munindo-se de grande coragem, fez um pedido a Jorge.

– Será que, antes de você ir ver sua tia, poderíamos conversar um pouco?

– Podemos sim, doutor.

– Pois, então, venha até minha sala.

E, dando ordens à secretária para não serem interrompidos, fez Jorge entrar, trancando a porta por dentro.

Vinte e nove

– Por favor, Jorge, sente-se.

– Obrigado. O senhor quer falar comigo...

– Isso mesmo. Trata-se de um assunto muito delicado e lhe pediria discrição sobre ele.

– Quanto a isso, o senhor pode ficar tranquilo, doutor.

– Sabe, Jorge, há anos que tenho tentado encontrar alguém para me desabafar e penso que encontrei, desde que o vi e que Haidê me falou sobre você.

– O senhor pode falar, doutor.

O médico procurou concatenar as ideias, à procura das primeiras palavras, até que recomeçou:

– Eu carrego um segredo de muito sofrimento e que já não tenho mais forças para ser seu único guardião. Um segredo, Jorge, que, certamente, é pior do que muitos sofrimentos.

– Eu o compreendo, mesmo sem saber ainda do que se trata.

– Pois vou contar-lhe, porque gostaria que me ajudasse

numa grande decisão e que, talvez, venha a auxiliar uma pessoa muito cara a você.

– De quem o senhor está falando?

– De sua tia Ema.

– Minha tia?

– Sim. Estou falando sobre a morte de Rui, filho dela.

– Entendo...

– Ela deve ter lhe dito que ficou uma mágoa profunda, dela e de Antônio, seu marido, para comigo, por causa do laudo médico sobre aquela morte.

– Ela me falou, sim.

– Ela acredita que eu camuflei alguma verdade sobre a *causa mortis*.

– Ela pensa assim, doutor.

– E ela tem toda a razão, Jorge.

– O senhor quer dizer que mentiu sobre a *causa mortis* de Rui?

O doutor Mendonça baixou a cabeça, sem coragem para encarar Jorge, parecendo ter envelhecido mais de uma dezena de anos naquele momento, e respondeu:

– Fiz um laudo falso, Jorge.

– Mas eu soube que meu tio tentou judicialmente uma exumação do corpo, e que o juiz negou.

– Essa é uma outra história que relatarei no final.

384

– Pois não, doutor, prossiga, por favor – pediu Jorge, calmamente, e com voz tranquilizadora.

O médico pensou mais um pouco, antes de continuar, até que tomou novamente o rumo daquele difícil desabafo.

– Rui e meu filho Mário, hoje falecido, você sabe, o marido de Haidê e pai de Milena...

– Sei, doutor.

– Foram grandes amigos, desde a infância, pois sempre moramos aqui em Campo Alto.

Jorge concordou estar entendendo, com ligeiro meneio de cabeça, e o médico continuou:

– Rui sempre foi um exímio nadador, enquanto Mário somente se arriscava a nadar em lugares rasos, de preferência bem próximo à margem do rio, pois sofria de cãibras constantes.

Por esse motivo, quando criança, somente acompanhava Rui e, mesmo assim, sob minhas vistas, num trecho do rio onde ele se torna raso. Com o passar do tempo, Mário, já adolescente, parou de sofrer dessas cãibras. Mesmo assim, eu o fazia evitar nadar em lugares fundos e, ele mesmo, evitava essa prática. Na verdade, quase não entrava mais em rios ou praticava qualquer outro tipo de atividade aquática.

O doutor Mendonça fez outra pausa antes de continuar.

– Nesse dia fatídico, Mário, que já era casado com Haidê, como você sabe, veio até minha casa visitar-me. Minha nora não o acompanhou, porque tinha um trabalho a realizar. Era domingo e a cidade, principalmente deste lado em que vivo, próximo ao rio, estava deserta, pois a maioria dos habitantes, acostumados a sair, encontrava-se num rodeio que estava acontecendo no outro extremo. Naquela época, Campo Alto era bem menor do que é hoje, e o movimento na cidade era mínimo.

E estávamos os três aqui, eu, Mário e Jacira, minha esposa, quando Mário, que se encontrava à vontade, trajando um *short*, sem camisas e calçando chinelos, resolveu caminhar um pouco, dizendo que ia ver o rio que há algum tempo não via. Jacira e eu o fizemos prometer que não se aventuraria a nadar, no que ele concordou, apesar de tranquilizar-nos, afirmando que não mais tinha tido nenhuma cãibra nos últimos anos.

E o médico fez mais uma pausa, como se quisesse reunir mais forças, ao mesmo tempo em que tentava se lembrar com mais detalhes sobre aquele dia.

– Mas eu me encontrava inquieto, pois não via com bons olhos o fato de Mário se aproximar da água. De qualquer maneira, procurei tranquilizar-me ao máximo, diante da promessa dele, mas, depois de mais de uma hora, resolvi ir atrás dele. Caminhei, então, beirando o rio, até avistá-lo sentado sobre uma pedra e, mesmo de longe, percebi que ele não estava bem. Que alguma coisa havia acontecido, porque ele balançava o tronco para a frente e para trás, o que não seria normal. Comecei a correr em sua direção e, quanto mais perto eu chegava, mais tive a certeza de que ele estava chorando.

– Chorando?

– Desesperadamente e, quando o alcancei, ele deu um

pequeno grito, dizendo: "Foi por minha culpa, papai! Foi por minha culpa!". Eu o apanhei pelos ombros, sacudindo-o, para que se acalmasse e voltasse à razão, perguntei-lhe o que havia acontecido por sua culpa. E ele me respondeu, mais desesperado ainda: "O Rui, papai! O Rui!". E eu lhe perguntei onde estava o amigo.

Mais alguns segundos de silêncio, nos quais o pobre homem controlava os soluços que começavam a lhe invadir o peito.

– E eu lhe perguntei novamente onde estava o amigo. Foi, então, que ele me contou toda a trágica história.

Nesse ponto da narrativa, o médico não conseguiu mais conter as lágrimas.

– Acalme-se, doutor, por favor. Eu vou ajudá-lo.

E o doutor Mendonça continuou:

– E ele me contou que, ao chegar ao rio, encontrou Rui nadando. Que chamou por ele, dizendo que ia mergulhar, e que o amigo lhe pediu e aconselhou para que não fizesse isso, porque o local era fundo e que ele já ia sair da água para que os dois pudessem nadar num local mais raso. Mas que ele insistiu, dizendo que tinha sarado do problema com as cãibras e que Rui não precisaria se preocupar.

– E ele mergulhou...?

– Mergulhou, apesar da insistência do amigo para que não o fizesse. Mergulhou, nadando na direção de Rui, mas, quando se encontrava a poucos metros dele, a cãibra acometeu sua perna direita, com uma dor e contrações tão fortes como nunca havia tido antes. Rui percebeu na mesma hora e, pedindo-lhe calma, nadou em sua direção.

O doutor Mendonça se calou mais uma vez, para recomeçar após alguns segundos, mas com as palavras entrecortadas novamente por incontidos soluços.

– Mas a calma que Rui lhe pediu, transformou-se em pânico, e Mário fez o que a maioria dos que se encontram afogando faz quando alguém lhes chega próximo. E meu filho me relatou com detalhes impressionantes. Primeiro, tentou apoiar-se no amigo com a perna esquerda, afundando-o com essa prática. Rui ainda conseguiu se desvencilhar uma vez, mas Mário, alucinado, agarrou-o pelo pescoço, cravando os dedos em sua garganta em mais uma tentativa de manter-se na superfície da água. Até que, quando percebeu, Rui parou de movimentar-se. Nesse momento, um desespero, completamente antagônico, invadiu-lhe a mente e o corpo, desaparecendo por completo os efeitos da cãibra.

– E ele...?

– Mário tentou encontrar o amigo, realizando algumas imersões na tentativa de localizá-lo. E tentou até as forças começarem a abandoná-lo, nadando, então, até a margem, desistindo.

– Meu Deus! E o que fizeram, doutor?

– Meu filho entrou em desespero, principalmente, quando lhe disse que deveríamos ligar para a polícia e relatar o acontecido. E ele me implorou para que não a acionasse, pois não queria que Haidê soubesse que ele não seguira as suas súplicas para que não entrasse no rio e que era o que lhe pedia todas as vezes em que ele vinha sozinho visitar-nos. Que ele não queria que a esposa soubesse que, por sua teimosia e irresponsabilidade, acabara matando seu melhor amigo.

Dizia-me que já bastava esse sofrimento que o acompanharia por toda vida e que nada poderia trazer Rui de volta. E não bastaram os meus conselhos, dizendo-lhe que se relatasse todo o acontecido, iria sofrer menos. Mas ele me implorava tanto, tão desesperado estava, que acabei cedendo aos seus rogos, acabando, eu mesmo, convencendo-me de que, realmente, nada poderia trazer Rui de volta, como ele me dissera.

Então, disse-lhe que eu concordava com ele, desde que seguisse todas as minhas instruções e que nunca, em sua vida, contasse ou confessasse aquilo a ninguém, nem mesmo a Haidê ou ao mais santo dos santos. Que se isso viesse ao conhecimento das pessoas, eu seria mais responsabilizado que ele e que poderia, inclusive, perder a minha licença de médico. E ele concordou em fazer tudo como eu lhe dissesse.

– E depois, doutor?

– Foi uma correria louca aqueles dias. Em primeiro lugar, levei-o até minha casa e, certificando-me de que Jacira, minha esposa, estava deitada, descansando, entramos pelos fundos e o fiz tirar o calção, os chinelos e tomar um banho quente.

Em seguida, enxuguei o chão por onde entramos para não deixar nenhum vestígio de água, por causa de suas roupas molhadas, que iam pingando pelo caminho, e levei roupas secas que ele trouxera na mala. Quanto ao calção e ao chinelo, escondi-os, combinando com ele que os havia esquecido em minha casa e, num dia, em que estava sozinho, lavei e sequei-os com a intenção de devolvê-los na primeira oportunidade, providência que nem precisei levar a cabo, porque Haidê não tocou mais no assunto e acabei dando sumiço neles.

Depois, com a ajuda e cumplicidade de meu melhor amigo, um juiz de direito que, por sua vez, conseguiu fazer com que o comandante da polícia agilizasse o caso, com um meu laudo de *causa mortis* como afogamento natural, após provável impacto da garganta em algum tronco, raiz, ou mesmo, um cipó, tendo em vista o hematoma nesse local, o caso acabou sendo encerrado. Quer dizer, ainda levou algum tempo para que tudo se encerrasse, tendo em vista que seu tio tentou uma ação para reabri-lo, com um pedido de exumação do corpo e exame pericial por parte de um perito da capital. Mais uma vez, meu amigo juiz foi decisivo.

– Pois é exatamente isso que ainda traz tanto sofrimento a minha tia, que não acredita que Rui tenha apresentado aquele hematoma através de um choque em algum tronco de árvore. E ela quer saber a verdade. Pela morte de Rui, ela até já se conformou, mas não se conforma em não conhecer a verdadeira razão de sua morte.

– É por isso que lhe peço ajuda e conselhos, Jorge. Nada traria Rui à vida, mas levou a de meu filho que, de tanto remorso, por ter sido o causador da morte do amigo, entregou-se à bebida, tornou-se um alcoólatra, até acontecer aquele desastre. O que acha que devo fazer?

Jorge pensou um pouco, pediu, mentalmente, auxílio a Deus e, amparado e inspirado por Espíritos benfeitores, disse:

– Doutor Mendonça, em primeiro lugar, penso que, apesar de o senhor não ter feito o que prescreve a lei dos homens, ou seja, chamado a polícia e não lavrado o laudo falso, não posso julgá-lo, com toda a sinceridade. Porque o senhor agiu com o coração de pai, partindo da premissa de que nada traria Rui à vida.

Além disso, tinha a plena convicção de que, realmente, havia acontecido um acidente, uma tragédia, da qual Mário não tinha a intenção de matar o amigo e que apenas fora imprudente.

– Isso é o que penso, Jorge.

– E admito também que Haidê, Milena e dona Jacira nunca deverão ficar sabendo desse ocorrido. Já chega o que a sua esposa está sofrendo, o que Haidê já sofreu e devemos poupar Milena dessa verdade sobre o pai.

– Foi o que imaginei que você iria me dizer e, sinceramente, era o que eu gostaria de ouvir.

– Agora, há mais alguém que sofre.

– Sua tia.

– Isso mesmo.

– Eu gostaria muito de contar-lhe, mas sempre tive receio de que ela revelasse isso às pessoas.

– Se o senhor permitir-me, posso prepará-la para ouvi-lo e, até mesmo, quem sabe, perdoá-lo e ao seu filho.

– Você acha que conseguiria?

– Penso que sim e terei muito cuidado nessa tarefa.

– E se perceber que não dará certo?

– Daí, verei o que fazer, mas tenho quase que absoluta certeza de que tudo correrá bem. Tia Ema é uma mulher muito boa e penso que não deixará de perdoar a seu filho e, principalmente, ao senhor, que tanto sofre.

– Faça isso, Jorge, para que eu possa ter um pouco de paz.

– Farei, doutor. Só lhe peço uma coisa.

– Pode pedir. O que quiser.

– Que ore por essa causa. Que peça a Deus que o auxilie e à tia Ema.

– Eu o farei, Jorge. Eu orarei.

TRINTA

Já era noite, e Haidê e Milena haviam acabado de lavar a louça do jantar, dirigindo-se, a seguir, como sempre faziam, até a varanda.

– Está melhor hoje, mamãe? – perguntou a filha.

– Nem sei, Milena. Sinto um vazio no meu coração, pois, às vezes, fico pensando se Jorge não estaria falando a verdade, ao dizer que não sabia de nada e que nunca conhecera Margô, mas, logo em seguida, as evidências falam mais forte à minha razão e ao meu raciocínio.

– Também não sei o que pensar, mãe. Como já lhe disse, não posso imaginá-lo enganando você.

Permaneceram por pouco tempo em silêncio, até que Milena voltou ao assunto:

– E por onde será que ele anda?

– Ele está com a Kombi estacionada na vila, na verdade, ao lado da casa de dona Olga.

– Como sabe?

– Fui até lá hoje de manhã.

– Você foi? E se ele a visse?

– Tomei todos os cuidados, filha.

– E daí?

– Daí que, de repente, ele apareceu, foi até uma outra casa, apanhou um envelope, subiu na Kombi com Thor e veio para a cidade. Daí, segui-o a uma boa distância e fui trabalhar.

– Por que fez isso, mãe?

– Queria saber onde ele estava e tive esse palpite.

– Entendo...

Nisso, um carro estacionou em frente à casa, e Haidê reconheceu o veículo de Bernardo.

– Oh, meu Deus! – exclamou. – O que esse homem quer de mim agora?

– Boa noite, Haidê. Boa noite, Milena. Posso entrar?

– Um momento, senhor Bernardo – respondeu Milena. – Vou apanhar a chave do portãozinho.

Milena retornou rapidamente e o fez entrar.

– Posso sentar-me aqui? – perguntou Bernardo, indicando uma cadeira à frente de Haidê.

– Vou estudar um pouco, mamãe.

– Vá, filha.

Haidê ficou a encarar Bernardo fixamente e lhe perguntou:

– O que quer, Bernardo?

– Preciso lhe dizer algumas coisas, Haidê, e gostaria que me ouvisse atentamente. Não vai ser fácil dizer o que tenho para lhe falar, mas sei que sairei com a consciência tranquila quando me retirar.

– Pois fale.

– Em primeiro lugar, quero informar-lhe que amanhã irei falar com minha ex-esposa e pedir que ela volte a viver comigo.

– Está falando sério, Bernardo? – perguntou Haidê. – E veio aqui só para me dizer isso? De qualquer maneira, parabéns.

– Não, Haidê, apenas lhe revelei essa minha intenção para que você possa me ouvir mais despreocupada.

– E o que tem a me dizer?

Bernardo olhou-a e, tomando coragem, disse:

– Gostaria que me perdoasse pelo que irei revelar.

– Perdoar? É tão grave assim?

– Gravíssimo, Haidê, gravíssimo.

E Bernardo lhe contou, resumidamente, sobre seu irmão, a bondade de Jorge, e tudo sobre o telefonema forjado por ele e por uma mulher que ele contratara para se fazer passar por alguém de nome Margô. Propositadamente, não lhe revelou que fora Sílvia quem fizera esse papel.

– Não posso acreditar, Bernardo, que você teve coragem de fazer isso, mas de qualquer forma, teve coragem para confessar-me tudo. E quanto ao seu pedido de perdão, devo dizer-lhe que só o perdoo por dois motivos.

– Quais, Haidê? – perguntou o homem, muito envergonhado, e quase sem coragem de encará-la.

– Em primeiro lugar, porque estou muito feliz agora, mas muito mesmo. Em segundo lugar, porque pretende reatar com sua ex-esposa, que deve ter toda a sua atenção, todo o seu carinho e sacrifício, para recompensá-la por todo o mal que lhe causou até o presente momento.

E Bernardo se retirou, pedindo novamente perdão, dizendo que Jorge ficara em Campo Alto e que voltaria no dia seguinte. E partiu, com a intenção de telefonar a Sílvia, para informar-lhe que contara toda a verdade a Haidê e que não dissera nada sobre ela.

Sozinha na varanda, Haidê não se conteve e começou a gritar, rindo alto.

– Milena! Milena! Venha até aqui!

– O que foi, mamãe?! O que aconteceu?

Haidê abraçou a filha e, rindo e chorando, contou-lhe tudo.

Trinta e um

Naquela mesma noite, Jorge e a tia haviam acabado de jantar e limpado a cozinha, indo se sentarem na varanda com Thor aos pés da escada.

– Que céu estrelado, não, tia?

– Lindo, Jorge.

– Na Capital, não conseguimos visualizar tão bem as estrelas por causa das luzes da cidade. Aqui, em Campo Alto, até mesmo por força das lâmpadas não tão fortes dos postes, conseguimos ver melhor e imaginar o infinito universo de Deus.

– Você crê em Deus, não, Jorge?

– Acredito, tia, e sei que a senhora também.

– Creio que Deus somente deseja que sejamos felizes, apesar de insistirmos tanto na busca por coisas e pensamentos que só nos trazem tristeza.

– A senhora acredita em reencarnação?

– Acredito também. Já li alguns livros espíritas.

– Que bom, tia.

– Você também acredita, não é?

– Creio como o único caminho para aprendermos e ainda falaremos muito disso.

– E por que não falamos agora?

– Porque desejo falar-lhe sobre uma outra coisa muito importante.

– Estou ouvindo, Jorge.

– Quero falar um pouco sobre dois sábios ensinamentos de Jesus.

– Jesus?

– Isso mesmo. Quero lembrar que Jesus nos ensinou, dentre tantas outras coisas, que devemos perdoar sempre, porque esse é um dos grandes caminhos para a felicidade.

– Perdoar?

– Perdoar sem limites.

– Perdoar...

– E não julgarmos o próximo, porque cada criatura de Deus tem o seu grau de evolução, diferente um do outro, ou seja, muitos irmãos que cruzam o nosso caminho podem possuir mais ou menos experiências de vida, ou seja, uns se encontram mais adiantados que nós e, outros, menos.

– Por esse motivo é que Jesus nos ensinou a perdoar sempre e não julgar o nosso semelhante?

– Sim, tia.

– Aonde você quer chegar, Jorge?

– No amor fraternal e maternal que a tudo perdoa e que tudo faz por seus filhos, até mesmo sacrificando-se por eles, muitas vezes até às últimas consequências.

– Sei disso.

– Muitas vezes, até um pai ou uma mãe cometem erros por seus filhos, não?

– Com toda a certeza.

Jorge apertou os olhos com os dedos, indicador e o polegar, como a tomar alguma inspiração e continuou:

– Eu vou contar-lhe uma história, tia. Uma história muito triste de um pai e de um filho, e de uma mãe e de um filho.

Ema ficou a observar Jorge, que parecia estar prestes a narrar-lhe algo muito importante.

– Pois conte, Jorge.

– Havia dois amigos, tia, mas muito amigos mesmo. Daqueles cuja amizade se iniciou na infância ingênua e pura e assim continuou até se tornarem homens. Um deles era um exímio nadador.

Nesse momento, a senhora sentiu um calafrio, mas uma sensação de muita paz, já que, muito amparada se encontrava por amigos invisíveis do Plano Espiritual.

– Continue, Jorge – pediu com voz emocionada.

– Como dizia, um era um excelente nadador e o outro, não.

399

Na verdade, por quase toda a sua vida tinha tido problemas com cãibras. Com o passar do tempo, ele percebeu que não tinha mais esse problema e, um belo dia, resolveu nadar com esse seu melhor amigo. Mas a cãibra o atacou novamente, sem aviso, e ele ia se afogar, tamanhas eram as dores e as contrações.

Mas o amigo, bom nadador, procurou auxiliá-lo, salvá-lo, mas ele, com as atrozes dores e desesperado, sem raciocínio e calma suficientes para fazer o que devia fazer, sem enxergar mais nada diante de si, tomado por grande desespero e enorme necessidade de ar, já engasgando-se com a água, acabou por afundar aquele que o queria salvar, agarrando-se ao seu pescoço.

Ema começou a derramar lágrimas nessa parte da narrativa.

– Mas quando viu que o amigo desaparecera sob as águas do rio, o seu desespero em salvar-se a si mesmo se transformou em um desesperado desejo de ir em busca do amigo e, vencendo a cãibra, tentou até não ter mais forças, somente conseguindo ir até a margem.

E seu pai, preocupado com a sua demora e, desconfiado de que ele tivesse resolvido nadar, o que tanto o aconselhara a não fazer, foi à sua procura. E o encontrou em desespero.

Naquele momento, o coração de pai falou tão alto, que ele resolveu livrar o filho de uma possível execração. E como nada traria de volta o amigo, decidiu livrar o seu próprio filho de qualquer prejuízo moral. Era médico e cometeu alguns erros em favor do filho que, em pouco tempo, com o coração dorido de profunda tristeza, entregou-se à bebida como única saída e fuga para sua consciência, vindo a falecer há um ano e meio, num trágico desastre automobilístico, deixando esposa, filha e, o pior, um pai e uma mãe, desesperados pela dor.

A mãe se encontra em profunda depressão pela morte do filho, sem saber o porquê de ele ter se entregado ao álcool, o mesmo acontecendo à sua esposa e filha. E o pai, desesperado por carregar tão horrível segredo e em ver o sofrimento da mãe do amigo de seu filho.

Ema se rendeu, agora, totalmente às lágrimas até que, reunindo forças para conseguir falar, disse ao sobrinho:

– Jorge, peça ao doutor Mendonça que venha até aqui. Preciso lhe dizer umas palavras de consolo e agradecer-lhe por revelar-me, através de você, o verdadeiro motivo da morte de meu filho, pois Rui morreu para salvar o seu melhor amigo e isso em muito me consola. Quero dizer-lhe também que o perdoo e ao seu filho, e que rezarei muito por ele, e por Mário, na mesma oração que faço por Rui, como se filhos meus o fossem.

Trinta e dois

Sete horas da manhã, e Jorge chegou à vila, indo diretamente à casa de dona Olga que, já desperta, ultimava os preparativos para a entrega das sacolas de mantimentos, marcada para as dez horas.

– E, então, dona Olga, tudo pronto?

– Tudo pronto, Jorge. E como foi lá no hospital? Benício está bem?

– Vai ficar, dona Olga.

– Que coisa incrível! Nunca podia imaginar que aquele homem fosse o irmão de seu Bernardo. Na verdade, nem atentei para o sobrenome, apesar de que também não conhecia o de Bernardo.

– Mas, agora, com a ajuda de Deus, ele encontrou o irmão querido e está muito feliz.

– Já preencheu a sua ficha ontem à noite? – perguntou a mulher, a quem Jorge também falara, a respeito de sua experiência.

– Sim, mas depois de tanto trabalho quanto aos mantimentos, ao cadastramento dos moradores e por tudo o que fez por seu Adauto, preenchi uma para a senhora também.

– Uma ficha para mim? Eu não fiz nada.

– A senhora cuidava de seu Adauto, mesmo sem ter recursos. Alimentava-o, comprava remédios para ele.

– Sabe, Jorge, quando meu marido faleceu, deixou uma pequena pensão e esta casa. Desde então, apenas sobrevivia, sem nada para fazer, até que seu Adauto ficou doente. Sabe que, a partir dessa sua doença, recomecei a viver?

– Recomeçou a viver?

– Isso mesmo, pois, enternecida com a sua situação, comecei a ter um estímulo para lutar, uma tarefa a cumprir.

– Uma tarefa...

– Isso mesmo, pois não poderia deixá-lo morrer à míngua e comecei a lutar por ele. Pedia aqui e ali, e cada dia era uma verdadeira batalha. Uma boa batalha para conseguir mais alimentos e o remédio para aliviar-lhe a tosse e a falta de ar. Acredita que até um inalador consegui arranjar? Perambulava pela cidade e me sentia forte e útil, até pelo fato de fazer com que as pessoas que me auxiliavam pudessem ter essa oportunidade de fazer o bem.

– E que lição a senhora tirou dessa boa luta? – perguntou-lhe Jorge, mais para continuar a ouvir a santa mulher que se encontrava ali, bem à sua frente.

– Que Jesus, realmente, ensinou-nos o correto, quando disse que devíamos fazer o bem, porque cheguei à conclusão de que qualquer pessoa pode fazer algo em benefício do próximo. E eu fui a prova disso. Todos podemos auxiliar, mesmo sem nada possuirmos. E até aqueles que muito possuem, mas que não têm tempo, poderão ajudar, porque fiquei sabendo da existência de um homem que, tendo muito dinheiro, não tinha tempo para ajudar os mais necessitados, tão ocupado se encontrava com seu trabalho. E o que ele fez? Contratou uma pessoa, inclusive com um bom salário, para cuidar dessa tarefa para ele.

E cheguei à conclusão de que Deus não limitou a prática do bem nem às posses e nem ao tempo, pois sempre teremos algo para dividir, e o tempo... Ora, o tempo. O tempo não pode impedir os nossos passos. Se ele é infinito...

E Jorge se emocionou com as sábias palavras daquela mulher que pouca instrução parecia ter, mas, com certeza, possuía acentuada sabedoria adquirida com o amor. E insistiu em dizer-lhe:

– De qualquer maneira, dona Olga, preenchi uma ficha para a senhora ontem à noite.

E a mulher riu muito, dizendo a Jorge que todas as noites agradecia a Deus pelo dia que havia passado em paz consigo mesma.

E Jorge a abraçou ternamente.

ELISA E JAMIL, JUNTAMENTE COM *outros Espíritos, trabalhadores do Bem, ali se encontravam, invisíveis aos olhos dos encarnados.*

Na verdade, Jorge, Elisa, Jamil, e muitos dos que ali se encontravam, há alguns séculos, julgaram e condenaram centenas de pessoas à morte, quando decidiram comandar a invasão de uma indefesa aldeia, por motivos pessoais e fúteis, massacrando adultos, velhos e crianças.

Com o passar do tempo e das diversas encarnações, quando a lei de causa e efeito é praticamente inexorável àqueles que ainda não se dispõem a modificar-se para o bem, foram dilapidando suas arestas das imperfeições, aprendendo, muitas vezes, através da dor, a considerar todo próximo como a um irmão, filhos que somos de Deus, nosso criador.

Apesar da dádiva do esquecimento do passado, mais um ato da misericórdia e da bondade de Deus, todos trazemos, no mais profundo de nosso íntimo espiritual, as angústias ou as satisfações do que vivemos e praticamos no pretérito.

E quando o reconhecimento dos erros se torna mais patente no coração dos Espíritos, consequentemente, concorrem, de livre e espontânea vontade, a auxiliar aos que lhes foram vítimas no passado, ou a servir a outros que ainda necessitam de atenção, cuidado e carinho, para que possam aprender a confiar na existência de bons corações, a serviço de Jesus, nosso irmão maior.

– E, então, Elisa? Está contente?

– Estou felicíssima, Jamil, pois um grande trabalho está sendo iniciado hoje. Com certeza, este local irá transformar-se num ponto de luz, não somente voltado para estes pobres moradores, como também para que muitos filhos de Deus, libertos da carne, e que tanto *sofrem pelo desconhecimento das verdades reais da vida, possam ser encaminhados a colônias de auxílio e de esclarecimento.*

– Você tem razão, querida. Aqui será um verdadeiro oásis de paz e de pensamentos benéficos para que trabalhadores deste plano possam reunir-se e, em nome de Deus, pai e criador, utilizar os elementos vibratórios e todo o fluido bendito e necessário, aqui produzido pelas emanações de amor, para os diversos trabalhos de auxílio às desgarradas ovelhas do rebanho de Jesus.

– Sem contarmos que um trabalho como este atrairá muitos outros necessitados e, por consequência, almas generosas encarnadas que se disporão a doar um pouco do que têm em favor dos carentes de toda a ordem, divulgando o bem através desse edificante exemplo.

JORGE SE ENCONTRAVA SENTADO, sob a sombra de uma árvore, aguardando a hora combinada para a entrega dos mantimentos, e seu pensamento não podia deixar de se ocupar com os últimos acontecimentos relacionados a Haidê.

"Não", pensava, não posso esperar que ela venha me procurar, pois deve estar com fortes razões para encontrar-se magoada comigo, apesar de eu desconhecer totalmente o que possa ser. E, com certeza, não virá falar comigo. Percebo que deve ser muito grave o que está acontecendo e eu tenho que fazer alguma coisa. Assim que terminar a entrega das sacolas, irei procurá-la. Não devo nada, mas preciso que ela me dê a oportunidade de conversarmos. Eu a amo e não posso deixar de lutar pela nossa felicidade, pois tenho plena convicção de que ela também me ama".

FALTAVAM TRÊS MINUTOS para as dez horas, e todos da vila já se encontravam defronte da casa de dona Olga, aguardando. Jorge pedira para que três homens, ali presentes, o ajudassem na entrega.

E qual não foi sua surpresa, quando viu chegarem ali os seus amigos Adalberto, Ritinha, Verônica e dona Meire, prontos para ajudá-lo na distribuição dos alimentos, não sem antes abraçá-lo efusivamente.

– Como souberam da distribuição de alimentos? – perguntou Jorge.

– Bernardo nos avisou – respondeu Adalberto, sorrindo.

– Bernardo?

– Isso mesmo – complementou Augusto, o comerciante, descendo por último da condução que os trouxera. – Ele não pôde vir, mas lhe enviou um abraço, e me pediu para que colhesse dados sobre a numeração de roupas e sapatos desses moradores.

– Roupas e sapatos?

– Isso mesmo. Ele quer que eu anote tudo e que envie para

cá, já na semana que vem, todos esses artigos, além de cobertores e toalhas.

– Meu Deus! Bernardo?! – perguntou Jorge, visivelmente atônito, mas com muita alegria.

– E tudo por conta dele – complementou o comerciante.

– Bem, vamos dar início à entrega, então – declarou, chamando as pessoas para perto da casa de dona Olga.

Mas uma pessoa, a mais, ali se encontrava, e não era moradora daquele lugar. Ninguém a tinha visto ainda, nem Jorge.

Era Haidê que, oculta ao olhar de todos, sorria, observando a cena.

Jorge, então, postou-se à frente de todos e proferiu linda e comovedora prece, inspirada por grande número de Espíritos, trabalhadores do bem, e de seus pais, Jamil e Elisa. Após a prece, deu, finalmente, início à entrega das sacolas, e não se cansava de dar uma palavra amiga a todos, abraçar as crianças, beijar a mão de idosos e não parava nunca de sorrir.

E foi, nesse instante, que Haidê se aproximou lentamente, sendo vista por Jorge apenas quando se encontrava a poucos metros dele, porque caminhara por entre os moradores da vila. E quando a viu, ficou extático, como se não estivesse acreditando no que seus olhos lhe transmitiam.

– Haidê?! – exclamou, abrindo um largo sorriso.

– Você pode me perdoar?

Jorge se encaminhou até ela e, beijando-lhe as mãos, respondeu:

– Nada tenho a lhe perdoar, Haidê.

– Acredito em você, Jorge. Tudo não passou de um mal-entendido.

– Não falemos mais nisso.

– Não quer saber?

– Não há necessidade.

– Pois eu tenho necessidade de dizer-lhe uma coisa muito importante.

– E o que é?

– Você é capaz de lembrar-se da mais importante frase que me disse, na última vez em que nos vimos?

– Eu disse que a amava.

– Pois eu também o amo, Jorge.

E, mesmo no meio de toda aquela gente, Jorge e Haidê se envolveram num longo e demorado abraço, descerrando uma nova porta para o futuro.

Com toda a certeza, Jorge sabia que o nosso futuro percorre secretamente o nosso presente, espionando-nos os passos. E, dessa forma, quem tem esse conhecimento, já se encontra a um passo de transformar-se num verdadeiro "dono do amanhã".

No ano de 1963, Francisco Cândido Xavier ofereceu a um grupo de voluntários, o entusiasmo e a tarefa de fundarem um Anuário Espírita. Nascia, então, o Instituto de Difusão Espírita - IDE, cujo nome e sigla foram também sugeridos por ele.

A partir daí, muitos títulos foram sendo editados e o Instituto de Difusão Espírita, entidade assistencial, sem fins lucrativos, se mantém fiel à sua finalidade de divulgar a Doutrina Espírita através da IDE Editora, tendo como foco principal, as Obras Básicas da Codificação, sempre a preços populares, além dos seus mais de 300 títulos em português e espanhol, muitos psicografados por Chico Xavier

O Instituto de Difusão Espírita, conta, também, com outras frentes de trabalho, voltadas à assistência e promoção social, como o albergue noturno, evangelização, alfabetização, orientação para mães e gestantes, oficinas de enxovais para recém-nascidos, entrega de leite em pó, vestuário e cestas básicas, assistência médica, farmacêutica, odontológica, tudo gratuitamente.

Este e outros livros da **IDE Editora**, subsidiam a manutenção do baixíssimo preço das **Obras Básicas, de Allan Kardec**, mais notadamente, "**O Evangelho Segundo o Espiritismo**", edição econômica.

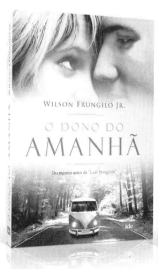

Conheça mais sobre a Doutrina Espírita
através das obras de **Allan Kardec**

www.ideeditora.com.br

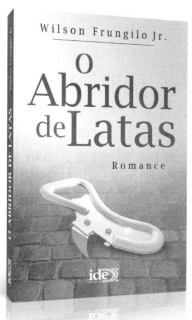 

O Abridor de Latas
Wilson Frungilo Jr.

Vinte dias em Coma
Wilson Frungilo Jr.

Este romance narra a história de Agenor que, após imprevisível e inevitável derrocada financeira, desempregado, sem lar e sem ninguém, se vê na triste situação de viver como um andarilho, abrigando-se, de cidade em cidade, em albergues ou outros abrigos que venham a lhe propiciar as necessárias horas de repouso.

Para sobreviver, vende objetos de bambu que ele mesmo confecciona, chamando a atenção com um brinquedo ilusionista, feito desse mesmo material.

Também oferece abridores de lata, de porta em porta e essa a razão do título desta obra, porque, de formação espírita, utiliza seus conhecimentos da Doutrina, transmitindo, aos que cruzam o seu caminho, libertadoras verdades sobre a vida, o que o torna um caridoso abridor de corações para a felicidade...

"Uma surpreendente descoberta na reconquista dos valores mais caros da existência." Comovente história de amor a nos comprovar que esse sentimento maior pode ser resgatado no coração daqueles que se propuserem a encontrar a felicidade, bastando o mágico toque da humildade, do perdão e da ternura. É o que narra este romance, demonstrando que um exame mais apurado sobre quem realmente somos, e sobre os porquês da vida, pode nos transformar, levando-nos à plena felicidade, dentro dos caminhos da bondade e do amor. O leitor em muito se emocionará com as tocantes surpresas no desenrolar deste livro, onde a temática do intercâmbio entre os dois planos da vida é tratada sob cativante prisma. Enfim, uma obra que nos traz a certeza de que poderemos ser felizes desde que implantemos a felicidade ao nosso redor.

ISBN: 978-85-7341-429-5 | *Romance*
Páginas: 256 | **Formato:** 14 x 21 cm

ISBN: 978-85-7341-544-5 | *Romance*
Páginas: 336 | **Formato:** 14 x 21 cm

Alguém tem que perdoar
Ismael Biaggio

Uma Luz dentro da Noite
Antonio Lúcio | Luciano Messias

Eu via um homem sentado num banco da praça. Todos os dias... Completamente calado. Um silêncio a esconder uma história. Um drama muito maior do que eu poderia supor. Mais intenso do que eu poderia imaginar. Vidas e mortes... Anos e décadas... Famílias e paixões... Segredos e traições... Tudo costurado com a linha do resgate que, através do perdão, excede o tempo e o espaço e pode aproximar, novamente, corações afastados pela dor.

Durante a Segunda Guerra Mundial, enquanto Adolf Hitler lutava para conquistar o mundo, os judeus eram perseguidos e massacrados nos campos de concentração. Na Europa, que mergulhava num vórtice de sofrimento e morte, um jovem padre vai à Itália para ajudar os soldados em combate e, em meio a tão violenta batalha, encontra o amor de sua vida, mas logo se vê obrigado a voltar para o Brasil, a m de tentar curar o ódio no seio de sua família.

Tomando conhecimento dessa história, vi-me imediatamente envolvido por ela. Foi quando, nalmente, percebi que muito havia a ser desvendado. E, agora, vou contá-la a você!

Uma Luz dentro da Noite é um romance que mostra claramente como, a todo instante, somos auxiliados pelo Plano Espiritual em diversas situações de nossas vidas. Equipes socorristas da espiritualidade maior são formadas com o intuito de auxiliar-nos, trabalhando juntamente com hospitais destinados a socorrer, proteger, orientar e, em muitos casos, chegando mesmo a curar, de acordo com a fé e o merecimento de cada um. Temos conhecimento de que cada um colherá, conforme tiver plantado. Como dizia Tiago:

Assim como o corpo sem Espírito é morto, assim também a fé sem obras é morta. (Tiago, 2:26)

ISBN: 978-85-7341-586-5 | *Romance*
Páginas: 320 | **Formato:** 16 x 23 cm

ISBN: 978-85-7341-591-9 | *Romance*
Páginas: 224 | **Formato:** 14 x 21 cm

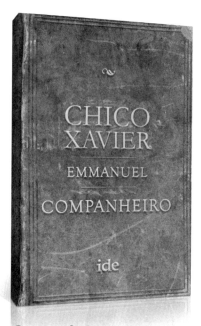

Companheiro
Chico Xavier | Emmanuel

Mãos Unidas
Chico Xavier | Emmanuel

Há muita gente que te ignora. Entretanto, Deus te conhece. Há quem te veja doente. Deus porém, te guarda a saúde. Companheiros existem que te reprovam. Mas Deus te abençoa. Surge quem te apedreje.
Deus, no entanto, te abraça. Há quem te enxergue caindo em tentação. Deus, porém, sabe quanto resistes. Aparece quem te abandona. Entretanto, Deus te recolhe. Há quem te prejudique. Mas Deus te aumenta os recursos. Surge quem te faça chorar. Deus, porém, te consola. Há quem te considere no erro. Mas Deus te vê de outro modo. Seja qual for a dificuldade, faze o bem e entrega-te a Deus.

De forma clara e objetiva, Emmanuel, através da mediunidade de Francisco Cândido Xavier, encoraja-nos a busca pelo crescimento espiritual.
Como conhecedor das dificuldades e aflições que vivemos, Emmanuel nos fala como se conhecesse cada um de nós em particular e nos convida a vivenciarmos os ensinamentos do Mestre, através da ação do trabalho, sempre de Mãos Unidas, uns com os outros, pois só assim atingiremos o elevado objetivo a que todos estamos destinados.

"...em qualquer dificuldades e males, procura a prática do bem e, na lavoura incessante do bem, busca transpor obstáculo a obstáculo, na certeza de que assim liquidarás problema a problema. Isso porque servir e esquecer serão sempre as bases da harmonia e da elevação."

ISBN: 978-85-7341-585-8 | *Mensagens*
Páginas: 160 | **Formato:** 14 x 21 cm

ISBN: 978-85-7341-229-1 | *Mensagens*
Páginas: 160 | **Formato:** 14 x 21 cm

Ninguém foge de si mesmo
Lourdes Carolina Gagete

Quando Renunciar é Preciso
Lourdes Carolina Gagete

ASSIM QUE ABRIU OS OLHOS, sua esperança de que tudo acabaria desapareceu. As dores que sentia eram ainda maiores, seu choro era compulsivo, e a angústia que estava em seu peito se multiplicou algumas vezes. O remorso pelo que havia feito ainda assombrava a sua consciência. Como fora capaz disso? Esfregava suas mãos em seu corpo, em seus braços, em seu rosto, como se tentasse arrancar a própria vida de sua morte. A confusão em sua mente crescia instante após instante e, à medida que tentava encontrar refúgio em meio ao caos onde se encontrava, sentia-se cada vez menor, mais abandonada e sozinha. Não havia onde pudesse se segurar ou se socorrer. Cecília, só queria morrer... De novo...

Precioso romance que, já no seu início, nos revela como se dá o processo de inspiração da autora que, magistralmente, desfila diversos personagens, comprometidos por erros de passada encarnação.

A viagem da adolescente Thereza, para cuidar de sua tia Janice, viúva e alcoólatra, a expulsão de Luzia, por sua infidelidade para com seu marido Severino, o misterioso porão, habitado por Espíritos infelizes, o auxílio da guerreira, iluminada entidade protetora, e o reencontro destes, e de outras marcantes figuras, são apenas alguns dos pontos mais emocionantes desta envolvente trama.

ISBN: 978-85-7341-581-0 | *Romance*
Páginas: 320 | **Formato:** 14 x 21 cm

ISBN: 978-85-7341-567-4 | *Romance*
Páginas: 448 | **Formato:** 14 x 21 cm

ideeditora.com.br

Acesse e cadastre-se para receber
informações sobre nossos lançamentos.

twitter.com/ideeditora
facebook.com/ide.editora
editorial@ideeditora.com.br

IDE Editora é apenas um nome fantasia utilizado pelo INSTITUTO DE DIFUSÃO ESPÍRITA, entidade sem fins lucrativos, que promove extenso programa de assistência social, e que detém os direitos autorais desta obra.